Linguistische
Arbeiten 266

Herausgegeben von Hans Altmann, Peter Blumenthal, Herbert E. Brekle,
Hans Jürgen Heringer, Heinz Vater und Richard Wiese

Romanistische Computerlinguistik

Theorien und Implementationen

Herausgegeben von
Jürgen Rolshoven und Dieter Seelbach

Max Niemeyer Verlag
Tübingen 1991

Die Deutsche Bibliothek – CIP-Einheitsaufnahme

Romanistische Computerlinguistik : Theorien und Implementationen / hrsg. von Jürgen Rolshoven und Dieter Seelbach. – Tübingen : Niemeyer, 1991
(Linguistische Arbeiten ; 266)
NE: Rolshoven, Jürgen [Hrsg.]; GT

ISBN 3-484-30266-6 ISSN 0344-6727

Printed in Germany.
Druck: Weihert-Druck GmbH, Darmstadt
Einband: Heinr. Koch, Tübingen

Inhaltsverzeichnis

Vorwort

Die Herausgeber danken hier all denen, die zu dem Band Romanistische Computerlinguistik beigetragen haben. Hier sind die Herausgeber der Linguistischen Arbeiten, vor allem Herr Peter Blumenthal, zu nennen. Der Deutsche Romanistenverband unterstützte diese Veröffentlichung durch Gewährung eines Zuschusses. Wir danken weiterhin den Verfassern, die mit ihren Beiträgen die Herausgabe dieses Bandes ermöglichten, besonders jenen, die sich um Einhaltung des zeitlichen Rahmens bemühten. Schließlich möchten die Herausgeber Frau Bettina Weckerlein (Köln) und Herrn Jean-Yves Lalande (Köln) ihren herzlichen Dank für die Arbeit aussprechen, die sie mit der Vereinheitlichung aller eingesandten Aufsätze und der gesamten Gestaltung des Drucks leisteten.

Einführung

Computerlinguistik ist ein neuer Schwerpunkt der modernen Linguistik, der sich zu einem eigenständigen Studienfach entwickelt hat. An über 20 Universitäten unseres Landes sind Diplom- und Magisterstudiengänge als Hauptfachstudiengänge eingeführt oder in der Plan- bzw. Genehmigungsphase. Computerlinguistik liegt im Grenzbereich zwischen Linguistik und Informatik und hat eine theoretische und eine angewandte Komponente. Die theoretische Komponente ist von den Fragestellungen der modernen Linguistik bestimmt. Im Rahmen der hier entwickelten formalen Theorien über Analyse und Synthese von Sprache werden sehr komplexe und umfangreiche Grammatiken und Lexika von Einzelsprachen erarbeitet, die sich in erster Linie durch Explizitheit und Vollständigkeit auszeichnen. Die Computerlinguistik entwickelt programmierbare Modelle, die den linguistischen Theorien entsprechen. Die programmierten Modelle bilden ihrerseits die Grundlage für die Überprüfung und Weiterentwicklung der Theorien. Die Hauptzielsetzungen der theoretischen Computerlinguistik sind somit die Überprüfung von Resultaten und der Gewinn neuer Erkenntnisse bezüglich der sprachtheoretischen (und empirischen) Grundlagen der Sprachbeschreibung. Die Frage wie sprachliches Wissen im Rechner repräsentiert wird, erlaubt Rückschlüsse darauf, was repräsentiert werden muß, und damit auf das sprachliche Wissen selbst.

Für die entwickelten Modelle der Computerlinguistik gibt es bereits einige Verwendungsmöglichkeiten. Wir kommen damit zu den Aufgabestellungen der angewandten Computerlinguistik. Bei vielen komplizierten Fragen der Sprachverwendung (mit geplantem Rechnereinsatz) wie beim Fachtextübersetzen, beim Fremdsprachenlernen, bei der natürlichsprachlichen Abfrage von Datenbanken und beim natürlichsprachlichen Dialog mit Informationssystemen, bei der Orthographie- und Grammatikfehlerkorrektur, bei der Erkennung gesprochener Sprache und schließlich auch beim (Fach-)Textverstehen sind theoretische und angewandte Computerlinguistik nicht zu trennen. Die Erforschung von sprachtheoretischen und empirischen Grundlagen und die Entwicklung von Prototypen sogenannter natürlichsprachlicher oder informationsverarbeitender Systeme gehen Hand in Hand. Neben den genannten anspruchsvollen Anwendungen umfaßt die angewandte Computerlinguistik aber auch Bereiche, in denen man in Zukunft mit Rechnerunterstützung arbeiten wird und in denen man auf die im Aufbau befindlichen umfangreichen Grammatiken und Lexika zunächst noch nicht unbedingt angewiesen ist. Hier sind in erster Linie die computerunterstützte Übersetzung sowie die philologische Texterschließung und Edition zu nennen, aber auch weite Bereiche der Lexikographie und - in gewissem Umfang - der computerunterstützte Sprachunterricht. In den Bereich philologischer Texterschließung und Edition fallen Aufgabenstellungen wie Konkordanzerstellung, Belegstellen- und Zitatsuche, Themen- und Stilanalysen, Aufbau von Stildatenbanken, Registererstellung und Kollationen. Die Computerlinguistik eröffnet neue Möglichkeiten der Kooperation zwischen Sprach- und Literaturwissenschaften, aber auch zwischen Geistes-, Natur- und Ingenieurwissenschaften, etwa im Sinne einer Kognitionswissenschaft.

Der vorliegende Band "Romanistische Computerlinguistik" spiegelt die Aktivitäten computerlinguistisch orientierter Romanisten in Deutschland, Frankreich und Italien wider. Kern der computerlinguistischen Arbeiten sind Systeme zur maschinellen Analyse und Synthese romanischer Sprachen. Um diesen Kern herum gruppieren sich Untersuchungen, die Daten der Romanischen Sprachwissenschaft in methodisch neuer Weise aufgreifen und interpretieren.

Erfolgreiches computerlinguistisches Arbeiten setzt in besonderem Maße methodische und theoretische Exaktheit voraus. Diese Voraussetzungen sind für eine Romanistische Computerlinguistik um so wichtiger, als sich die romanischen Sprachen durch eine große Vielfalt, aber auch durch starke - genetisch bedingte - Gemeinsamkeiten auszeichnen. Romanistische Computerlinguistik stimuliert die Erforschung der Struktur romanischer Sprachen, da sie durch ihren Theoriebezug den Blick für Phänomene eröffnet, die bislang nicht oder nur wenig beachtet werden konnten. Dank ihres theoretischen Bezuges vermag sie unterschiedliche Erscheinungsformen aus gleichen, abstrakten Prinzipien abzuleiten. In diesem Zusammenhang sei an die Veränderbarkeit reflexiver, passiver oder klitisierter Verben in zusammengesetzten Tempora im Italienischen oder Französischen erinnert. Ein weiteres syntaktisch interessantes Beispiel ist die Stellung der Klitika. Abstrakte Beschreibungen dieser Erscheinungen sind in weitem Maße von syntaktischen Strukturen abhängig. Gerade abstrakte Beschreibungen - Ausformungen von Prinzipien - haben hohen heuristischen und praktischen Wert; heuristischen Wert, da sie kontrollierbar oder gar falsifizierbar sind (was bei einer diffusen, sich in vielfache Verästelungen und Vereinzelungen teilenden Beschreibung sehr schwer ist), praktischen Wert, da sie sich leichter auf informationsverarbeitenden Systemen implementieren lassen.

Dem romanistischen Computerlinguisten steht in den romanischen Sprachen und ihren diatopischen und diachronen Varietäten ein weites Testgebiet zur Verfügung. So kann er beispielsweise diachron am Übergang des Altfranzösischen zum Mittelfranzösischen alle jene Erscheinungen beobachten, die mit dem Verlust des Pro-Drop-Parameters verbunden sind, diatopisch jedoch dieses Phänomen heute im nördlichen Italien oder an Varietäten des brasilianischen Portugiesisch untersuchen.

Auch bieten romanische Sprachen oft interessante Beispiele für formale Annahmen von syntaktischer Struktur im Sinne der Bindungs- und Rektionstheorie, z.B. Besetzung von SpecComp und Comp im surselvischen Nebensatz. Neben der Rektions- und Bindungstheorie eignet sich auch die Lexikalisch-Funktionale Grammatik für computerlinguistische Analysen und Anwendungen. Hierbei handelt es sich um eine linguistisch wohlfundierte Grammatiktheorie, die zugleich ein Grammatikformalismus ist und die sowohl lexikonorientiert als auch funktional, d.h. auf grammatischen Funktionen basierend, arbeitet. Eine andere explizite und empirisch wohlfundierte Grammatikkonzeption, die Lexicon Grammar, ist über den Definite Clause Grammar-Formalismus implementierbar und für die Analyse und Synthese des Französischen in hohem Maße geeignet.

Ein romanistisch inspirierter Dialog erweitert die empirischen Grundlagen formal und computerlinguistisch arbeitender Sprachwissenschaftler. Ihre Theorien eröffnen auch der Romanistik neue Perspektiven.

Der methodische Pluralismus der Romanischen Sprachwissenschaft drückt sich in den Beiträgen aus. In einem Beitrag wird ausgehend von der distributionellen Methode ein operationalisiertes Näherungsverfahren zur wörterbuchunabhängigen Segmentierung spanischer Wörter in Stamm und Endung erarbeitet, wobei Datengewinnung und Regelfindung (teil)automatisiert sind. Die syntaktisch orientierten Arbeiten sind im Rahmen der Rektions- und Bindungstheorie sowie im Rahmen der Lexikalisch-Funktionalen Grammatik entstanden. Andere, eher anwendungsorientierte Arbeiten in den Bereichen "Entwicklung von Mehrwortlexika für die maschinelle Übersetzung" und "Entwicklung natürlichsprachlicher Schnittstellen" orientieren sich an der Lexicon Grammar. In einem Beitrag wird ein constraint-basierter Ansatz für ein kontrastives Wörterbuch im Hinblick auf die maschinelle Übersetzung erarbeitet, das mit Beschreibungen für Fragmente einzelner Sprachen im

Rahmen der Lexikalisch-Funktionalen Grammatik und/oder der Head-Driven Phrase Structure Grammar zu integrieren ist. Auch textuelles Wissen wird in einigen Implementationen mit einbezogen. In dem Aufsatz der italienischen Kollegen werden zugleich drei Gebiete der angewandten Computerlinguistik aus dem Blickwinkel des zentralen Parsing anvisiert: Natürlichsprachliche Schnittstellen, Textverstehen und Erkennung gesprochener Sprache.

Die Nachfrage nach sprachverarbeitenden, vor allem nach sprachübergreifenden informationsverarbeitenden Systemen steigt in einer sich verflechtenden Welt. Hier winkt für eine Romanische Sprachwissenschaft die echte Chance, sprachliche Vermittlung zu romanischen Völkern zu übernehmen. Hier kann man auch junge Romanisten verantwortungsvoll computerlinguistisch ausbilden, um ihnen berufliche Möglichkeiten im vielsprachigen Umgang mit informationsverarbeitenden Systemen zu sichern. Forschung, Wirtschaft, Institutionen des sich vereinenden Europa sind auf computerlinguistisch ausgebildete Romanisten angewiesen.

Aber auch innerhalb der romanistischen Forschung harren oft noch sehr große Datenmengen der Erschließung. Der Einsatz informationsverarbeitender Systeme wird diese Daten davor bewahren, in Datenfriedhöfen eine ewige Ruhe zu finden. Informationsverarbeitende Systeme bieten heute die Möglichkeit, den Fleiß unserer romanistischen Vorgänger für neue Fragen und Lösungen zu nutzen, z.B. in der Dialektologie.

Die Beiträge des vorliegenden Bandes konzentrieren sich meist auf den Strukturaspekt natürlicher (romanischer) Sprachen. Die zugrunde gelegten Theorien sind als symbolisch zu charakterisieren. Sicherlich wird in Zukunft die symbolische Verarbeitung auch romanischer Sprachen für eine Romanistische Computerlinguistik von erstrangiger Bedeutung bleiben, aber ihre Erfolge werden zunehmen, wenn sie die Möglichkeiten untersucht, die sich heute - u.a. dank der rasanten Entwicklung der Leistungsfähigkeit informationsverarbeitender Systeme - auf dem Gebiet der subsymbolischen Datenverarbeitung bieten. Könnte zukünftig das von der Romanischen Sprachwissenschaft geförderte Wissen nicht in lernfähigen neuronalen Netzen repräsentiert werden? - Hier werden sich der Romanistischen Computerlinguistik neue und interessante Felder erschließen.

Oktober 1990

Köln	Mainz
Jürgen Rolshoven	Dieter Seelbach

MENSCH - MASCHINE - DIALOG

Paul Sabatier

Résolution de Proformes et Interfaces en Langage Naturel

Introduction

Une des caractéristiques d'un langage naturel, comparé à un langage formel, réside dans l'usage de proformes. Qu'est-ce qu'une proforme? Voici une possible définition :

> Une *proforme* est une unité linguistique lexicalement réalisée ou non qui fait référence soit à d'autres unités linguistiques qui la précèdent ou la suivent dans le discours, soit à des entités extra linguistiques propres à la situation où se déroule le discours. On appellera *référent linguistique* l'unité linguistique à laquelle une proforme peut faire référence.

Par exemple, les pronoms sont des proformes lexicalement réalisées alors que les ellipses sont des proformes lexicalement non réalisées. Toute interface en langage naturel devrait permettre l'emploi de ces éléments qui assurent un dialogue concis, vif et spontané. A titre d'illustration, nous donnons ci-dessous des exemples de phrases contenant de tels éléments, phrases qui sont tirées de dialogues avec des interfaces en langage naturel que nous avons développées.

Voici l'extrait d'une session avec le système Dialogue (Sabatier 1980) comportant des phrases elliptiques. Ici l'utilisateur définit un ensemble d'individus et décrit une suite d'actions mettant en jeu ces individus:

> Jacques est une personne. Luc aussi. Mais Okapi, non. Milou, non plus. Luc si. Et Bob aussi. Mais Médor, non. Jacques rend Milou à Bob. Max, Médor à Luc. Luc échange Médor contre Milou. Bob donne Médor à Max. Et Luc, Milou contre Médor.

Un autre exemple de phrases elliptiques : celles extraites d'un dialogue avec le système-expert Orbi (Oliveira, Pereira et Sabatier 1982) :

- Quels descripteurs de l'aptitude à l'agriculture intensive du point 56,78 sont inférieurs à 3?
  (...)
- Et quels facteurs?
  (...)
- Et de l'aptitude à l'habitat concentré?
  (...)

L'extrait suivant est tiré d'une suite de questions posées au système Interfacile (Mathieu et Sabatier 1985). Ces questions mettent en jeu un ensemble de proformes lexicales:

> Comment éditer un fichier?
> Comment l'imprimer?
> Comment en faire une copie?
> Comment ajouter son contenu à un fichier?
> Comment effacer ce dernier?
> Comment changer le nom de celui-ci?

Enfin, voici des exemples de questions contenant des proformes lexicalement réalisées et tirées d'un dialogue avec le système Leader (Rincel et Sabatier 1989) :

> Donnez les ingénieurs qui habitent Paris ou ceux qui gagnent plus de 20.000 F!
> Donnez les employés, leurs salaires et leurs fonctions!
> Donnez les employés dont le salaire est supérieur à celui de leurs directeurs!

Une proforme et son référent linguistique peuvent dénoter des personnes, des choses ou des situations identiques, comme par exemple dans :

> Un homme entra. Il s'appelait Max.

Si *un homme* est le référent linguistique du pronom *il*, alors ce référent et le pronom sont ici *coréférents* : ils désignent le même individu. Une proforme et son référent linguistique peuvent dénoter des personnes, des choses ou des situations distinctes. Comme dans l'exemple donné par (Gross 1975) :

> Max achète des lits, Luc en vend de grands à baldaquin.

Le pronom *en* et son référent *des lits* n'entretiennent pas forcément une relation de coréférence : les lits qu'achètent Max peuvent être distincts de ceux que Luc vend. Le référent de certaines proformes peut être extra-linguistique. La proforme renvoie alors à un (ou des) élément(s) de l'univers où se déroule le discours. On parle alors de *formes déictiques*. Comme *ça* dans la phrase suivante :

> Donne-moi ça !

La résolution d'une proforme non déictique est l'opération qui consiste à trouver son référent linguistique et dans certains cas, à déterminer l'existence d'une relation de coréférence. Dans cet article, on montre la façon dont certaines proformes sont résolues dans les interfaces en langage naturel que nous avons développées. On trouvera dans (Sabatier 1987) une étude linguistique détaillée des constructions du français mettant en jeu des proformes.

Résolution d'ellipses dans les systèmes Dialogues et Orbi

Si la syntaxe des constructions elliptiques n'a pas fait l'objet d'études à vocation exhaustive, de nombreuses théories ont vu le jour, en particulier dans le cadre de la grammaire générative. A la différence d'une proforme lexicalement réalisée (comme un pronom, par exemple), la distance qui sépare une ellipse de son référent linguistique est limitée. Le référent se trouve en général dans la même phrase (ou proposition) ou dans la phrase précédente ou qui suit. L'exemple suivant illustre ce principe :

> Max pèle une pomme, Luc mange une poire, et Léo une orange.

Dans des structures coordonnées, la prise en compte des contraintes générales sur la nature des éléments coordonnables peut faciliter la localisation d'une ellipse et la recherche de son référent linguistique. Le référent linguistique localisé, il reste à en extraire les informations pertinentes pour reconstruire l'ellipse en vue de l'interprétation de la proposition la contenant. En effet le référent linguistique d'une ellipse ne peut pas toujours être substitué tel quel à cette dernière. Par exemple, la version non elliptique de la phrase :

Les enfants ont mangé les pommes, et Luc les poires.

est la phrase :

Les enfants ont mangé les pommes, et Luc a mangé les poires.

et non la phrase :

* Les enfants ont mangé les pommes, et Luc ont mangé les poires.

La reconstruction de l'ellipse s'effectue sur la base des traits lexicaux, syntaxiques et sémantiques associés au référent linguistique. Ces traits sont repris et ajustés selon le contexte où figure l'ellipse.

Le traitement des ellipses a fait l'objet d'une attention particulière dans le système Dialogue. Ce système rend compte, de phrase à phrase, des ellipses du verbe (1), du sujet et du verbe (2), du verbe et d'un de ses compléments (3) et des proformes du type *aussi (si, oui, non, non plus)* mises pour un groupe verbal (4) :

(1) Milou appartient à Max. Et Médor à Luc.
(2) Milou appartient à Max. Et à Luc.
(3) Max donne Milou à Luc. Et Bob Okapi.
(4) Milou appartient à Max. Okapi aussi.

Les structures de phrases acceptées par Dialogue sont très simples. Cette simplicité autorise une généralisation dans le traitement des ellipses. Le système associe à chaque phrase reconnue une structure sémantique normalisée. Par exemple, il associera à la phrase :

Max donne Milou à Luc.

la structure :

<déclarer(vrai),<donner,Max,Milou,Luc>>

Pour la phrase elliptique :

Et Bob Okapi.

les deux représentations sémantiques normalisées suivantes seront produits:

(1) <x,<v,Bob,Okapi>>
(2) <x,<v,Bob,Okapi,c>>

où x, v et c sont des variables. (1) rend compte d'une ellipse du verbe (v) ; (2) rend compte d'une ellipse du verbe (v) et d'un de ses compléments (c). La valeur du type (x) de la phrase (déclarative, question, ordre) est alors inconnue. L'interprétation de l'ellipse est résolue par un algorithme d'unification opérant sur la représentation interne de la phrase précédente dans le dialogue, et sur celle(s) de la phrase elliptique. En reprenant notre exemple, si on a le dialogue suivant :

Max donne Milou à Luc. Et Bob Okapi.

l'opération d'unification retiendra pour la phrase elliptique la seconde représentation interne. Le résultat sera la représentation interne sans variable :

<declarer(vrai),<donner,Bob,Okapi,Luc>>

Cette nouvelle représentation interne sera conservée au cas où la prochaine phrase du dialogue serait elliptique, comme dans :

Max donne Milou à Luc. Et Bob Okapi. Et Léo Médor.

Le principe est identique pour ce qui est du traitement des proformes *aussi, non, non plus, si, oui, pas*. L'algorithme d'unification diffère dans la mesure où la proforme peut exprimer une quantification (positive ou négative) différente, comme dans :

Max est une personne. Okapi non.

L'algorithme permet aussi de signaler les discours incohérents, comme le suivant :

Max est une personne. Okapi non plus.

Le système Orbi a une couverture linguistique sans commune mesure avec celle du système précédent. Il rend compte d'ellipses au sein d'une même question, comme par exemple :

Est-ce que chaque point dont le facteur résistance à l'incendie est inférieur à 2 ou dont le descripteur risque d'érosion est supérieur à 3 ne possède aucune aptitude supérieure à 4 ?

ou de question à question, comme par exemple :

Quels descripteurs de l'aptitude Agriculture Intensive du point 56,78 sont inférieurs à 3 ?
(...)
Et du point 67,78 ?

La méthode retenue ici pour résoudre les ellipses diffère de celle que nous avions mis au point dans le système précédent. Les généralisations sont beaucoup plus difficiles à capter lorsque la couverture linguistique de l'application est importante, comme c'est le cas ici. Le principe est le suivant. Lorsqu'une question non elliptique a été analysée correctement, Orbi mémorise certains constituants (et les suites de mots associés) qui pourraient faire l'objet d'une ellipse dans la question suivante du dialogue. Par exemple, après l'analyse de la question :

Quels descripteurs de l'aptitude Agriculture Intensive du point 56,78 sont inférieurs à 3?

Orbi mémorisera les constituants et les suites de mots associés :

quel + nom = quels descripteurs
de + gn = de l'aptitude Agriculture Intensive
de + gn = de l'aptitude
np = Agriculture Intensive
de + gn = du point 56,78
gv = sont inférieurs à 3

Si l'utilisateur pose maintenant la question suivante :

Et du point 12,95 ?

cette question est prise en compte par une grammaire des constructions elliptiques. Cette grammaire opère à partir de symboles et de constituants généraux. Elle a pour fonction de produire en interne une question non elliptique à partir de la question elliptique et des constituants mémorisés lors de l'analyse de la question précédente. La question complétée ne rend pas toujours compte des accords en genre et en nombre. Lorsqu'elle est analysée, les tests d'accord sont alors suspendus.

Résolution de proformes dans les systèmes Interfacile et Leader

Les pronoms relatifs et les proformes interrogatives sont couramment traitées par les systèmes d'analyse ou de synthèse du langage naturel. Ces types de proformes mis à part, il faut souligner que c'est la résolution des pronoms qui a fait l'objet du plus grand nombre d'études et de réalisations. Cet état de fait est sans doute dû d'une part à la relative simplicité de la localisation morphologique et syntaxique des pronoms (comparée à celle beaucoup plus complexe des ellipses, par exemple), et d'autre part à l'homogénéïté du référent linguistique d'un pronom : une entité du type groupe nominal.

Diverses approches pour la résolution des proformes ont été proposées à travers les systèmes réalisés jusqu'ici. Ces approches varient quant aux méthodes suppléant les informations morphologiques et syntaxiques nécessaires mais insuffisantes pour résoudre la plupart des proformes. La philosophie générale de ces méthodes consiste à avoir recours à des connaissances extra-linguistiques propres au domaine de l'application du système. L'exemple suivant, adapté de (Hirst 1981) :

Max a invité Luc à déjeuner. Il lui a servi un cassoulet.

illustre la problématique. Les pronoms *il* et *lui* ne peuvent être résolus au moyen des seules données lexicales et syntaxiques. La seule information pertinente est que *il* et *lui* ne peuvent pas avoir le même référent linguistique. Une connaissance sur les coutumes et les usages en matière de reception est nécessaire pour associer au pronom *il* le référent linguistique *Max* et *Luc* à *lui*. Ici cette connaissance pourrait être formulée au moyen de la règle :

Si X invite Y à déjeuner
alors X sert (offre, propose, donne, etc.) quelque chose à manger à Y.

L'une des caractéristiques du système Interfacile est de rendre compte d'un sous-ensemble des proformes du français. A savoir :

le *la* *l'* *les* (pronoms personnels compléments)
lui *elle* *leur* *en* *y*

son *sa* *ses* (possessifs)

celui-ci *celle-ci* *ceux-ci* *celles-ci* (démonstratifs)

ce dernier *cette dernière* (groupes nominaux à valeur démonstrative)
ces derniers *ces dernières*

Comment le système procède-t-il pour résoudre ces proformes? Les référents linguistiques de ces proformes sont des groupes nominaux. Après avoir répondu à une question, Interfacile mémorise les analyses des groupes nominaux des arguments du verbe de la question. Par exemple, pour la question :

Comment recopier la version d'un fichier dans un catalogue?

les analyses des groupes nominaux suivants :

la version d'un fichier
un catalogue

seront conservées. Si la prochaine question est:

Comment la renommer?

le référent linguistique du pronom *la* sera recherché à partir des analyses précédemment enregistrées. Le pronom *la* ayant le trait féminin, c'est le groupe nominal de même genre, *la version d'un fichier*, qui sera retenu comme référent linguistique. S'il y a une ambiguïté, c'est à dire si plusieurs référents sont linguistiquement possibles, Interfacile en fait part à l'utilisateur et lui demande son avis. Voici un exemple d'un tel échange :

Comment recopier un fichier dans un catalogue?
- Tapez : copy nomfichier.type;version [nomcatalogue]

Comment l'effacer?
- Le pronom *l'* renvoie à :
(1) fichier?
(2) catalogue?
- Votre choix? tapez le numero correspondant!
2
- Tapez : delete [nomcatalogue]

Si le système ne trouve pas de référent possible pour une proforme donnée, il le signale à l'utilisateur, comme dans l'échange suivant:

Comment créer un catalogue?
- Tapez : create/directory [nomcatalogue]

Comment la renommer?
- Le pronom *la* renvoie à quoi?

Les règles de résolution des proformes dans le système Interfacile reposent sur les seules données morphologiques, lexicales et syntaxiques. Cette façon de procéder assure un bon degrès de portabilité du système vers d'autres domaines d'application. La résolution des ambiguïtés relève toujours de la sémantique du domaine de l'application. Interfacile a dans ce cas recours à l'avis de l'utilisateur, à travers un court échange. Cette façon de faire peut géner un utilisateur qui maîtrise parfaitement le domaine d'application et pour lequel il n'y a pas d'ambiguïté possible. Cette façon de faire est recommandée dans le cas d'utilisateurs non spécialistes du domaine (auxquels s'adresse Interfacile) afin de contrer tout présupposé erroné. Comme le montre l'échange suivant :

> Comment recopier un fichier dans un catalogue?
> - Tapez : copy nomfichier.type [nomcatalogue]
>
> Comment renommer sa version?
> - version de ...
>   (1) fichier?
>   (2) catalogue?
> - Votre choix, tapez le numéro correspondant!
>
> 2
> - Interfacile parle plutot de *version d'un fichier*

A la différence des autres proformes, la proforme *ce dernier* (et ses variantes morphologiques) limite le choix du référent linguistique au dernier groupe nominal (et qui peut être le seul) énoncé dans la question précédente. Il n'y a pas d'ambiguïté possible. Une fois qu'une proforme a été résolue, son analyse est remplacée par celle de son référent linguistique afin de faciliter la résolution de tout pronom pouvant apparaître dans les questions suivantes.

Dans Leader, la résolution des proformes fait intervenir des connaissances extra-linguistiques (ou *conceptuelles*). Par exemple, lorsqu'une proforme du type *celui (celle, ceux, celles)* apparaît dans une configuration de la forme :

> ... nom^1 ... nom^2 ... nom^n ... *celui* de déterminant nom^m ...
> où nom^i (1=<i=<n) est un nom de tête du groupe nominal complexe, ou un nom dans un complément de nom, ou bien le sujet, l'objet, etc. d'une relative

la proforme en *celui* a pour référent linguistique le (ou les) nom^i (avec *i* allant de 1 à *n*) qui s'accorde en genre et en nombre avec elle, et pour lequel la relation conceptuelle *nom^i de nom^m* est bien formée. Ainsi dans la phrase :

> Donnez les employés dont le salaire est supérieur à celui de leurs directeurs!

celui aura *salaire* pour référent linguistique.

Lorsqu'une proforme du type *son (sa, ses, leur, leurs)* (adjectifs possessifs) apparaît dans une configuration de la forme :

> ... nom^1 ... nom^2 ... nom^n ... *son* nom^m ...
> où nom^i (1=<i=<n) est un nom de tête du groupe nominal complexe, ou un nom dans un complément de nom, ou bien le sujet, l'objet, etc. d'une relative

la proforme en *son* a pour référent linguistique le (ou les) nom^i (avec *i* allant de 1 à *n*) qui s'accorde en genre et en nombre avec elle, et pour lequel la relation conceptuelle nom^m *de* nom^i est bien formée. Ainsi dans l'exemple précédent, *leurs directeurs* s'interprètre comme *les directeurs des employées.*

Conclusion

La compréhension des proformes est un atout fondamental pour une interface en langage naturel, et décisif par rapport au choix d'autres types d'interface (formel, graphique, etc.). Dans le cadre de la génération automatique de textes, la synthèse de proformes pose plusieurs problèmes intéressants. En particulier les problèmes connexes concernant le caractère obligatoire ou facultatif de la production d'une proforme et la synthèse de textes non ambigus. Si cette problématique semble mineure dans le cas de la synthèse des ellipses (il semble que l'ellipse n'ait jamais un caractère obligatoire, et qu'elle engendre peu d'ambiguïté), elle reste majeure dans le cas de la synthèse de proformes lexicalement réalisées. Un pronom ne peut pas être produit s'il engendre une ambiguïté, comme dans :

Max a vu Luc. Il était heureux.

Il en va de même, si son référent linguistique est trop distant dans le texte. Sa production est obligatoire dans certains cas. Comme dans les cas de coréférence que nous avons vus plus haut. Exemples :

Max se regarde parler
(et non : Max regarde Max parler)

Max apprécie Luc pour son courage
(et non : Max apprécie Luc pour le courage de Luc)

Max a dit de Luc qu'il était sympathique
(meilleur que : Max a dit de Luc que Luc était sympathique)

Comme le montrent ces quelques exemples, la synthèse de textes constitue aussi un champ d'expériences et d'applications de choix pour le traitement des proformes en général. Les travaux que nous avons menés dans le domaine des proformes nous ont montré la complexité du phénomène linguistique. Les résultats obtenus sont élémentaires compte tenu de la réalité linguistique qui reste encore à décrire pour une compréhension automatique plus large.

Bibliographie

Gross, M. (1975): Méthodes en syntaxe, Herman.
Hirst, G. (1981): Anaphora in Natural Language Understanding : A Survey, Springer-Verlag.
Mathieu, Y., P. Sabatier (1986): Interfacile : Linguistic coverage and query reformulation, Coling, Bonn.

Oliveira, E., L. Pereira, P. Sabatier (1982): Orbi : An expert system for environmental resources evaluation through natural language, First Logic Programming Conference, Marseille.
Rincel, Ph., P. Sabatier (1989): Leader : un générateur d'interfaces en langage naturel pour bases de données relationnelles, Congrès RFIA, Paris.
Sabatier, P. (1980): Dialogues en français avec un ordinateur, Thèse de 3ème Cycle, Université Aix-Marseille II, Luminy.
Sabatier, P. (1987): Contribution au développement d'interfaces en langage naturel, Thèse Doctorat d'Etat, Université Paris 7.

GRAMMATISCHE FORMALISMEN UND MASCHINELLE ÜBERSETZUNG

Anette Frank

Argumentstruktur, grammatische Relationen und lexikalische Regeln. Ein LFG-Fragment zu Partizipialkongruenz, Auxiliarselektion und Clitic-Climbing im Französischen.

Ziel des vorliegenden Papiers ist eine lexikalisch-funktionale Analyse des morphosyntaktischen Phänomens der Partizipialkongruenz im Französischen, welches in Abhängigkeit von der thematischen Struktur der Verben definiert werden soll. Dabei stehen insbesondere die Interaktion mit lexikalischen Prozessen wie Passivierung und Reflexivierung, sowie funktionale Eigenschaften bei Subjektinversion und kohärenten Infinitivkonstruktionen zur Diskussion.

Die Analyse basiert auf der von Bresnan/Kanerva (1989) entwickelten Theorie unterspezifizierter grammatischer Relationen. Die Zuordnung grammatischer Funktionen zu Argumentstellen eines Prädikats erfolgt hierbei in Abhängigkeit von thematischen Eigenschaften. Im vorliegenden Ansatz wird Partizipialkongruenz als lexikalische 'Unaccusativity'-Regel formuliert. Unaccusativity wird als charakteristische Eigenschaft der Abbildung thematischer Rollen auf syntaktische Funktionen definiert. In Verbindung mit transitiven Verben wird Unaccusativity zusätzlich an konfigurationelle Eigenschaften gebunden. Partizipialkongruenz erweist sich damit als thematisch, funktional und konfigurationell determiniertes morphosyntaktisches Phänomen.

Nach einer Charakterisierung der zu beschreibenden Daten in Kap. 1 werden in Kap. 2 existierende Analysen zur Kongruenz des Partizip Perfekts im Französischen und/oder Italienischen skizziert und kritisch bewertet. Die in Kap. 4 zu entwickelnde Analyse zur Kongruenz des Participe Passé wird vorbereitet durch eine Darstellung der Analysebasis in Kap. 3. Dies umfaßt eine kurze Skizzierung der Theorie unterspezifizierter grammatischer Relationen von Bresnan/Kanerva (1989), sowie die Einführung lexikalischer Regeln zur Auxiliarselektion, Passivierung, Reflexivierung und Subjektinversion. Aufbauend auf diesen Grundlagen kann in Kap. 4 Partizipialkongruenz als lexikalische 'Unaccusativity'-Regel formuliert werden. Um die Validität dieser Regel auch in Kontexten kohärenter Infinitivkonstruktionen mit Clitic-Climbing aufzeigen zu können, schließt sich in Kap. 5 ein Exkurs zur Analyse kohärenter Konstruktionen im Französischen und Italienischen an. Die funktionalen Eigenschaften dieser Konstruktionen erlauben bei Anwendung der Kongruenzregel aus Kap. 4 korrekte Voraussagen für die unterschiedlichen Kongruenzdaten des Französischen und Italienischen.

1. Kongruenz des Participe Passé

Die nachfolgende Übersicht dient zur Charakterisierung der zu beschreibenden Daten und soll zugleich verdeutlichen, daß Partizipialkongruenz nicht in direktem Abhängigkeitsverhältnis zur Auxiliarselektion der Verben steht[1].

1.1. Subjektkongruenz mit être ?

Die obligatorische Subjektkongruenz intransitiver oder passivierter Verben (1/4), die ihr Partizip mit *être* bilden, wird in der sog. stilistischen Inversion (2/5) beibehalten, nicht jedoch bei NP-Extraposition mit unpersönlichem Subjektexpletiv (3/6/7). Unpersönliches Passiv weist kein Agreement auf (8).

1.1.1. Intransitive Verben

(1) Jeanne est descendue dans la rue.
(2) Sont entrés plusieurs hommes dans une salle éclairée.
(3) Il est descendu une femme dans la rue.

1.1.2. Passivierung

(4) La victime a été trouvée au bord de la Seine.
(5) J'exige que soit trouvée la solution.
(6) Il a été trouvé une femme au bord de la Seine.
(7) Combien de tables est-ce qu'il a été repeint? (Kayne(1985:73))
(8) Il a été couru sur ce stade récemment. (Zribi-Hertz(1987:28))

1.1.3. Reflexive Konstruktionen

Intrinsische und sog. 'ergative' Reflexivverben, sowie die Verben in medialer Konstruktion ('se moyen') zeigen wie intransitive Verben unter 1.1.1. obligatorische Subjektkongruenz, mit Ausnahme der unpersönlichen Konstruktion (10/12/14).

Intrinsische Reflexiva

(9) Marie s'est évanouie.
(10) A cause de ce bruit terrible, il s'est évanoui une femme.

Se ergatif

(11) La branche s'est cassée.
(12) Il s'est cassé plus d'une branche.

---

[1] Die Beispiele geben nur die grammatische Lesart an. Die komplementäre Lesart (+/- Agreement) ist jeweils ungrammatisch.

Se moyen

(13) Une chemise s'est toujours portée avec une cravate.
(14) Il s'est toujours porté une cravate dans une réunion officielle.

Reflexive und reziproke Verben

Verben mit reflexiviertem direktem Objekt weisen in persönlicher Konstruktion (15/16) Kongruenz auf. Es ist zu klären, ob Kongruenz mit dem Subjekt oder mit dem Reflexivclitic vorliegt.

(15) Elles se sont saluées froidement.
(16) Se sont présentés trois hommes devant le tribunal.
(17) Il s'est présenté trois hommes devant le tribunal.

Verben mit reflexiviertem indirektem Objekt verhalten sich scheinbar wie die mit *avoir* gebildeten Verben (s.u. 1.2.): Keine Kongruenz bei (reflexiviertem) indirektem Objekt (18/19), Kongruenz mit einem dislozierten Objekt, jedoch hier mit Auxiliar *être* (20).

(18) Ils se sont parlé.
(19) Ils se sont écrit de longues lettres.
(20) Les lettres qu'ils se sont écrites.

1.2. Kongruenz mit disloziertem Objekt bei avoir?

Das Partizip der mit *avoir* gebildeten intransitiven Verben ist stets unveränderlich (21), wohingegen die mit *avoir* gebildeten transitiven Verben ausschließlich mit einem direkten Objekt kongruieren, das aufgrund von Clitisierung, Topikalisierung oder Wh-Konstruktion nicht an seiner Basisposition in der VP abgeleitet wird (23/24/27). Ein disloziertes indirektes Objekt löst kein Partizipialagreement aus (25/26).

1.2.1. Intransitive Verben

(21) Marie a dormi pendant des heures.

1.2.2. Transitive Verben

(22) Marie a écrit des lettres.
(23) Les lettres que Marie a écrites.
(24) Marie les a déjà écrites.

(25) Pierre lui a parlé.
(26) Pierre lui a écrit des lettres.
(27) Combien de lettres est-ce que Pierre lui a écrites?

1.2.3. Sonderfälle

Wird das Objekt eines transitiven Verbs durch partitives *en* clitisiert, findet 'bei unmittelbarer Bezogenheit auf *en*' (Regula(1966:230)) kein Agreement statt. Der Kongruenzunterschied (28) vs (29) kann im Rahmen der hier vorgeschlagenen Analyse nicht erklärt werden.[2]

(28) J'en ai beaucoup reçues. (Regula(1966:229))
(29) J'attendais des nouvelles, mais je n'en ai point reçu. (Regula(1966:229))

Bei einigen Verben, wie *coûter, peser, courir*, etc. findet keine Kongruenz statt, wenn das Komplement als quantifizierte Preis-, Maß- oder Zeitangabe auftritt (31).

(30) Les efforts qu'a coûtés ce travail.
(31) Les mille Francs que ce voyage m'a coûté.

1.2.4. Unpersönliche Verben

Unpersönliche Verben weisen in keinem Fall Kongruenz auf, obwohl - nach lexikalisch-funktionaler Analyse - in (33/35) ein disloziertes OBJekt vorliegt.

(32) Il a fait une chaleur extrême.
(33) La chaleur extrême qu'il a fait hier m'a presque tuée.

(34) Il m'a fallu des livres.
(35) Il me les a fallu.

1.3. Infinitivkonstruktionen

Das Partizip von Kontroll- und Raisingverben (nach LFG-Terminologie) zeigt gleiches Kongruenzverhalten wie das Partizip der mit *avoir* gebildeten intransitiven und transitiven Verben: Agreement findet nur statt mit dem dislozierten Objekt transitiver Verben (41/43/44) oder dem Subjekt passivierter Verben (45). In (39) ist das topikalisierte OBJekt nicht Objekt von *vouloir*, löst also keine Kongruenz aus.

1.3.1. Subjektkontrolle

(36) Marie a dû partir.
(37) Ces femmes m'ont semblé intelligentes. (Bouchard(1987:463)
(38) J'ai voulu acheter une maison.
(39) La maison que j'ai voulu acheter.

---

[2] Auch Grevisse(1980) bestätigt die Variabilität des Agreement im Sprachgebrauch: 'Cette règle [de non-accord en cas de en] est fort précaire. En réalité, l'usage est très indécis et l'accord a souvent lieu, en étant senti, non comme un neutre, mais comme un complément d'objet partitif dont le genre et nombre sont ceux du nom représenté.' (Grevisse(1980:931)).

1.3.2. Objektkontrolle

(40) J'ai entendu les violonistes jouer des sonates.
(41) Je les ai entendus jouer des sonates.

(42) J'ai laissé les enfants manger des pommes.
(43) Je les ai laissés manger des pommes.

(44) Une femme qu'on a dite belle.
(45) Cette femme a été dite belle. (Bouchard(1987:462))

1.3.3. Kohärente Infinitiveinbettung

Der Gegensatz zwischen Objektkongruenz in Kontrollkonstruktionen (1.3.2.) und Nichtkongruenz des Partizips bei Clitic-Climbing[3] in (1.3.3.) ist auf spezifische funktionale Eigenschaften kohärenter Infinitivkonstruktionen zurückzuführen. Dies legen auch die Verhältnisse des Italienischen nahe, das in diesen Kontexten durchgehend Agreement aufweist. Die syntaktischen Eigenschaften der italienischen Restrukturierungsverben legen es nahe, - im Unterschied zum Französischen - die Bildung eines komplexen Prädikats anzunehmen.

Kohärente Konstruktionen im Französischen

(46) J'ai entendu jouer les sonates par l'orchestre.
(47) Je les ai entendu jouer par l'orchestre.

(48) Jean a laissé partir Marie.
(49) Jean l'a laissé partir.

(50) Jean a fait porter des livres à son fils.
(51) Jean les a fait porter à son fils.

(52) Une femme qu'on a dit ne pas être belle. (Bouchard(1987:469))

---

[3] Der Terminus Clitic-Climbing kennzeichnet Konstruktionen, in denen das Argument eines eingebetteten Prädikats nicht an dieses selbe Prädikat (i), sondern an das einbettende Matrixverb (ii) clitisiert wird.
(i) Jean a voulu la voir.
(ii) Jean les a fait planter par un jardinier (les = les plantes).

Kohärente Konstruktionen im Italienischen

Restrukturierungsverben

Clitic-Climbing eines Objekts in Restrukturierungskonstruktionen (53) löst Kongruenz aus. Die Grammatikalität der Passivierung (54) und des sog. 'Long Object Preposing'[4] (56) weist auf spezifische funktionale Eigenschaften italienischer Restrukturierungsverben hin.

(53) Gianni le ha volute riparare. (Bouchard(1987:465))

(54) Questa donna è stata detta essere bella. (Bouchard(1987,469))
(55) * Cette femme a été dit/dite ne pas être belle. (Bouchard(1987:462))

(56) Questo libro si è voluto leggere subito. (Burzio(1986:374))
(57) * Ce livre s'est voulu lire immédiatement.

Kausativkonstruktionen

Auch in Kausativkonstruktionen weist das Italienische Kongruenz auf (58). Wiederum weist die Passivierbarkeit in (60) darauf hin, daß diese Verben im Italienischen und Französischen unterschiedlich subkategorisiert sind. Zur Analyse kohärenter Konstruktionen mit Clitic-Climbing siehe Kap. 5.

(58) Le ha fatte riparare da un amico. (Kayne(1985:79))
(59) * Il les a faites réparer par un ami.

(60) Questo libro è stato fatto leggere a Mario (da Giovanni) (Burzio(1986:374))
(61) * Ce livre a été fait lire à Mario (par Jean).

2. Probleme existierender Analysen zur Kongruenz des Partizip Perfekts

Analysen zur Partizipialkongruenz wurden im Rahmen der Generativen Grammatik von Kayne (1985/1989a) sowie von Burzio (1986) für das Italienische entwickelt. Ebenfalls für das Italienische existiert ein lexikalisch-funktionaler Ansatz von Baker (1983). Die von Burzio und Baker vorgeschlagenen Analysen erweisen sich als nicht übertragbar auf die Verhältnisse des Französischen. Insbesondere Auxiliarselektion und Nichtkongruenz des Partizips in unpersönlichen Konstruktionen können nicht korrekt erfaßt werden.

---

[4] Burzio(1986) bezeichnet die mediale Konstruktion mit *si*, in der das Objekt zum Subjekt wird (Subjekt-Verb-Agreement) als 'Object Preposing'. In der Restrukturierungskonstruktion wird das Objekt zum Subjekt des Matrixverbs, daher die Bezeichnung 'Long Object Preposing'.

2.1. Kayne (1985/1989a): L'accord du participe passé en français et en italien

Ausgangspunkt für die Analyse Kayne's ist die Annahme, daß Partizipialkongruenz und Subjekt-Verb-Kongruenz gleichen Prinzipien unterliegen. Da Subjekt-Verb-Kongruenz immer lokal ist, müsse demnach auch die Partizipialkongruenz der Lokalitätsbedingung genügen. Bei Wh-Bewegung befindet sich die Konstituente, mit der das Partizip kongruiert, nicht im Lokalitätsbereich (i.e. der maximalen Projektion) von AGR, es ist also keine lokale Koindizierung möglich. Dies veranlaßt Kayne zur Annahme einer 'small clause', einer 'phrase sans verbe' (Kayne(1985:75)), welche einen AGR-Knoten für lokale Koindizierung mit dem Partizip bereitstellt.

(1) Combien de tables$_i$ ils$_j$ AGR$_j$ ont [sc e$_i$ AGR$_i$ repeintes$_i$] (Kayne(1985:77))

Kongruenz des Partizips tritt nach dieser Analyse immer dann auf, wenn ein Argument durch Bewegung eine Spur in der Subjektposition der 'small clause' hinterläßt und somit eine Koindizierung mit AGR möglich ist. Um auszuschließen, daß die Subjektposition der 'small clause' lexikalisch besetzt wird (* Ils ont beaucoup de tables repeintes), formuliert Kayne(1984/1989a:89) ein Wohlgeformtheitsprinzip für Ketten:

If a Case-marked chain is headed by an A-position, then that A-position must be assigned Case.

Dies wiederum zwingt ihn zur Annahme einer Adjunktionsanalyse im Falle von Wh-Bewegung: Da das Auxiliar *avoir* keinen Kasus zuweist, würde in (1) die Leerstelle in der Subjektposition der 'small clause' - als der Head einer Kette in A-position - nicht kasusmarkiert und würde somit das Wohlgeformtheitsprinzip für Ketten verletzen. Die Leerstelle muß daher durch Adjunktion in eine A-quer-position gebracht werden (2).

(2) Combien de tables$_i$ ils ont [ip e$_i$ [ip AGR$_i$ repeintes e$_i$]] (Kayne(1989a:89))

Die Ungrammatikalität eines kongruierenden Partizips in unpersönlichen Konstruktionen mit Subjektexpletiv *il* (3) erklärt Kayne durch eine unzulässige Bewegung in LF: *il* muß hier durch die Leerstelle der 'small clause' ersetzt werden. Diese Ersetzung stellt eine ungrammatische Bewegung aus einer (adjungierten) A-quer-Position in eine A-Position dar.

(3) * [Combien de tables]$_i$ il a été [ip e$_i$ [ip AGR$_i$ repeintes e$_i$]]. (Kayne(1985:78))

Kayne's Analyse beschreibt korrekt die Daten der Partizipialkongruenz, kann allerdings in verschiedener Hinsicht kritisch hinterfragt werden.

Lokalitätsbedingung für Kongruenzrelationen?

Wie u.a. auch Bouchard (1987) bemerkt, ist die Lokalität der Kongruenzrelation zwischen Subjekt und Verb lediglich auf die Lokalität dieser Relation zurückzuführen. Anaphorische Relationen zeigen, daß Kongruenzrelationen allgemein auch nichtlokal möglich sind:

(4) Jean$_i$ croit que Marie a dit qu'il$_i$ /*elle$_i$ est malade. (Bouchard(1987:450))[5]

Die Notwendigkeit einer 'small clause' für eine lokale Koindizierung mit AGR ist also für den Fall der Partizipialkongruenz nicht unbestritten.

Kongruenz als Koindizierung mit AGR ?

Auch bei Annahme einer Lokalitätsrestriktion wäre es u.U. möglich, den lokalen Bereich für Kongruenz nicht als die Projektion von AGR, sondern beispielsweise als die größtmögliche subjekthaltige Kategorie zu definieren, so daß topikalisierte Konstituenten noch im Lokalitätsbereich des partizipialen Verbs liegen würden. Damit bestünde nicht die Notwendigkeit, über eine 'small clause' einen lokalen AGR-Knoten einzuführen. Diese rein hypothetische Annahme legt einen weiteren - zwingenderen - Grund für die Notwendigkeit einer 'small clause'-Analyse offen: Im Falle von Objektkongruenz kann die Kongruenz mit dem Partizip grundsätzlich nicht parallel zu Subjekt-Verb-Kongruenz über Koindizierung mit - demselben - AGR abgewickelt werden. AGR müßte - insbesondere bei Objektsagreement - mit zwei verschiedenen Konstituenten koindiziert werden und für beide Konstituenten distinkte Kongruenzmerkmale bereitstellen. Die Einführung eines zweiten Agreement-Knotens ist also unabhängig von Lokalitätsrestriktionen zwingend.

Das in der GB vertretene universale Postulat eines einzigen strukturellen Agreementknotens, das von Kayne durch Einführung einer 'small clause' umgangen wird, führt auch in anderen Kontexten zu Schwierigkeiten. Beispielsweise in Sprachen, die mehrere Kongruenzaffixe am finiten Verb kodieren, oder in Sprachen mit Subjekts- und Objekts-pro-drop, wie z.B. Spanisch, wo ebenfalls die Koindizierung verschiedener Komplemente mit einem Agreement-Knoten postuliert werden müßte.[6] Die generelle Problematik, Kongruenz über Indizierung mit einem strukturellen AGR-Knoten zu definieren, berechtigt m.E. zu Zweifeln bezüglich der Adäquatheit der von Kayne vorgeschlagenen Analyse.

Strukturell determinierte Kongruenz vs Nichtkongruenz ?

Nach Kayne's Analyse ist die Kongruenz des Partizips auf die Grammatikalität einer 'small clause'-Analyse zurückzuführen. Da z.B. das Spanische keine Objektkongruenz aufweist, muß aus unabhängig zu motivierenden Gründen eine 'small clause'-Analyse (5) ausgeschlossen werden, im Französischen und Italienischen hingegen eine VP-Analyse (6). Es ist m.E. nicht klar, an welchen determinierenden Faktoren derartige sprachspezifische Unterschiede konfigurationeller Eigenschaften festgemacht werden könnten.[7]

(5) frz. / *sp. Wh-phrase$_i$ NP V_{aux} [ip e_i [ip AGR_i V_{pp} e_i]]

(6) *frz. / sp. Wh-phrase$_i$ NP V_{aux} V_{pp} e_i

---

[5] Zu weiteren Kritikpunkten siehe Bouchard(1987).

[6] Siehe hierzu Mohanan(1983).

[7] Zur Diskussion dieser Frage siehe Kayne(1989a).

Da im Spanischen und Portugiesischen das Fehlen von Objektkongruenz einhergeht mit einer fehlenden Distinktion zwischen ergativen und nichtergativen Verben hinsichtlich ihrer Auxiliarselektion (intransitive Verben werden ausschließlich mit dem Äquivalent von haben gebildet)[8], ist zu vermuten, daß die determinierenden Faktoren für Partizipialkongruenz eher in Abhängigkeit von Auxiliarselektion und thematischen Eigenschaften eines Verbs zu definieren sind, die i.a. unter den Begriff der 'Unaccusativity' gefaßt werden. Diese Frage wird unter der Perspektive der hier zu entwickelnden Analyse in Kap. 4 nochmals aufgenommen.

Unpersönliche Konstruktionen und Burzio's Generalisierung

Nach Kayne's Analyse können Auxiliare keinen Kasus zuweisen. Kayne geht daher davon aus, daß in unpersönlichen Konstruktionen ohne Agreement - und daher ohne zusätzlichen AGR-Knoten - Kasus vom Partizip zugewiesen wird. Diese Annahme steht im Widerspruch zu Burzio's Generalisierung, wonach ein Verb ohne Subjekts-theta-Rolle keinen (strukturellen) Kasus vergeben kann (Burzio(1986)).

(7) Il sera repeint beaucoup de chaises.
(8) Je me demande combien de chaises il sera repeint/*es cette année.
(9) Il me les faut.
(10) Les chaises qu'il m' aurait fallu/*es. (Kayne(1989a:91))

Die Konstruktionen (7)-(10) sind für generative Analysen generell problematisch, da - wie Pollock(1986) zeigt - in Konstruktionen mit il-Expletiv keine Kette angenommen werden kann. Dies impliziert - nach Burzio's Generalisierung - Verletzung des Kasusfilters, da ohne Kette keine Zuweisung von Kasus möglich ist. Die Annahme einer Kasuszuweisung über eine Kette mit *il* steht darüber hinaus prinzipiell im Widerspruch zur akkusativischen Markierung des Arguments in (9).

2.2. Burzio (1986): Auxiliarselektion und Partizipialkongruenz im Italienischen

Obwohl auch Burzio Partizipialkongruenz unter Rekurs auf konfigurationale Eigenschaften definiert, stellt er einen Zusammenhang mit Auxiliarselektion und der Distinktion zwischen ergativen und nichtergativen Verben her: Beide Phänomene - Auxiliarselektion und Partizipialkongruenz - werden von einer 'Bindungsrelation' abhängig gemacht (Burzio(1986: 55/56)):

a. ESSERE ASSIGNMENT: The auxiliary will be realized as essere whenever a 'binding relation' exists between the subject and a 'nominal contiguous to the verb'[9].

[8] Siehe Taraldsen (1987).

[9] 'Nominal contiguous to the verb' wird definiert als: 'clitic or direct object'. 'Direct object' wird definiert als: 'an NP in an A-position governed by the verb'. (Burzio(1986:56))

Abb. 1

i. NP cl-V .. ii. NP V NP
I__I I__I

b. PAST PARTICIPLE AGREEMENT: A past participle will agree (in gender and number) with an element holding a 'binding relation' with its 'direct object'.

Abb. 2

i. ..cl-V NP ii. NP V NP
I___I I___I

Der Versuch, Burzio's Analyse auf die französischen Daten zu übertragen, stößt auf Probleme bei unpersönlichen Konstruktionen mit *il:*

(11) Il$_i$ les$_j$ a fallu e$_j$.
(12) Il$_i$ est passé un train$_j$.

In (11) würde die Selektion von *avoir* durch eine fehlende Bindungsrelation des Arguments (hier als Clitic) mit der Subjektposition erklärt, nicht jedoch das Fehlen von Partizipialkongruenz: Das dislozierte Objekt steht in einer Bindungsrelation mit der Objektposition. (12) liefert ein Gegenbeispiel zur Regel für Auxiliarselektion: Obwohl keine Koindizierung zwischen Subjektposition und Argument besteht, wird *être* selegiert. Burzio's Regel für essere- (bzw. être-Selektion) erweist sich damit für das Französische als zu eng. Die in 2.1. angesprochene generelle Problematik unpersönlicher Verben des Französischen für Burzio's Generalisierung muß hier nicht wiederholt werden.

2.3. Baker (1983): Eine funktionale Analyse der Auxiliarselektion und Partizipialkongruenz im Italienischen

Baker formuliert im Rahmen der LFG eine Analyse, die die Unterscheidung zwischen ergativen und nichtergativen Verben im Italienischen von den thematischen Eigenschaften eines Verbs ableitet, indem spezifische grammatische Relationen zwischen thematischen Rollen und syntaktischen Funktionen induziert werden. Danach wird der thematischen Rolle agent die grammatische Funktion (SUBJ), der thematischen Rolle *theme* die Funktion (OBJ) zugeordnet. Die Distinktion zwischen ergativen vs nichtergativen Verben wird damit funktional repräsentiert: Ergative Verben sind einstellige Verben, die durch eine OBJ-Funktion subkategorisiert sind.

Abb. 3

Bsp: telefonare⟨AGENT⟩ arrivare⟨THEME⟩
(SUBJ) (OBJ)

Ich kann im Rahmen dieses Papiers auf Einzelheiten der von Baker gewählten Repräsentation nicht näher eingehen. Es sei hier lediglich seine Generalisierung zur Auxiliarselektion und Partizipialkongruenz bewertet (Baker(1983:32)):

> AUXILIARY ASSIGNMENT: If the grammatical function assignment of a lexical form assigns the SUBJ function to an agent argument position, assign the auxiliary avere. Otherwise choose essere.
>
> PAST PARTICIPLE AGREEMENT: If the grammatical function assigned to the theme argument of its lexical form is functionally controlled by an f-structure outside its minimal clause nucleus, a participle will agree with that function in gender and number.

Die Regel für Partizipialkongruenz berücksichtigt insbesondere die von Baker gewählte Analyse transitiver Verben mit clitisiertem OBJekt in Auxiliarkonstruktionen als einen Fall von Clitic-Climbing. Da Auxiliare eine offene Satzfunktion (XCOMP) subkategorisieren, wird das clitisierte OBJekt c-strukturell außerhalb seines 'clause nucleus' abgeleitet. Um eine Verletzung der Wohlgeformtheitsbedingungen über F-Strukturen zu vermeiden, schlägt Baker für *avere* die Subkategorisierung eines fakultativen nichtthematischen OBJekts vor, das über eine funktionale Kontrollgleichung mit dem OBJekt des Partizips unifiziert wird: (^ OBJ) = (^ XCOMP OBJ).

Ebenso wie Kayne muß Baker den Fall (13) ausschließen. Das nichtthematische OBJekt des Auxiliars darf nicht als NP realisiert werden. Die Zusatzbedingung an den kategorialen Status des nichtthematischen OBJekts ((^ OBJ CL) =c + (Baker(1983:29))), sowie das ungewöhnliche Postulat eines funktional kontrollierten OBJekts, lassen die Analyse m.E. fragwürdig erscheinen.

(13) * Giovanni ha Maria vista.

Insbesondere stellt die Einführung eines fakultativen clitischen OBJekts auf der Ebene des Matrixverbs keine generelle Lösung für Clitic-Climbing dar ('..This new rule will account for 'clitic-climbing' processes', (Baker(1983:29))):

(14) Luis las quiere comer. (Luis wants to eat them)
(15) Luis las trató de comer. (Luis tried to eat them) (Baker(1983:29))

Es erscheint wenig motiviert, für Subjektkontrollverben wie wollen, versuchen etc. ein fakultatives OBJekt zu fordern. Noch fragwürdiger erscheint die Annahme eines fakultativen indirekten OBJekts für *sembler* oder eines direkten und indirekten Objekts für *faire* in französischen Clitic-Climbing Konstruktionen.

(16) Jean lui semble fidèle.
(17) Jean les lui a fait donner.

Ungeachtet dessen wird die Analyse Bakers nicht allen empirischen Daten gerecht. Für Verben mit agentivischem Subjekt wird die Selektion von *avere* vorgeschrieben. Die Selektion von *essere* bei Reflexivierung erklärt Baker jedoch nur für den Fall eines reflexivierten direkt transitiven Verbs. Da es sich wie ein ergatives Verb verhält, lautet Bakers lexikalische Regel für Reflexivierung (Baker(1983:21)):

Abb. 4

verb⟨(SUBJ)(OBJ)⟩ → si-verb⟨(NULL)(OBJ)⟩
(↑ REFLEXIVE)=c +

Den Fall der Reflexivierung eines Verbs mit indirektem Objekt vernachlässigt Baker. Da dieser Typ reflexiver Verben jedoch keine ergativen Eigenschaften aufweist[10], ist in diesem Fall eine Analyse als ergative Verbform mit OBJektfunktion nicht möglich. Es müßte statt dessen die Tilgung des SUBJekts und eine Regel (OBJ2) -> (SUBJ) postuliert werden, wodurch die ursprüngliche PP als NP an der Subjektposition abgeleitet würde - eine äußerst ungewöhnliche Analyse. Würde statt dessen eine lexikalische Regel zur Tilgung des indirekten Objekts angenommen (s.u.), würde fälschlicherweise avere-Selektion vorhergesagt, da dann das SUBJekt des reflexivierten Verbs agentivisch markiert wäre[11]. Weiterhin wäre damit keine einheitliche lexikalische Reflexivierungsregel für Verben mit direktem (18) bzw. indirektem Objekt (19) gegeben.

(18) Marie a lavé son enfant. - Marie s'est lavée.
(19) Marie lui a lavé les cheveux. - Marie s'est lavé les cheveux.

Abb. 5

verb⟨(SUBJ)(OBJ2)⟩ → si-verb⟨(SUBJ)(NULL)⟩
(↑ REFLEXIVE)=c +

Bei Reflexivierung eines ditransitiven Verbs in (20/21) entsteht darüber hinaus das Problem, daß nun auch für *essere* ein fakultatives OBJekt postuliert werden müßte - was insbesondere der ergativen Charakteristik dieses Auxiliars widerspricht.

(20) Maria si è comprata un libro.
(21) Maria se li è comprati/*-a. (Burzio(1986:61))

Auch bei Übertragung auf die französischen Daten liefert Bakers Ansatz keine befriedigenden Antworten: Wie im Italienischen werden Baker's Regeln für Auxiliarselektion und Reflexivierung auch den französischen Daten bei Reflexivierung indirekter Objekte nicht gerecht.

---

[10] Nach Burzio(1986) weist ne-Clitisierung des Subjekts reflexivierter direkt transitiver Verben auf ergative Eigenschaften hin:
(i) Se ne sono uccisi parecchi. (Burzio(1986:411))
themselves of-them have killed several.
Dagegen weist die Nichtgrammatikalität von ne-Clitisierung bei reflexiviertem indirektem Objekt auf nichtergative Eigenschaften hin:
(ii) * Se ne sono scritti (a) tre. (Burzio(1986:417))
to-themselves of-them have written (to) three

[11] Neben den nichtergativen Eigenschaften dieser Verben weist auch die Tatsache, daß in (21) nur OBJektkongruenz, nicht aber SUBJektkongruenz grammatisch ist, - nach Bakers thematischer Restriktion für Partizipialkongruenz - darauf hin, daß in der Tat ein agentivisches SUBJekt vorliegt.

(22) La voiture que Jean s'est achetée.
(23) Les femmes se sont parlé.

In unpersönlichen Konstruktionen mit Auxiliar *avoir* würde nach Bakers Generalisierung Kongruenz nicht ausgeschlossen, da ein OBJekt mit der Rolle *theme* funktional kontrolliert würde:

(24) * Il me les a fallus. falloir<(^ OBJ)>(^ SUBJ)

Schließlich ist im Französischen Partizipialkongruenz in Verbindung mit Clitic-Climbing nur in Auxiliarkonstruktionen grammatisch. Bakers Analyse würde für *faire* und andere kohärent konstruierte Verben fälschlicherweise Agreement vorhersagen, da das OBJekt des eingebetteten Verbs durch ein nichtthematisches OBJekt des Matrixverbs kontrolliert würde.

(25) * Jean les lui a faites donner.
(26) * Jean les a entendues jouer par l'orchestre.

3. Die Analysebasis: Passivierung, Reflexivierung, Inversion und Auxiliarselektion

In der hier vorgeschlagenen Analyse sollen Auxiliarselektion bzw. -wechsel und Partizipialkongruenz stärker auf die Argumentstruktur und die thematischen Eigenschaften eines Verbs bezogen werden. Dabei ist eine spezifische Charakteristik der Abbildung thematischer Rollen auf syntaktische Funktionen zu berücksichtigen, die unter den von Perlmutter (1978) eingeführten Terminus der 'Unaccusativity' gefaßt wird.

Die Interaktion der thematischen Argumentstruktur mit der funktionalen Struktur der Verben wird im Rahmen der LFG formal definiert in der von Bresnan/Kanerva (1989)[12] entwickelten Theorie unterspezifizierter grammatischer Relationen. Auf der Grundlage dieser Theorie sollen zunächst lexikalische Regeln zur Passivierung, Reflexivierung, Subjektinversion und Auxiliarselektion im Französischen motiviert werden. Basierend auf diesen Analysen wird in Kap. 4 die Regel für Partizipialkongruenz entwickelt.

3.1. Lexikalisch unterspezifizierte syntaktische Relationen

Bresnan/Kanerva haben am Beispiel lokativer Inversion in Chichew3a und im Englischen eine Theorie entwickelt, die es erlaubt, grammatische Relationen in Abhängigkeit von den thematischen Eigenschaften der Argumente eines Verbs zu induzieren. Durch Unterspezifikation der als komplexe Merkmalstrukturen repräsentierten grammatischen Funktionen ist es - abhängig vom gegebenen syntaktischen Kontext - möglich, für ein und dieselbe Argumentstruktur unterschiedliche Subkategorisierungsrahmen zu erzeugen.

---

[12] Im weiteren zitiert als Bresnan/Kanerva bzw. B/K(1989:x).

Bresnan/Kanervas Theorie unterspezifizierter grammatischer Relationen basiert auf folgenden Grundannahmen:

Es gibt eine universale **Hierarchie thematischer Rollen**: (B/K(1989:11))
agent > ben > goal/exp > inst > th/pt > loc

Syntaktische Funktionen können durch die Merkmale [+/- r] (thematisch restringiert) und [+/- o] (objektiv) intern strukturiert bzw. dekomponiert werden: (B/K(1989:12))

Abb. 6

[− r] SUBJ [− o]	[+ r] OBL_Θ [− o]
[− r] OBJ [+ o]	[+ r] OBJ_Θ [+ o]

Ausgehend von der Annahme, daß negative Werte unmarkiert sind, leiten Bresnan/Kanerva eine **Hierarchie syntaktischer Funktionen** hinsichtlich ihrer Markiertheit ab (Bresnan/ Moshi(1989:22)):

Abb. 7

$$\text{SUBJ} > \begin{matrix} \text{OBJ} \\ \\ \text{OBL}_\Theta \end{matrix} > \text{OBJ}_\Theta$$

Es existieren universal gültige Regeln unmarkierter Zuordnungen zwischen thematischen Rollen und funktionalen Merkmalen (**'intrinsic role classification'**): ((B/K(1989:13))

Abb. 8

agent encoding:	AGENT	— [− o]
theme encoding:	THEME/PATIENT	— [− r]
locative encoding:	LOCATION	— [− o]

Auch **morpholexikalische Regeln** operieren durch Zuweisung funktionaler Merkmale direkt auf den thematischen Argumentstrukturen: (B/K(1989:15))

Abb. 9

passive:	{highest role}	— [+ r]
loc-inv:	⟨THEME ...	LOCATION⟩ [− r]

Bresnan/Kanerva definieren drei Regeln zur Default-Klassifikation thematischer Rollen, welche nach den Regeln zur intrinsischen Klassifikation und morpholexikalischen Regeln zur Anwendung kommen. Die per Default zugewiesenen Merkmale leisten die vollständige Spezifikation des Subkategorisierungsrahmens.

Anstelle dieser drei Regeln schlage ich eine Regel vor, die sich an der Markiertheitshierarchie funktionaler Merkmale orientiert. Geht man nicht nur davon aus, daβ negative Werte unmarkierter sind als positive Werte, sondern auch davon, daβ sich ein positiver oder negativer Wert für thematische Restriktion stärker in der Markiertheit einer grammatischen Funktion niederschlagen als ein 'plus' oder 'minus' für Objekthaftigkeit, ergibt sich folgende Hierarchie syntaktischer Merkmale, die in Kombination dieselbe Hierarchie syntaktischer Funktionen abbilden, die von Bresnan/Moshi(1989) definiert wird:

Abb. 10/11

Hierarchie funktionaler Merkmale:

[– r] > [– o] > [+ o] > [+ r]

Hierarchie grammatischer Funktionen:

		[– r] OBJ [+ o]		
[– r] SUBJ [– o]	>		>	[+ r] OBJ_θ [+ o]
		[+ r] OBL_θ [– o]		

Die Default-Klassifikation der Argumentstellen kann durch folgende Regel an der Hierarchie funktionaler Merkmale ausgerichtet werden:

> **Default-Klassifikation:** Jede noch nicht vollständig spezifizierte syntaktische Funktion ist - gemäβ der Hierarchie funktionaler Merkmale - durch das am wenigsten markierte Merkmal zu ergänzen, das mit den bereits existierenden Markierungen kompatibel ist[13]. Dabei werden die Argumentstellen eines Verbs stets von links nach rechts abgearbeitet.

Bei der Zuordnung von Defaultwerten dürfen keine Änderungen bereits bestehender Zuweisungen vorgenommen werden ('Monotonicity Constraint' (Bresnan/Moshi(1989:26)). Wohlgeformtheitsbedingungen für lexikalische Formen schlieβen ungrammatische Subkategorisierungsrahmen aus, die bei der Vergabe von Defaultwerten entstehen könnten. (B/K(1989:17))

i. **Subject Condition:** Every lexical form must have a subject.[14]

---

[13] Diese Regel liefert für das in Bresnan/Kanerva formulierte Regelfragment identische Ergebnisse und wird in Kap.5 verwendet, um die in Kausativkonstruktionen (*faire/fare* + Infinitiv) induzierten Relationswechsel zu generieren.

[14] Die universale Gültigkeit einer Subject-Condition, die u.a. von Baker(1983) vertreten wird, ist nicht unbestritten.

ii. **Function-argument-biuniqueness:** In every lexical form, every expressed lexical role must have a unique syntactic function, and every syntactic function must have a unique lexical role.

3.2. Lexikalische Regeln: Auxiliarselektion, Passivierung und Reflexivierung

3.2.1. Auxiliarselektion

Da - wie in Kap.1 deutlich wurde - Partizipialkongruenz nicht unmittelbar aus der Auxiliarselektion der Verben abzuleiten ist, kann diese unabhängig durch lexikalische Regeln definiert werden. Grundsätzlich sind zwei Formen der Auxiliarselektion zu unterscheiden:

Lexikalisch determinierte Auxiliarselektion

Die thematischen Eigenschaften, sowie die Argumentstruktur eines Verbes determinieren die Auxiliarselektion. Für das Französische gelten die Regeln:

Intransitive Verben mit der thematischen Rolle theme selegieren *être*;
Intransitive Verben mit der thematischen Rolle agent selegieren *avoir*;
Transitive Verben selegieren *avoir*.

Eine lexikalische Regel zur lexikalischen Auxiliarselektion kann daher lauten:

Abb. 12

⟨THEME⟩ → (AUX) = être
⟨AGENT ...⟩ → (AUX) = avoir

Hierbei ist zu beachten, daß das Französische einige Außnahmen bei être-Selektion aufweist. Einige Verben mit thema-Subjekt selegieren obligatorisch oder wahlweise *avoir*.

(1) Le bateau *s'est/a coulé.
(2) Un ange est/a passé.
(3) La branche s'est cassée/a cassé.

Diesem häufig zu beobachtenden Phänomen von 'Unaccusativity-Mismatches' kann Rechnung getragen werden, indem die idiosynkratische Auxiliarselektion dieser Verben direkt im Lexikoneintrag markiert wird, so daß die lexikalische Regel nicht anwendbar ist.

Auxiliarwechsel bei Argumentreduktion durch morphosyntaktische Prozesse

Die lexikalisch determinierte Auxiliarselektion kann durch einen Auxiliarwechsel außer Kraft gesetzt werden, wenn durch morphologisch markierte syntaktische Prozesse eine Argumentreduktion im Sinne einer Reduktion der funktional realisierten Argumentstellen bewirkt wird. Dies ist der Fall bei produktiven syntaktischen Prozessen wie Passivierung und Reflexivierung. Beide - unten zu definierende Regeln - führen zu einer Modifikation der Auxiliarzuweisung[15].

Abb.14

(AUX) = avoir → (AUX) = être

Der durch grammatische Prozesse induzierte Auxiliarwechsel ist mit den entsprechenden lexikalischen Regeln zu spezifizieren.[16] Insbesondere bei reflexiven Konstruktionen wird deutlich, daß die Selektion von *être* nicht durch thematische Eigenschaften determiniert sein kann. Es liegt keine Rolle *theme* vor, so daß die Selektion von *être* nicht als lexikalisch bedingt erklärt werden kann.

(4) Les femmes se sont parlé. <agent goal>
(5) Si è telefonato à Giovanni. <agent goal>

Die durch die lexikalischen Regeln eingeführten Gleichungen zur Auxiliarselektion führen in Interaktion mit den Lexikoneinträgen für Auxiliarverben zu wohlgeformten Auxiliarkonstruktionen: Unter *être* können nur Verben eingebettet werden, denen das Merkmal (^ AUX) = *être* zugewiesen wurde, unter *avoir* nur diejenigen, die das Merkmal (^ AUX) = *avoir* aufweisen.

est: V, (^ PRED) = être<(^ XCOMP)>(^ SUBJ)
(^ SUBJ) = (^ XCOMP SUBJ)
(^ XCOMP AUX) = être
.....

a: V, (^ PRED) = avoir <(^ XCOMP)>(^ SUBJ)
(^ SUBJ) = (^ XCOMP SUBJ)
(^ XCOMP AUX) = avoir
.....

3.2.2. Passivierung

Es gibt unterschiedliche Hypothesen, welche Art des Relationswechsels für Passivierung anzusetzen ist. Während Waite(1986:81) für persönliches und unpersönliches Passiv einen komplexen Relationswechsel (SUBJ) -> (NULL)/(OBL_θ) und (OBJ) -> (SUBJ) postuliert, gehe ich mit Bresnan/Kanerva und (ausführlich hierzu) Levin(1987) davon aus, daß die universale Passivregel lediglich die Tilgung oder 'Demotion' einer agentivischen Argumentstelle beschreibt (SUBJ) -> (NULL)/(OBL_θ). Der - davon unabhängige und nicht auf Passivierungskontexte beschränkte - Relationswechsel (OBJ) -> (SUBJ) stellt auch im

[15] Der Auxiliarwechsel von *avoir* zu *être* bei Reflexivierung ist nicht universal. Im Deutschen, sowie auch im Portugiesischen, Spanischen und in einigen italienischen Dialekten selegieren auch Reflexivverben das Äquivalent von *avoir*. Siehe hierzu Haider/Rindler-Schjerve(1987).

[16] Object-Deletion bei transitiven Verben (z.B. in Jean mange.) ist nicht als eine durch morphosyntaktische Prozesse induzierte Argumenttilgung zu verstehen. Dies zeigt u.a. das Fehlen einer spezifischen morphologischen Markierung.

Französischen nur eine Möglichkeit dar, das Subject-Constraint für wohlgeformte lexikalische Formen zu erfüllen. Eine andere Möglichkeit, die in der sog. NP-Extrapositionskonstruktion, sowie bei unpersönlichem Passiv angewendet wird, ist die Einführung eines nichtthematischen Subjekts.

Abb. 15

non-thematic subject: ⟨ ... ⟩ → ⟨ ... ⟩ [– o, – r]
(SUBJ FORM) =c il

In der Theorie unterspezifizierter Relationen läßt sich Passivierung durch die folgende morpholexikalische Regel beschreiben:

Abb. 16

passive: ⟨AGENT (...)⟩ → ⟨AGENT (...)⟩
(NULL)/[+ r]
(PART) = passif
(AUX) = être

Ein passiviertes transitives Verb kann nach Anwendung der Passivregel durch default-Zuweisung des Merkmals [- o] zur lexikalischen Form in (6) vervollständigt werden, die als persönliche Passivkonstruktion in (7) realisiert wird. Wird die lexikalische Regel zur Einführung eines nichtthematischen SUBJekts angewendet (8), muß bei der Defaultklassifikation das stärker markierte Merkmal [+ o] gewählt werden, um eine Verletzung des Function-argument-biuniqueness Constraints zu vermeiden.

Abb. 17/18

(6) (↑ PRED) = tuer⟨ AGENT THEME⟩
(NULL) [– r]
[– o]
(SUBJ)

(7) Une femme a été tuée.

(8) (↑ PRED) = tuer⟨ AGENT THEME⟩[– o,– r]
(NULL) [– r] (SUBJ)
[+ o]
(OBJ)

(9) Il a été tué une femme.

Ein intransitives Verb besitzt nach Anwendung der Passivregel kein Argument, das als SUBJekt realisiert werden könnte. Zur Erfüllung des Subject-Constraints muß ein nichtthematisches SUBJekt eingeführt werden:

Abb. 19

(10) (↑ PRED) = courir⟨ AGENT ⟩[– o,– r]
(NULL) (SUBJ)

(11) Il a été couru récemment sur ce stade.

3.2.3. Reflexive Konstruktionen

Bei der Analyse reflexiver Konstruktionen ist zu unterscheiden zwischen lexikalisierten intrinsischen Reflexivverben, den sog. 'ergativen' Reflexivverben (oder inchoativen Reflexiva), der medialen Konstruktion ('se moyen'), sowie den echt reflexiven bzw. reziproken Verben.[17] Wie Grimshaw(1982) zeigt, besteht die Gemeinsamkeit reflexiver Konstruktionen darin, daβ Reflexivierung einem Prozess der Intransivierung gleichkommt, so daβ das Reflexivclitic in allen reflexiven Konstruktionen einheitlich als morphosyntaktisches Merkmal ohne Argumentstatus analysiert werden kann. Unterschiedlich ist der Grad der Lexikalisierung der jeweiligen intransitiven Verbform.

Intrinsische Reflexivverben

Intrinsische Reflexivverben sind vollständig lexikalisierte reflexive Konstruktionen, zu denen fast ausschlieβlich entsprechende transitive Verbformen existierten, die im Laufe des Sprachwandels verschwunden sind.[18] Reflexivierungsprozesse sind stets an eine morphosyntaktische Markierung durch das Reflexivclitic *se* gebunden (12 vs 14), welches bei intrinsischen Reflexiva aufgrund des Verlusts der zugrundeliegenden transitiven Verbformen als lexikalisch oder 'intrinsisch' erscheint.

(12) Marie s'est évanouie.
(13) * Jean a évanoui Marie.
(14) * Marie est évanouie.

Das Merkmal (^ REFL) = + wird durch das Clitic *se* eingeführt. Eine ungrammatische Lesart ohne Reflexivclitic (14) wird durch das Constraint (^ REFL) =c + im Lexikoneintrag reflexiv konstruierter Verben ausgeschlossen:

Abb. 20

(↑ PRED) = se-évanouir⟨THEME⟩
(↑ REFL) =c + (SUBJ)
(↑ AUX) = être

---

[17] Siehe ausführlich hierzu Grimshaw(1982), Haider(1985).

[18] Siehe hierzu Wehrli (1986:268) für das Französische, sowie Haider(1985) für deutsche intrinsische Reflexiva.

'Se ergatif'

Die sog. 'ergativen' Reflexivverben sind das Ergebnis eines produktiven Intransivierungsprozesses, der jedoch auf kausative transitive Verben beschränkt ist.[19]

(15) Jean a cassé la fenêtre.
(16) La fenêtre s'est cassée.

Wie eine Gegenüberstellung zwischen Passiv und 'se ergatif' bei Kontrolle eines finalen Adjunktsatzes zeigt, muß für 'se ergatif' die Tilgung der agentivischen Argumentstelle angenommen werden. Im Gegensatz zum Passiv steht kein implizites Argument als Kontrolleur zur Verfügung.

(17) La fenêtre a été cassée pour nuire aux habitants.
(18) # La fenêtre s'est cassée pour nuire aux habitants.

Grimshaw schlägt eine lexikalische Inchoativierungsregel vor, welche aus einem kausativen Verb ein intransitives Verb mit inchoativer Bedeutung ableitet (Grimshaw(1982:104)):

Abb. 21

$$\begin{array}{rl} \text{Pred}_{cause}: & \text{CAUSE (x , BECOME (Predicate (y)))} \\ \rightarrow \text{Pred}_{inch}: & \text{BECOME (Predicate (y))} \\ & (\uparrow \text{REFL}) =_c + \end{array}$$

Diese Regel formuliert zum einen die Tilgung des agentivischen Arguments auf der Ebene der semantischen Repräsentation, und modelliert zum anderen die spezifischen Selektionsrestriktionen des abgeleiteten Verbs, dessen einziges Argument nun das ursprüngliche nichtagentivische Argument des transitiven Verbs ist. Für die Verben in (15) und (16) ergeben sich folgende Lexikoneinträge[20]:

---

[19] Zribi-Hertz(1987) weist nach, daβ die reflexive Konstruktion (i) als produktive Ableitung aus kausativen transitiven Verben analysiert werden muβ, wohingegen nichtreflexive Formen (ii) nur idiosynkratisch auftreten.
(i) La branche s'est cassée.
(ii) La branche a cassé.

[20] Es ist - wie auch bei den intrinsischen Reflexiva - letztlich nicht entscheidbar, ob die Selektion von *être* hier lexikalisch durch die thematische Argumentstruktur eines intransitiven Verbs determiniert ist, oder aber wie bei echt reflexiven Verben als Folge der Argumenttilgung beim Reflexivierungsprozeβ durch einen Auxiliarwechsel induziert und lexikalisch festgeschrieben wird.
Ich gehe im folgenden davon aus, daβ intrinsische und 'ergative' Reflexivverben als lexikalisierte reflexive Verben zu behandeln sind und infolgedessen den Regeln der lexikalischen Auxiliarselektion unterliegen.

Abb. 22

Transitives kausatives Verb:	Intransitives inchoatives Verb:
(↑ PRED) = casser⟨AGENT THEME⟩	(↑ PRED) = casser⟨THEME⟩
(↑ AUX) = avoir [− o] [− r]	(↑ AUX) = être [− r]
[− r] [+ o]	(↑ REFL) =c + [− o]
(SUBJ) (OBJ)	(SUBJ)

'Se moyen'

Die mediale Konstruktion - oder 'se moyen' - kann als eine zum morphologischen Passiv analoge reflexive Passivlesart eines transitiven Verbs charakterisiert werden. Es handelt sich dabei nicht um ein lexikalisiertes Reflexivum, was u.a. die Notwendigkeit eines spezifischen syntaktischen Kontextes, einer adverbialen Ergänzung, nahelegt:

(19) Cette chemise se porte *(avec un veston clair).
(20) Cette chemise se lave *(bien).

Das Subjekt der medialen Konstruktion entspricht dem Objekt der aktiven transitiven Konstruktion mit generischem Subjekt:

(21) On porte cette chemise avec un veston clair.

Im Unterschied zum morphologischen Passiv ist es in der Konstruktion 'se moyen' nicht möglich, das getilgte agentive Argument durch eine oblique Agens-Phrase overt zu realisieren. Im Gegensatz zu ergativem *se* ist aber dennoch ein implizites agentivisches Argument in der Prädikat-Argument-Struktur anzunehmen. Wie Zribi-Hertz(1982) bemerkt, ist 'se moyen' im klassischen Französisch mit einem 'complément d'agent' vereinbar. Dies ist ein klarer Hinweis auf die Präsenz einer Agens-Rolle.

(22) L'élection s'en faisait [des rois] par tout le peuple.
(23) Cependant par Baucis le festin se prépare.
(24) Les permissions de copier [les tableaux du musée du Louvre] s'accordent par le directeur, lorsqu'on est présenté par un artiste connu. (Zribi-Hertz(1982:351))

Die lexikalische Regel für 'se moyen' lautet daher:

Abb. 23

se moyen:

(PRED) = verb⟨AGENT THEME⟩ →	(PRED) = se-verb⟨ AGENT THEME⟩	
(AUX) = avoir	(REFL) =c +	(NULL)
	(AUX) = être	

Ein Vergleich der lexikalischen Regel für 'se moyen' mit der Passivregel zeigt deren gemeinsame Eigenschaften: Intransivierung eines agentiven (transitiven) Verbs, morphosyntaktische Markierung des Argumentreduktionsprozesses und Auxiliarwechsel. Unterschiede ergeben sich durch die Art der morphologischen Markierung und die Beschränkung der medialen Konstruktion auf transitive Verben[21].

Reflexive und reziproke Verben

Obwohl es die Analogie nichtreflexiver und reflexiver Konstruktionen bzgl. der Kongruenz des Partizips in (25) - (28) nahelegt, kann dem Reflexivclitic *se* der echt reflexiven oder reziproken Verben kein Argumentstatus (d.h. keine Subkategorisierung einer OBJ/OBJ_θ-Funktion) zugesprochen werden.

(25) Pierre leur a parlé.
(26) Pierre l'a présentée à ses parents.
(27) Les femmes se sont parlé.
(28) Marie s'est présentée à ses parents.

Dies zeigt Grimshaw(1982) überzeugend anhand der Grammatikalität dieser Verben in syntaktischen Kontexten, welche auf intransitive Verben eingeschränkt sind.[22] (Die Beispiele sind entnommen aus Grimshaw(1982:112/113))

Die sog. NP-Extraposition mit Subjektexpletiv *il* ist nur grammatisch mit intransitiven Verben (29 vs 30). Daβ dies unabhängig von konfigurationalen Restriktionen ist, zeigt die Clitisierungslesart in (31). Die Grammatikalität eines reflexiven Verbs in NP-Extraposition (32) zeigt, daβ reflexive Verben als intransitive Verbformen analysiert werden müssen. Es kann also für reflexives *se* kein Status als OBJektsclitic postuliert werden.

(29) Il passe un train toutes les heures.
(30) * Il conduira un train les voyageurs à Paris.
(31) * Il les conduira un train à Paris.
(32) Il s'est présenté trois hommes devant le tribunal.

In Kausativkonstruktionen mit *faire* muβ das Subjekt eines transitiven Verbs als PP mit der Präposition *à* realisiert werden (33), wohingegen das Subjekt intransitiver Verben als NP abgeleitet wird (34). Auch in diesem Kontext ist die Distribution reflexiver Verben verschieden von derjenigen transitiver Verben.

(33) Jean a fait laver la voiture à ses enfants / * ses enfants.
(34) J'ai fait partir Jean / * à Jean.
(35) La crainte du scandale a fait se tuer le juge /* au juge.

Reflexivierung bewirkt demnach Intransivierung bzw. Argumentreduktion auf funktionaler Ebene. Das Clitic *se* kann somit in allen reflexiven Konstruktionen einheitlich als morphosyntaktisches Merkmal ohne Argumentstatus analysiert werden.

---

[21] Belletti(1982:31) zitiert eine von Französischsprechern marginal akzeptierte Konstruktion mit intransitivem Verb, analog zu unpersönlichem *si* im Italienischen:
(i) Il se réfléchit à des drôle de choses.
One (se) ponders to strange things

[22] Siehe hierzu auch Burzio(1986:Kap.6).

Grimshaw's lexikalische Reflexivierungsregel (Grimshaw(1982:106)) bewirkt neben der Zuweisung der Funktion (NULL) an die zu tilgende Argumentstelle die referentielle Bindung dieser Position an die höchste Argumentstelle. Da Reflexivierung einen durch das Reflexivclitic *se* morphologisch markierten Argumentreduktionsprozeβ darstellt ((^ REFL) =c +), wird in der lexikalischen Regel zudem ein Auxiliarwechsel induziert (s.o. 3.2.1.).

Abb. 24

```
a.  Pred(  x     ,    y   ) →   Pred_Refl(  x    ,    x   )
    verb ⟨AGENT   THEME⟩        se-verb ⟨AGENT    THEME⟩
                                                  (NULL)
b.  Pred(  x   ...   y   ) →   Pred_Refl(  x   ...   x   )
    verb ⟨AGENT...  BEN ⟩       se-verb ⟨AGENT...  BEN ⟩
                                                  (NULL)
    (AUX) = avoir               (AUX) = être
                                (REFL) =c +
```

Im Gegensatz zur Lösung Bakers wird Reflexivierung in Grimshaws Ansatz für Verben mit direktem und indirektem Objekt in einheitlicher Weise geregelt. Die von Baker intendierte Repräsentation des 'ergativen' Charakters reflexivierter transitiver Verben kann in Kap.4 in Grimshaws Repräsentation integriert werden.

3.2.4. Subjektinversion

NP-Extraposition ?

Die sog. NP-Extraposition (36), die postverbale Realisierung einer Subjekt-NP mit expletivem Subjekt *il*, wird von Grimshaw als lexikalische Regel formuliert, in der ein Relationswechsel von SUBJekt zu OBJekt induziert wird. Das Subject-Constraint muß durch ein FORM-SUBJekt erfüllt werden (Grimshaw(1982:114)):

(36) Il est entré une femme dans la salle.

Abb. 25

```
NP-Extraposition:  (SUBJ) →  (OBJ)
                             (SUBJ FORM) =c il
```

Geht man vom Konzept unterspezifizierter Relationen aus, stellt sich die Frage der Direktionalität dieser Regel, mit der sich Waite(1986:126-147) ausführlich auseinandersetzt, erst gar nicht. Die syntaktische Realisierung eines intransitiven Verbs mit der Rolle *theme* ist durch intrinsische Merkmalszuweisungen und lexikalische Regeln nur soweit determiniert, wie es die folgenden Lexikoneinträge zeigen:

Abb. 26

```
arriver⟨THEME⟩     tuer⟨ AGENT  THEME⟩    se-casser⟨THEME⟩
        [ - r ]         (NULL) [ - r ]               [ - r ]
(AUX) = être       (AUX) = être           (AUX) = être
                   (PART) = passif        (REFL) =c +
```

Durch Anwendung der Default-Klassifikationsregel müssen die Wohlgeformtheitsbedingungen für lexikalische Formen erfüllt werden. Relevant ist hier die im Französischen gültige Subject-Condition. Sie kann in den obigen Fällen durch alternative Spezifikationen erfüllt werden:

a. durch Zuweisung des Merkmals [- o] an das Argument mit der Rolle *theme*, wodurch die Subkategorisierung eines thematischen SUBJekts festgelegt wird, oder
b. durch Einführung eines nichtthematischen SUBJekts [-o,-r], welches durch ein geeignetes FORM-Expletiv lexikalisch realisiert werden muß. Aufgrund der Function-argument-biuniqueness Condition kann das theme-Argument nur noch zum OBJekt [-r,+o] werden[23].

Die von Waite aufgeworfene Frage, welche dieser beiden Realisationsformen als 'elementar' anzusehen ist und welche als 'abgeleitet', ist m.E. wenig sinnvoll, da die Grammatikalität beider Formen durch diskursfunktionale Kriterien determiniert wird. Die von Waite 'elementar' postulierte lexikalische Form ist, wie die Beispiele (a.) zeigen, in Präsentativkontexten weniger natürlich als die 'abgeleiteten' Formen (b.).

(37.a) ?* Deux hommes inconnus entrent.
(37.b) Il entre deux hommes inconnus.
(38.a) ?* Deux trains passent toutes les heures.
(38.b) Il passe deux trains toutes les heures.

Da sich die unterschiedlichen lexikalischen Formen aus der Sichtweise der Theorie unterspezifizierter Relationen als alternative Regelanwendungen zur Vervollständigung des Subkategorisierungsrahmens erklären lassen, könnte die Anwendbarkeit dieser Regeln an diskursfunktionale Bedingungen gebunden werden.

Stylistic Inversion

Die sog. 'stilistische' Inversion ist ein Inversionstyp, der kein Expletivsubjekt verlangt. In Deklarativsätzen ist stilistische Inversion - ebenso wie NP-Extraposition - an rhematische Kontexte gebunden, es sind aber auch spezifische syntaktische Kontexte für das Auftreten dieser Konstruktion charakteristisch, wie z.B. Wh-Konstruktion, konjunktivische Satzeinbettung oder topikalisierte Argumente oder Adverbien. Eine umfassende Untersuchung zu den Bedingungen und Eigenschaften dieses Inversionstyps geht über die Zielsetzung dieses Papiers hinaus. Es werden daher nur einige zentrale Aspekte zur Unterscheidung zwischen NP-Extraposition und stilistischer Inversion diskutiert, die für die nachfolgende Diskussion

---

[23] Die Function-argument-biuniqueness Condition schließt im übrigen automatisch NP-Extraposition eines Verbs mit direktem OBJekt aus. Die lexikalische Form in (i) könnte nur durch zwei SUBJektfunktionen vervollständigt werden und verletzt daher die Wohlgeformtheitsbedingungen. Die (grammatische) Markierung der agentivischen Argumentstelle durch [+ r] und [- o] in (ii) bewirkt Passivierung - und damit Intransivierung - des transitiven Verbs.

(i) * verb⟨	AGENT	THEME⟩[– o,– r]		(ii) verb⟨	AGENT	THEME⟩[– o,– r]	
	[– o]	[– r]	(SUBJ)		[+ r]	[– r]	(SUBJ)
	[– r]	[+ o]			[– o]	[+ o]	
	(SUBJ)	(OBJ)			(OBL_{Θ})	(OBJ)	

relevant sind. Wie Beispiel (39) zeigt, kongruiert das finite Verb mit dem postponierten Subjekt. Die Inversion ist nicht auf intransitive Verben eingeschränkt, sondern unter bestimmten Bedingungen auch mit transitiven Verben möglich (39/40). Es ist daher im Gegensatz zur NP-Extraposition keine veränderte Subkategorisierung der Verben anzunehmen. Dies verdeutlicht auch der Grammatikalitätskontrast in 'that-trace'-Kontexten, in denen ein postverbales Subjekt mit OBJektfunktion in (41) der Restriktion gegen SUBJektextraktionen über gefüllte Complementizer entgeht, wohingegen die Ungrammatikalität von (42) auf das Vorliegen einer SUBJektfunktion hindeutet. Die Annahme einer SUBJektfunktion erklärt auch die Unvereinbarkeit stilistischer Inversion (SUBJektkongruenz) mit der Präsenz eines Expletivs in (43), welches ein zweites SUBJekt mit unvereinbarem Numerusmerkmal einführen müßte.

(39) .. la misère à laquelle l'ont réduit ses folies. (Waite(1986:150))
(40) .. la carte qu'a donnée Paul à son frère. (Waite(1986:188))
(41) Combien de linguistes faudrait-il qu'il vienne à nos réunions? (Pollock(1986:232))
(42) * Combien de linguistes faudrait-il que viennent à nos réunions? (Pollock(1986:232))
(43) * Il faudrait qu'il viennent des linguistes à nos réunions.

Zur Analyse eines postponierten Subjekts in stilistischer Inversion wird folgende Phrasenstrukturregel vorgeschlagen. Die Präsenz des Merkmals (^ INV) = + muß an konfigurationelle und/oder diskursfunktionale Kontexte gebunden werden:

Abb. 27

$$\begin{array}{llll} VP \rightarrow & V & [\,NP\,] & \ldots \\ & \uparrow = \downarrow & \{/\ (\uparrow OBJ) = \downarrow & \\ & & \ /\ (\uparrow SUBJ) = \downarrow & \\ & & \quad (\uparrow INV) =_c + /\} & \end{array}$$

Die Analyse zur Kongruenz des Participe Passé muß den Daten aus Kap. 1 gerecht werden, welche illustrieren, daß sich das Kongruenzverhalten eines Verbs in stilistischer Inversion - im Gegensatz zu NP-Extraposition - nicht ändert.

4. Ein alternativer Ansatz zur Kongruenz des Participe Passé

Die hier vorgeschlagene Analyse geht davon aus, daß die Kongruenz des Participe Passé wesentlich durch die Argumentstruktur der Verben determiniert ist. Dies betrifft insbesondere die Abhängigkeit von den thematischen Eigenschaften eines Verbs bzw. des Arguments, mit denen das Partizip kongruiert. Da - wie in Kap. 3 skizziert - die thematischen Eigenschaften der Argumentstruktur auch die funktionalen Eigenschaften einer lexikalischen Form determinieren, kann - aufgrund der spezifischen Eigenschaften dieser grammatischen Relationen bei Partizipialkongruenz - die lexikalische Regel zur Kongruenz des Participe Passé als 'Unaccusativity-Rule' formuliert werden. Das Konzept der Unaccusativity, welches von Perlmutter(1978) zur Distinktion zwischen zwei Klassen intransitiver Verben mit unterschiedlichen thematischen Eigenschaften eingeführt wurde, wird darüber hinaus als konfigurationelle Eigenschaft transitiver Verben interpretiert.

4.1. Thematische Eigenschaft der Partizipialkongruenz

Im Rahmen der in Kap.3 skizzierten Theorie unterspezifizierter grammatischer Relationen lassen sich alle grammatischen Fälle von Partizipialkongruenz als Konstruktionen kennzeichnen, in denen das Partizip syntaktisch mit einem Argument kongruiert, das die Rolle *theme* trägt bzw. durch das Merkmal [- r] intrinsisch klassifiziert wird (siehe (1/2/3) vs (4/5/6)).[24]

Abb. 28a

(1) Une femme est entré*e*.	entrer⟨THEME⟩ (SUBJ)
(2) Une femme a été vu*e*.	voir⟨AGENT THEME⟩ (NULL) (SUBJ)
(3) Jean l_i'a vue_i.	voir⟨AGENT THEME⟩ (SUBJ) (OBJ)
(4) Marie a dansé/*dansé*e*.	danser⟨AGENT⟩ (SUBJ)
(5) Marie$_i$ a vu/*vue_i les enfants.	voir⟨AGENT THEME⟩ (SUBJ) (OBJ)
(6) Marie leur$_i$ a donné/*s_i des livres.	donner⟨AGENT BEN THEME⟩ (SUBJ) (OBJ_Θ) (OBJ)

Auch in reflexiven Konstruktionen läßt sich Kongruenz auf diese thematische Restriktion zurückführen.

Abb. 28b

(7) Marie s'est évanoui*e*.	se-évanouir⟨THEME⟩ (SUBJ)
(8) La lumière s'est éteint*e*.	se-éteindre⟨THEME⟩ (SUBJ)
(9) Les livres se sont bien vendu*s*.	se-vendre⟨AGENT THEME⟩ (NULL) (SUBJ)

Die Reflexivierungsregel Grimshaws (s.o. 3.2.3.) bewirkt eine referentielle Bindung der Argumentstelle, die syntaktisch nicht realisiert wird, an die höchste Argumentposition. Dies hat zur Folge, daß bei Reflexivierung eines transitiven Verbs die Funktion SUBJekt nicht nur zur Rolle agent, sondern auch zur Rolle *theme* in einer grammatischen Relation steht. Damit weist das SUBJekt auch thema-Eigenschaften auf und kann eine Kongruenzrelation zum Partizip eingehen.

Abb. 28c

(10) Marie s'est prèsenté*e*.	se-verb (x , x) se-présenter⟨AGENT THEME⟩ (SUBJ) (NULL)

---

[24] Die strukturelle Bedingung für OBJektkongruenz, d.h. die Tatsache, daß das Partizip nur mit einem dislozierten OBJekt transitiver Verben kongruiert, wird in Kap. 4.3.2. eingeführt.

Bei der Reflexivierung von Verben mit indirektem Objekt bewirkt die referentielle Bindung jedoch keine Zuweisung der Rolle *theme* an das SUBJekt. Die Nichtkongruenz des Partizips mit dem Subjekt in (11) ist daher vorhergesagt. Kongruenz mit dem als *theme* markierten OBJekt ist in diesem Fall wiederum möglich (12).

Abb. 28d

(11) Marie$_i$ s'est acheté/$*e_i$ une voiture.	se-verb (	x ,	y ,	x)
(12) La voiture$_j$ que Marie s'est achet*ée*$_j$.	se-acheter⟨	AGENT	THEME	BEN ⟩
		(SUBJ)	(OBJ)	(NULL)

Der in 1.2.3. illustrierte Agreement-Kontrast bei Verben wie *coûter, peser, courir,* etc. kann ebenfalls unter Rekurs auf thematische Eigenschaften erklärt werden.

(13) Les efforts qu'a coûtés ce travail.
(14) Les mille Francs que ce voyage m'a coûté.

Während das OBJekt in (13) thematisch als *theme* gekennzeichnet werden kann - und damit OBJektkongruenz erlaubt, liegt in den Äquivalenten zu (14) als Komplement[25] eine thematisch stark restringierte quantifizierte Preis-, Maß- oder Zeitangabe vor, die sicher nicht mit der Klassifikation [- r] eines theme-Arguments vereinbar ist. Aufgrund der Klassifikation als thematisch restringierte Funktion [+ r] kann die Ergänzung nicht als OBJektfunktion [-r,+o] realisiert werden, sondern muß als OBJθ- bzw. OBLθ-Funktion subkategorisiert werden. Neben den thematischen Bedingungen ist daher auch die in 4.2. zu definierende Eigenschaft der Transitivität als Bedingung für Objektkongruenz nicht erfüllt.

Psych-Verben wie z.B. *intéresser* scheinen dieser Regel zu widersprechen, da in (15) Kongruenz mit einem experiencer-OBJekt und nicht mit dem theme-SUBJekt stattfindet, wohingegen *adorer* in (16) wiederum der thematischen Restriktion entspricht.

Abb. 28e

(15) Ce film les$_j$ a beaucoup intéress*ées*$_j$.	intéresser⟨	EXP	THEME⟩
		[− r]	[− r]
		[+ o]	[− o]
		(OBJ)	(SUBJ)
(16) Jean les$_j$ a toujours ador*ées*$_j$.	adorer⟨	EXP	THEME⟩
		[− r]	[− r]
		[− o]	[+ o]
		(SUBJ)	(OBJ)

[25] In einigen dieser Konstruktionen besitzt die quantifizierte Angabe keinen Argumentstatus, sondern sollte als Adjunkt analysiert werden:
(i) Les vingt minutes que j'ai couru. (vs Les perils qu'il a courus.) (Togeby(1983:15))

Da das experiencer-Argument in *intéresser* als OBJekt auftritt, müssen ihm die funktionalen Merkmale [+o,-r] zugeordnet sein. Da diese Rolle andererseits auch als SUBJekt [-o,-r] realisierbar ist (16), ist davon auszugehen, daß sie - ebenso wie die Rolle *theme* - intrinsisch durch das Merkmal [- r] ausgezeichnet wird[26]. Die thematische Restriktion für Partizipialkongruenz muß daher präzisiert werden:

(R1) Das Partizip Perfekt kongruiert syntaktisch mit einem Argument, das aufgrund seiner thematischen Eigenschaft durch das funktionale Merkmal [- r] ausgezeichnet wird.

4.2. Transitivität: Argumentstruktur und syntaktische Funktionen

Partizipialkongruenz ist eine morphosyntaktische Eigenschaft, die eine Repräsentation auf funktionaler Ebene verlangt. Die Kongruenzmerkmale Numerus und Genus sind nicht semantisch, sondern funktional definiert, wie die Flexion des Partizips bei distinktem natürlichen und syntaktischen Genus und Numerus zeigt:

(17) Le groupe de jeunes femmes que j'ai rencontré/*es.

Die Kongruenz des Partizips muß daher als Kongruenz mit den NUMerus- und GENusmerkmalen einer syntaktischen Funktion definiert und auf der Ebene der F-Struktur repräsentiert werden.

Nach dem Modell unterspezifizierter syntaktischer Funktionen kann eine Argumentstelle mit der Rolle *theme* (bzw. *experiencer*) aufgrund intrinsischer Klassifikation durch [- r] - je nach gegebenem syntaktischem Kontext und unter Wahrung der Wohlgeformtheitsbedingungen für lexikalische Formen - nur auf die syntaktischen Funktionen SUBJekt oder OBJekt abgebildet werden:

Abb. 29

⟨THEME⟩	⟨THEME⟩[– o,– r]	⟨AGENT THEME⟩
[– r]	[– r] (SUBJ)	[– o] [– r]
[– o]	[+ o]	[– r] [+ o]
(SUBJ)	(OBJ)	(SUBJ) (OBJ)

Eine vorläufige Definition für Partizipialkongruenz könnte demnach lauten:

(R2) Das Partizip Perfekt kongruiert mit seinem OBJekt oder SUBJekt, wenn dieses in grammatischer Relation zu einem Argument mit der intrinsischen (thematischen) Klassifikation [- r] steht.

---

[26] Werden beide Rollen durch [- r] intrinsisch markiert, erklärt sich auch, warum in vielen Sprachen Verben der thematischen Struktur <exp theme> die durch *intéresser* und *adorer* illustrierten SUBJekt-OBJekt Alternationen aufweisen können. Die Wahl der jeweiligen funktionalen Realisierung, sowie typische syntaktische Asymmetrien (z.B. Passivierbarkeit) werden in Grimshaw(1989) auf unterschiedliche aspektuelle Eigenschaften dieser Verbtypen zurückgeführt.

Als triviale Folgerung ergibt sich aus (R2), daβ Kongruenz generell nur mit einer syntaktischen Funktion möglich ist, die einer thematischen Argumentposition zugeordnet ist. Kongruenz mit einer nichtthematischen Funktion wird durch (R2) prinzipiell ausgeschlossen.

Die Ungrammatikalität eines kongruierenden Partizips in unpersönlichen Konstruktionen kann mit Regel (R2) jedoch nicht erklärt werden. Zwar ist Kongruenz mit dem SUBJektexpletiv ausgeschlossen, da diesem keine thematische Rolle zugeordnet ist, dem OBJekt entspricht jedoch eine Argumentstelle mit der Rolle *theme*. Nach (R2) sollte Kongruenz möglich sein.

Abb. 30

(18) * Combien de chaises est-ce qu'il sera repeint*es*?
(↑ PRED) = repeindre⟨ AGENT THEME⟩(SUBJ)
(NULL) (OBJ)

(19) * Il les a fallu*s*.
(↑ PRED) = falloir⟨THEME⟩(SUBJ)
(OBJ)

Insbesondere bei Experiencer-Verben sagt (R2) nichts darüber aus, warum Kongruenz mit dem SUBJekt ausgeschlossen sein sollte.

Abb. 31

(20) * Ces peintures$_i$ l'ont beaucoup intéressé*es*$_i$.
(↑ PRED) = intéresser⟨ EXP THEME⟩
(OBJ) (SUBJ)

(21) * Jeanne$_i$ les a toujours adoré*e*$_i$.
(↑ PRED) = adorer⟨ EXP THEME⟩
(SUBJ) (OBJ)

Der Unterschied zwischen Kongruenz mit dem (dislozierten) OBJekt eines transitiven Verbs und der Nichtkongruenz in (18/19), bzw. zwischen SUBJekt-Kongruenz intransitiver Verben und der Nichtkongruenz mit dem SUBJekt in (20/21), läβt sich auf eine weitere Eigenschaft der Abbildung zwischen Argumentstruktur und funktionaler Struktur zurückführen: die der Transitivität.

Eine lexikalische Form wird von Grimshaw(1982:132) als 'grammatically transitive' definiert, 'if the grammatical function OBJ is assigned to it'. Am Beispiel der NP-Extraposition zeigt sich allerdings, daβ die Subkategorisierung der Funktion OBJekt nicht als hinreichendes Kriterium für die Eigenschaft Transitivität gewertet werden kann: Die - ausschlieβlich intransitiven - Verben, die in dieser Konstruktion auftreten können, subkategorisieren die Funktion OBJekt und würden nach Grimshaws Definition als grammatisch transitiv ausgezeichnet. Der Begriff der Transitivität wird daher für die hier angestrebte Analyse über die funktionale Bedingung der Präsenz einer OBJektfunktion hinaus in Abhängigkeit von der Argumentstruktur des Prädikats folgendermaβen definiert:

(R3) Eine lexikalische Form wird als transitiv (^ TRANS) = + gekennzeichnet, wenn jede der Funktionen SUBJekt und OBJekt in einer grammatischen Relation zu einer thematischen Argumentstelle steht. Eine lexikalische Form, die diese Eigenschaft nicht erfüllt, wird als intransitiv bezeichnet (^ TRANS) = -.

Basierend auf dieser Distinktion zwischen transitiven und intransitiven Verben kann die Differenzierung zwischen SUBJekt- und OBJektkongruenz - durch die Definition von Transitivität mittelbar abhängig von der Argumentstruktur des Prädikats - durch eine weitere Regel formuliert werden:

(R4) Das Partizip eines intransitiven Verbs kongruiert (potentiell) mit seinem SUBJekt. Das Partizip eines transitiven Verbs kongruiert (potentiell) mit seinem OBJekt.

Da durch (R4) Kongruenz mit dem OBJekt auf transitive Verben eingeschränkt wird und Kongruenz mit einem nichtthematischen SUBJekt ausgeschlossen ist, ist bei NP-Extraposition, sowie mit unpersönlichen Verben kein Agreement des Partizips möglich.

Abb. 32

(22) * Combien de chaises est-ce qu'il sera repeint*es*?
($\uparrow$ PRED) = repeindre⟨ AGENT THEME⟩(SUBJ)
($\uparrow$ TRANS) = − (NULL) (OBJ)

(23) * Il les a fall*us*.
($\uparrow$ PRED) = falloir⟨THEME⟩(SUBJ)
($\uparrow$ TRANS) = − (OBJ)

Gleichfalls kann durch (R4) nun auch das Kongruenzverhalten von Psych-Verben korrekt beschrieben werden, die - als transitive Verbformen - nur OBJektkongruenz aufweisen können, nicht jedoch SUBJektkongruenz.

Abb. 33

(24) * Ces peintures$_i$ l'ont beaucoup intéress*ées*$_i$.
(25) Ce film les$_j$ a beaucoup intéress*ées*$_j$.
($\uparrow$ PRED) = intéresser⟨ EXP THEME⟩
($\uparrow$ TRANS) = + (OBJ) (SUBJ)

(26) * Jeanne$_i$ les a toujours ador*ée*$_i$.
(27) Jean les$_j$ a toujours ador*ées*$_j$.
($\uparrow$ PRED) = adorer⟨ EXP THEME⟩
($\uparrow$ TRANS) = + (SUBJ) (OBJ)

Zusammengefaßt ergibt sich aus den Regeln (R1) - (R4) die vorläufige Generalisierung:

(R5) Das Participe Passé kongruiert bzgl. seiner Flexionsmerkmale (^ NUM) = a und (^ GEN) = b mit seinem SUBJekt oder OBJekt, wenn dieses in grammatischer Relation zu einer thematischen Argumentstelle steht, die durch das Merkmal [- r] intrinsisch klassifiziert wird. Bei transitiver Argumentstruktur wird OBJektkongruenz, bei intransitiver Argumentstruktur wird SUBJektkongruenz induziert.

4.3. Kongruenz des Participe Passé als 'Unaccusativity-Rule'

Da das Auftreten von Partizipialkongruenz an die Präsenz der Rolle *theme* (bzw. *experiencer*) gebunden ist, liegt es nahe, dieses morphosyntaktische Phänomen - ähnlich wie z.B. unpersönliches Passiv (Perlmutter(1978)) oder 'there'-Insertion (Levin(1987)) - als 'Unaccusativity-Rule' zu formulieren.[27]

4.3.1. Lexikalisch-thematische Unaccusativity intransitiver Verben

Der Begriff der 'Unaccusativity' kennzeichnet die Distinktion zweier Klassen intransitiver Verben, die sich in ihren syntaktischen Eigenschaften unterscheiden. Perlmutter(1978) führt diese Unterschiede auf unterschiedliche thematische Eigenschaften dieser Verben zurück: Das Subjekt der 'unergative verbs' weist die Rolle agent, das Subjekt der 'unaccusative verbs' weist die Rolle *theme* auf. In den Begriffen der hier zugrundegelegten Analyse kennzeichnen sich unaccusativische Verben also durch die Existenz einer grammatischen Relation zwischen der Rolle *theme* und der SUBJektfunktion eines intransitiven Verbs. Nach Regel (R5) sind dies diejenigen intransitiven Verben, die Partizipialkongruenz erlauben. Werden intransitive Verben - abhängig von der thematischen Markierung ihres SUBJekts (und ihrer Auxiliarselektion s.u.) - durch ein entsprechendes Merkmal (^ UNACC) = +/- gekennzeichnet, kann neben anderen 'Unaccusativity-Rules' auch die lexikalische Regel zur Kongruenz des Partizips an die Präsenz des Merkmals (^ UNACC) = + gebunden werden.
Neben thematischen Eigenschaften gilt i.a. die Auxiliarselektion als syntaktisches Kriterium zur Unterscheidung zwischen nichtergativen und unaccusative-Verben: agentivische (nichtergative) Verben selegieren *avoir*, nichtagentivische (unaccusative) Verben selegieren *être*.[28]

Die Korrespondenz zwischen den Eigenschaften, die als typische Unaccusativity-Phänomene gewertet werden: SUBJekt-Rolle *theme*, être-Selektion, Ungrammatikalität unpersönlichen Passivs, ist jedoch weder inner- noch intersprachlich total. Während z.B. im Italienischen theme-Markierung und essere-Selektion fast ausschließlich gemeinsam auftreten, werden zahlreiche der entsprechenden französischen Verben mit *avoir* gebildet (*manquer*, *casser*, *couler*, etc.). Derartige 'unaccusativity mismatches' treten auch innersprachlich auf, z.B. im Zusammenhang mit unpersönlichem Passiv. Obwohl unpersönliches Passiv i.a. nur mit nichtergativen Verben gebildet werden kann, finden sich Beispiele (etwa im Holländischen oder Französischen), in denen ein mit dem Äquivalent von *être* gebildetes intransitives Verb passiviert werden kann:

(28) De nieuwe acteur is in het tweede bedrijf op het juiste ogenblik gevallen.
(The new actor fell at the right moment in the second act.)
(29) In het tweede bedrijf werd er door de nieuwe acteur op het juiste ogenblik gevallen. (Perlmutter(1978:172))
(30) Le conseil est parvenu à un compromis acceptable.
(31) Il a été parvenu à un compromis acceptable. (Zribi-Hertz(1987:fn 16))

---

[27] Ich werde im folgenden nicht jeweils explizit auf die Sonderklasse der Experiencer-Verben hinweisen. Es ist jedoch zu beachten, daβ diese als transitive Verben einzuordnen sind und daher in 4.3.2. als 'strukturell' unaccusativische Verben behandelt werden

[28] Vergleiche hierzu auch die lexikalische Regel zur Auxiliarselektion in 3.2

Während Auxiliarselektion für die Bildung unpersönlichen Passivs kein determinierendes Kriterium zu sein scheint, tritt Partizipialkongruenz im Französischen nur auf, wenn ein intransitives Verb sich über die thematisch-funktionale Unaccusativity-Eigenschaft hinaus auch durch die Selektion von *être* als unaccusativisches Verb auszeichnet.

(32) La branche s'est cassée.
(33) La branche a cassé.

Das Merkmal (^ UNACC) = + wird daher für intransitive Verben in Abhängigkeit von der thematischen Eigenschaft des SUBJekts und von der Auxiliarselektion eingeführt[29].

Abb. 34

(↑ PRED) = verb⟨ . . . THEME⟩ (↑ TRANS) = –　　　(SUBJ) (↑ AUX) = être	→	(↑ PRED) = verb⟨ . . . THEME⟩ (↑ TRANS) = –　　　(SUBJ) (↑ AUX) = être (↑ UNACC) = +

Intransitive Verben, die nicht beide Eigenschaften aufweisen, werden als (^ UNACC) = - gekennzeichnet:

Abb. 35

(↑ PRED) = verb⟨AGENT/THEME⟩ (↑ TRANS) = –　　　(SUBJ) (↑ AUX) = avoir	→	(↑ PRED) = verb⟨AGENT/THEME⟩ (↑ TRANS) = –　　　(SUBJ) (↑ AUX) = avoir (↑ UNACC) = –

Da dem SUBJekt eines intransitiven Verbs in unpersönlicher Konstruktion keine theme-Rolle zugeordnet ist, ist die thematische Bedingung für Unaccusativity nicht erfüllt, und es wird das Merkmal (^ UNACC) = - vergeben.

Abb. 36

(↑ PRED) = verb⟨ . . . THEME⟩(SUBJ) (↑ TRANS) = –　　　(OBJ)	→	(↑ PRED) = verb⟨ . . . THEME⟩(SUBJ) (↑ TRANS) = –　　　(OBJ) (↑ UNACC) = –

4.3.2. 'Strukturelle' Unaccusativity transitiver Verben

Die Korrespondenz des SUBJekts eines passivierten oder unaccusativischen Verbs mit dem OBJekt eines (agentiven) transitiven Verbs spiegelt sich in vielen gemeinsamen syntaktischen Eigenschaften. Burzio(1986) zeigt dies im Italienischen bzgl. ne-Clitisierung,

---

[29] Es ist alternativ auch möglich, die Markierung (^ UNACC) = + allein von der thematischen Charakteristik des SUBJekts abhängig zu machen, und die Präsenz des Auxiliars *être* als notwendige Bedingung für die Anwendbarkeit der Kongruenzregel auf intransitive thema-Verben zu spezifizieren.

syntaktischen Eigenschaften. Burzio(1986) zeigt dies im Italienischen bzgl. ne-Clitisierung, der Position des invertierten Subjekts mit Infinitivkomplementen, etc. Das Phänomen der Partizipialkongruenz zeigt, daß Agreement des Partizips eine weitere gemeinsame Eigenschaft dieser beiden Argumenttypen ist. Allerdings tritt Kongruenz mit dem thema-OBJekt eines transitiven Verbs nur dann auf, wenn das OBJekt durch Clitisierung, Topikalisierung oder Wh-Konstruktion nicht an seiner Basisposition in der VP abgeleitet wird.

Betrachtet man die VP mit besetzter OBJektposition als konfigurationellen Transitivitätsbereich eines funktional transitiven Verbs ([vp V NP]), so findet - auf der Ebene der C-Struktur - eine Intransivierung statt, wenn das OBJekt disloziert wird: [vp V]. Diesem sich auf der Ebene der C-Struktur vollziehenden Intransivierungsprozeß durch Dislokation der Objekts-NP kann auf der Ebene der F-Struktur (z.B. bei Passivierung eines transitiven Verbs) ein funktionaler Intransivierungsprozeß durch Relationswechsel gegenübergestellt werden, welcher i.a. ebenfalls von c-struktureller Intransivierung begleitet ist.[30]

Aufgrund dieser Parallelität, die sich in der morphosyntaktischen Kennzeichnung durch Partizipialkongruenz spiegelt, wird das Konzept der 'Unaccusativity' für transitive Verben unter Rekurs auf konfigurationelle Eigenschaften definiert:

(R6) Ein transitives Verb wird als- (^ UNACC) = + markiert, wenn das OBJekt nicht an der Basisposition abgeleitet wird;
- (^ UNACC) = - markiert, wenn das OBJekt an der Basisposition der VP abgeleitet wird.

Die Eigenschaft 'Unaccusativity' transitiver Verben muß auf der Ebene der C-Struktur spezifiziert werden, abhängig von der Ableitungsposition der OBJekts-NP. Dies geschieht durch funktionale Annotation der VP-Phrasenstrukturregel, welche mit der Disjunktion im Lexikoneintrag transitiver Verben interagiert:

Abb. 37/38

```
VP →      V            [ NP ]          ...
        ↑ = ↓       (↑ OBJ) = ↓
                  (↑ UNACC) = –

Lexikoneintrag:
(↑ PRED) = verb⟨AGENT ... THEME⟩ →    (↑ PRED) = verb⟨AGENT ...THEME⟩
(↑ TRANS) = +                         (↑ TRANS) = +
...                                   {/ (↑ UNACC) = +
                                       / (↑ UNACC) =c – /}
                                        ...
```

[30] Da das Italienische freie Subjektinversion aufweist, wird deutlich, daß bei Passivierung das ursprüngliche Objekt nicht notwendig VP-extern abgeleitet wird, daß aber dennoch Kongruenz auftritt (i). Dennoch kann auch diese Konstruktion [s[vp V NP]] als intransitive Struktur charakterisiert werden, insofern sie nur ein (internes) NP-Argument besitzt. Gleiches gilt für stilistische Inversion mit passivierten oder unaccusativischen Verben im Französischen (ii).
(i) Sono accusati tre ragazzi.
(ii) J'exige que soit trouvée la solution

Wird das OBJekt nicht an der Basisposition der VP abgeleitet, kann das Constraint (^ UNACC) =c - im Lexikoneintrag nicht erfüllt werden. Das Verb wird daher durch das alternative Disjunkt (^ UNACC) = + als unaccusativisch, und damit für Partizipialkongruenz markiert. Umgekehrt wird ein an der Basisposition abgeleitetes OBJekt durch die Annotation der VP-Regel direkt als (^ UNACC) = - ausgezeichnet, so daß Kongruenz nicht ausgelöst werden kann. Da unpersönliche Verben sowie Verben in NP-Extraposition durch eine lexikalische Regel als (^ UNACC) = - markiert werden, kann deren OBJekt problemlos durch die VP-Regel abgeleitet werden.

4.4. Lexikalische Regel: Accord du Participe Passé

Partizipialkongruenz kann nun als lexikalische Regel formuliert werden. Sie ist auf die Lexikoneinträge der Verben anzuwenden, nachdem diese - abhängig von der Charakteristik der induzierten Relationen zwischen thematischen Rollen und syntaktischen Funktionen, sowie in Abhängigkeit ihrer Transitivitätseigenschaft - durch die Merkmale UNACCusativity und TRANSitivität gekennzeichnet wurden.

Abb. 39

(R7) Lexikalische Regel zur Kongruenz des Participe Passé:

(↑ PART) = +
(↑ UNACC) = +

a. (↑ TRANS) = – → (↑ NUM) = (↑ SUBJ NUM)
(↑ GEN) = (↑ SUBJ GEN)

b. (↑ TRANS) = + → (↑ NUM) = (↑ OBJ NUM)
(↑ GEN) = (↑ OBJ GEN)

Die partizipiale Verbform ((^ PART) = +) eines intransitiven Verbs ((^ TRANS) = -) , das aufgrund der grammatischen Relation zwischen einer durch [- r] klassifizierten thematischen Rolle und der SUBJektfunktion, sowie aufgrund der Selektion von *être* als (^ UNACC) = + gekennzeichnet ist, wird durch die funktionalen Gleichungen in (R7.a) für SUBJektkongruenz markiert (34). Intransitiven Verben, die die Bedingung (^ UNACC) = + nicht erfüllen, werden nicht für Kongruenz ausgezeichnet (35). Ein nach (R3) als (^ TRANS) = + charakterisiertes Verb wird für den Fall struktureller Unaccusativity durch die Gleichungen in (R7.b) für OBJektkongruenz markiert (36).

Abb. 39b

Partielle Lexikoneinträge:

(34) venue: V, (↑ PRED) = venir⟨THEME⟩
(↑ TRANS) = –
(↑ PART) = +
(↑ AUX) = être
(↑ UNACC) = +
(↑ NUM) = (↑ SUBJ NUM)
(↑ GEN) = (↑ SUBJ GEN)
(↑ NUM) = sg
(↑ GEN) = fem

(35) dormi: V, (↑ PRED) = dormir⟨AGENT⟩
(↑ TRANS) = –
(↑ PART) = +
(↑ AUX) = avoir
(↑ UNACC) = –
...

(36) acheté: V, (↑ PRED) = acheter⟨AGENT THEME⟩
(↑ TRANS) = +
(↑ PART) = +
{/ (↑ UNACC) = +
(↑ NUM) = (↑ OBJ NUM)
(↑ GEN) = (↑ OBJ GEN)
(↑ NUM) = sg
(↑ GEN) = mas
/ (↑ UNACC) =c – /}

Die Anwendbarkeit der Regel zur Kongruenz des Partizips wird notwendig an die Eigenschaft Unaccusativity gebunden und sagt gleichzeitig eine Korrelation zwischen (a) Kongruenz bei intransitiven unaccusativischen Verben und (b) der Kongruenz bei konfigurationell unaccusativischen transitiven Verben voraus. Diese Korrespondenz ist erfüllt im Italienischen und Französischen, sowie auch in einigen skandinavischen Dialekten (Christensen/Taraldsen(1989)): Intransitive Verben werden - abhängig von der thematischen Eigenschaft des SUBJekts und ihrer Auxiliarselektion - als unaccusativisch gekennzeichnet und lösen Kongruenz des Partizips aus. Dies geht einher mit Kongruenz bei strukturell unaccusativisch realisierten transitiven Verben.

Im Spanischen und Portugiesischen aber ist diese Korrelation im umgekehrten Sinne erfüllt: Die Unaccusativity-Distinktion zwischen einem theme- und agent-SUBJekt intransitiver Verben wird nicht durch Auxiliarselektion gekennzeichnet und Partizipialkongruenz tritt weder mit dem thema-SUBJekt eines intransitiven Verbs noch mit dem dislozierten OBJekt transitiver Verben auf (Taraldsen(1987)). Obwohl identische Grundbedingungen vorliegen (Rolle *theme* bzw. Intransivierung des konfigurationellen Transitivitätsbereichs) erfolgt in diesen Sprachen keine morphologische Markierung der Eigenschaft 'Unaccusativity': weder durch distinktive Auxiliarselektion, noch durch Kongruenzmerkmale des Partizips.

Diese - positive bzw. negative - Korrelation zwischen morphologischer Unaccusativity-Markierung intransitiver Verben durch Auxiliarselektion einerseits und der Kongruenz des Partizips bei transitiven Verben andererseits kann m.E. als Bestätigung der hier vertretenen Ansicht aufgefaßt werden, daß die Kongruenz des Participe Passé als Unaccusativity-Phänomen zu analysieren ist.

5. Kongruenz des Participe Passé in Infinitivkonstruktionen

Abschließend ist zu zeigen, daß die lexikalische Regel zur Kongruenz des Participe Passé auch für Verben mit Infinitivkomplementen korrekte Voraussagen erlaubt. Dies erfordert einen ausführlicheren Exkurs zur Analyse kohärenter Infinitivkonstruktionen mit Clitic-Climbing. Dabei wird zu unterscheiden sein zwischen Subkategorisierung einer offenen Satzfunktion (XCOMP i.e. VCOMP/ACOMP/NCOMP) mit funktionaler Kontrolle und der

Subkategorisierung einer geschlossenen Satzfunktion (COMP), beispielsweise in der Kausativkonstruktion mit *faire*. Clitic-Climbing - charakteristisches syntaktisches Merkmal kohärenter Konstruktionen - wird im Gegensatz zu Baker's Analyse nicht auf funktionale, sondern auf konfigurationale Bedingungen zurückgeführt.

Die spezifischen Eigenschaften italienischer Restrukturierungs- und Kausativkonstruktionen motivieren eine Analyse, die auf eine lexikalische Regel zur Bildung komplexer Prädikate rekurriert. Aus den unabhängig motivierten Analysen kohärenter Konstruktionen im Französischen und Italienischen ergeben sich folgerichtig die in 1.3.3. illustrierten unterschiedlichen Kongruenzdaten[31].

5.1 Funktionale Kontrolle

Verben mit funktionaler Kontrolle weisen eine nichtthematische bzw. thematische Funktion auf, die durch eine funktionale Gleichung mit dem SUBJekt des eingebetteten Prädikats unifiziert wird. Da ein nichtthematischer Kontrolleur bei Raisingverben i.a. auf ein thematisches SUBJekt abgebildet wird[32], erfüllen auch Raisingverben ebenso wie Kontrollverben eine Grundvoraussetzung für Partizipialkongruenz: Sie subkategorisieren eine syntaktische Funktion, die in grammatischer Relation zu einer thematischen Rolle steht.

5.1.1. Subject-Raising

Wie oben diskutiert wurde, muß die Kennzeichnung eines intransitiven Verbs für Unaccusativity nicht nur von der thematischen Rolle des SUBJekts, sondern auch von der Auxiliarselektion abhängig gemacht werden. Da im Französischen alle Raisingverben *avoir* selegieren, müssen sie durch das Merkmal (^ UNACC) = - gekennzeichnet werden. Kongruenz ist daher generell ausgeschlossen.

(1) Marie a dû/*due partir.
(2) Ces femmes m'ont semblé/*es intelligentes. (Bouchard(1987:463))
(3) Les devoirs que Marie a dû/*dus terminer.

Das topikalisierte OBJekt in (3) kann kein Agreement auslösen, da es OBJekt des Prädikats *terminer*, nicht von *devoir* ist. *terminer* liegt nicht in partizipialer Form vor, die Regel für Partizipialkongruenz ist also nicht anwendbar.

Daß Raisingverben, die mit dem Äquivalent von *être* gebildet und daher als unaccusativisch markiert werden, wie durch Regel (R7) vorhergesagt, Kongruenz aufweisen,

[31] Das eigentliche Anliegen dieses Kapitels ist die Klärung der Kongruenzdaten des Partizips bei Infinitiveinbettung, um die Validität der oben entwickelten Generalisierung zu überprüfen. Es wird nicht der Anspruch erhoben, eine erschöpfende Analyse kohärenter Konstruktionen - insbesondere in Verbindung mit der Bildung komplexer Prädikate im Italienischen - zu erbringen.

[32] Sonderfälle treten auf mit unpersönlichen Wetterverben:
(i) Il semble pleuvoir.
(ii) Il peut très bien faire froid sans neiger. (Kayne/Pollock(1978))

kann am Beispiel des italienischen Auxiliars *stare* gezeigt werden, das - im Gegensatz zum mit *avoir* gebildeten Partizip *été* im Französischen - mit seinem thema-Subjekt kongruiert.

(4) Maria è stata accusata. (Burzio(1986:57))
(5) Marie a été/*e accusée.

5.1.2. Subjektkontrolle

Subjektkontrollverben, die ein agentivisch markiertes SUBJekt aufweisen werden analog zu intransitiven Verben als (^ UNACC) = - gekennzeichnet. Kongruenz ist damit nach Regel (R7) ausgeschlossen.

(6) Marie a voulu/*e être acceptée.
(7) La voiture que Jean a voulu/*e acheter.

5.1.3. Objektkontrolle und Objektraising

Perzeptionsverben, wie *entendre*, *regarder*, *voir*, sowie *laisser*, *mener* und *conduire* erlauben zwei verschiedene Konstruktionsvarianten. Diese unterscheiden sich bzgl. der Grammatikalität von Clitic-Climbing, Wortstellungseigenschaften, sowie durch die Kongruenz des Participe Passé.

Als Objekt-kontroll bzw. -raisingkonstruktionen können diese Verben in denjenigen Konstruktionen analysiert werden, die kein Clitic-Climbing aufweisen. Die Beispiele (9/13) zeigen, daß nur das kontrollierende OBJekt ans Matrixverb clitisiert wird. Im Gegensatz zu kohärenten Konstruktionen mit Clitic-Climbing steht das als NP realisierte Objekt des Matrixverbs zwischen Matrixverb und Infinitiv (8/10/12/14). Es wird also c-strukturell außerhalb der infinitivischen VP abgeleitet und kann als (nicht-) thematisches OBJekt des Matrixverbs über funktionale Kontrolle mit dem Subjekt des eingebetteten Verbs unifiziert werden.

Sowohl mit Objektkontrolle, als auch mit Objektraising erfüllen diese Verben die Definition der Transitivität in (R3): Jede der Funktionen SUBJekt und OBJekt wird auf eine thematische Argumentposition abgebildet. Die Definition schreibt nicht vor, daß diese grammatischen Relationen nur ein Prädikat einbeziehen dürften. *laisser* beispielsweise induziert über die funktionale Kontrollgleichung eine Relation des nichtthematischen OBJekts mit dem thematischen Subjektsargument des eingebetteten Infinitivs.

Aufgrund des Merkmals (^ TRANS) = + kann anhand der Regel (R7) die Kongruenz des Partizips bei disloziertem OBJekt korrekt vorhergesagt und repräsentiert werden.

(8) J'ai entendu les violonistes jouer cette merveilleuse sonate.
(9) Je les ai entendus la jouer.
(^ PRED) = entendre<(^ SUBJ)(^ OBJ)(^ XCOMP)>
(^ OBJ) = (^ XCOMP SUBJ)
(^ TRANS) = +

(10) J'ai vu les enfants jouer dans la rue.
(11) Je les ai vus jouer dans la rue.

(12) J'ai laissé les enfants manger ces chocolats.
(13) Je les ai laissés les manger.
(^ PRED) = laisser<(^ SUBJ)(^ XCOMP)>(^ OBJ)
(^ OBJ) = (^ XCOMP SUBJ)
(^ TRANS) = +

(14) J'ai cru/dit cette femme intelligente.
(15) Cette femme a été crue/dite intelligente.
(16) Une femme qu'on a crue/dite intelligente.
(17) Je l'avais crue/dite intelligente.
(^ PRED) = dire<(^ SUBJ)(^ ACOMP)>(^ OBJ)
(^ OBJ) = (^ ACOMP SUBJ)
(^ TRANS) = +

5.2. Clitic-Climbing in kohärenten Konstruktionen

Als kohärent sollen hier diejenigen Konstruktionen bezeichnet werden, die sich insbesondere durch die Eigenschaft des Clitic-Climbing auszeichnen, d.h. Konstruktionen, in denen das Argument eines eingebetteten Prädikators (infinites Verb, Adjektiv oder auch Substantiv) an das einbettende Matrixverb clitisiert wird und damit c-strukturell an einer Position abgeleitet wird, die außerhalb der funktionalen Domäne ('clause nucleus') des zugehörigen Prädikators liegt. Dieses syntaktische Phänomen läßt sich in verschiedenen Konstruktionen auf unterschiedliche Grundbedingungen struktureller und funktionaler Art zurückführen.

5.2.1. Strukturelle Bedingungen für Clitic-Climbing

Clitic-Climbing aus Adjektiv- und Nominalkomplementen (18/20) ist im Unterschied zu Clitic-Climbing aus Infinitivkomplementen grundsätzlich dadurch bedingt, daß Clitisierung als Adjunktion an einen verbalen Head analysiert werden muß. Da eine Adjektiv- bzw. Nominalphrase keinen verbalen Head besitzt, muß das Clitic in der C-Struktur beim Matrixverb, außerhalb der maximalen Projektion seines Prädikators abgeleitet werden.

(18) Il lui est fidèle.
(19) * Il est lui fidèle.
(20) Il en connaît l'auteur.
(21) * Il connaît en l'auteur.

Durch funktionale Annotation der Cliticpositionen kann dieser Erscheinungsform des Clitic-Climbing Rechnung getragen werden: Komplemente prädikativer Adjektive oder eines Substantivs werden - obwohl c-strukturell außerhalb der funktionalen Ebene ihres Prädikats abgeleitet - funktional als Komplemente ihres Prädikators eingeführt.

Abb. 40

<table>
<tr><td>VP →</td><td>[CL]</td><td>[CL]</td><td>V</td><td>[AP] .</td></tr>
<tr><td></td><td>...</td><td>{/ (↑ ACOMP OBJ$_\ominus$) = ↓
/ ... /}
(↓ CASE) = dat</td><td>↑ = ↓</td><td>(↑ ACOMP) = ↓</td></tr>
</table>

Im Unterschied zu Clitic-Climbing aus Adjektiv- und Nominalphrasen erklärt sich Clitic-Climbing aus einem infiniten Verbalkomplex nicht durch das Fehlen eines verbalen Heads. Dies betrifft sowohl die nach dem Muster des Kausativs *faire* konstruierten Verben (*laisser, entendre*, etc.), als auch die Auxiliarverben. Obwohl eine Projektion mit verbalem Head eingebettet wird, ist Clitisierung an diesen Head ungrammatisch. Wie erklärt sich Clitic-Climbing in (22/23/24-a) im Gegensatz zu Infinitiv-Kontrollkonstruktionen (25/26-b), in denen Clitisierung an das eingebettete Verb obligatorisch ist?

(22.a) Jean les a achetés.
(22.b) * Jean a les achetés.
(22.c) * Jean a des livres achetés.

(23.a) Jean les a fait acheter par son fils.
(23.b) * Jean a fait les acheter par son fils.
(23.c) * Jean a fait les livres acheter par son fils.

(24.a) Je l'avais cru/dit être intelligente.
(24.b) * J'avais cru/dit l'être intelligente.
(24.c) * J'ai cru/dit Marie être intelligente.

(25.a) * Je les ai laissés les enfants manger.
(25.b) J'ai laissé les enfants les manger.
(25.c) J'ai laissé les enfants manger ces chocolats.

(26.a) * Je les lui ai interdit de manger.
(26.b) Je lui ai interdit de les manger.
(26.c) J'ai interdit à Pierre de manger des chocolats.

Wie die Beispiele (c) zeigen, kann in Clitic-Climbing Konstruktionen keine NP zwischen Matrixverb und Infinitiv auftreten. Im Gegensatz zu Kontrollverben weisen Verben, die die kohärente Konstruktion erlauben, nie einen Complementizer (de, à) auf. Dies spricht für die Annahme einer komplexen c-strukturellen Einbettung kohärenter Konstruktionen: Während die C-Struktur für Kontrollverben fakultativ Positionen für Argumente auf der Ebene des Matrixverbs, sowie für einen Complementizer in der eingebetteten VP bereitstellen muß (27) und Matrix- und eingebettetes Verb dadurch als distinkte Verbalprojektionen auszeichnet, kann die C-Struktur kohärenter Konstruktionen (28) als ein Verbalkomplex analysiert werden, der keine distinkte maximale V-Projektion einbettet.

Abb. 41

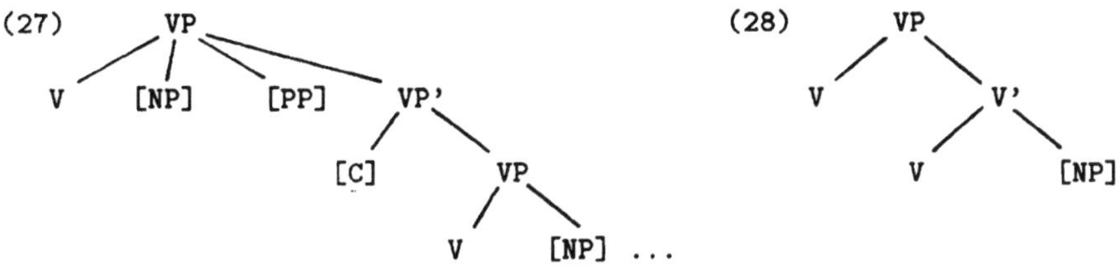

Werden die Strukturen (27) resp. (28) durch die Phrasenstrukturregeln (29/30) und (31/32) definiert, kann denjenigen Verben, die im Lexikon durch die Vergabe des Merkmals (^ CLX) = + als fakultativ oder obligatorisch kohärente Verben charakterisiert werden, die Struktur (28) zugeordnet werden. *faire*, ein obligatorisch kohärentes Verb, erhält - ebenso wie die Auxiliare - im Lexikon die Kennzeichnung (^ CLX) = + und kann daher nicht über die Regel (29) analysiert werden. Fakultativ kohärente Verben erlauben aufgrund einer Disjunktion {/ (^ CLX) = + / (^ CLX) = - /} die Anwendung der Regel (29) oder (31). Verben, die nicht als kohärent gekennzeichnet sind, erfüllen das Constraint (^ CLX) =c + in Regel (31) nicht und können nur durch Regel (29) analysiert werden, die diese Verben als nicht-kohärent ((^ CLX) = -) markiert. Durch die funktionalen Annotationen wird Clitisierung in Regel (29) auf Argumente eingeschränkt, die innerhalb des lokalen 'clause nucleus' subkategorisiert sind, wohingegen in Regel (31) Argumente clitisiert werden können, die im 'clause nucleus' des eingebetteten Komplements (XCOMP)/(COMP) subkategorisiert sind.[33]

Abb. 42

```
(29) VP →        [ CL ]                V              [ NP ]            [ VP'] .
            (↑ OBJ) = ↓            ↑ = ↓       (↑ OBJ) = ↓    (↑ XCOMP) = ↓
          (↓ CASE) = akk    (↑ CLX) = –

(30) VP' →   [ COMPL ]   VP .
               ↑ = ↓      ↑ = ↓

(31) VP →                [ CL ]                      V                    V'          .
           {/ (↑ XCOMP OBJ) = ↓             ↑ = ↓         {/ (↑ XCOMP) = ↓
            / (↑ COMP OBJ) = ↓  /}   (↑ CLX) =c +      / (↑ COMP) = ↓  /}
                 (↓ CASE) = akk

(32) V' →     V         [ NP ]       ...
            ↑ = ↓   (↑ OBJ) = ↓
```

5.2.2. Funktionale Eigenschaften kohärenter Infinitivkonstruktionen des Französischen

a. Geschlossene Satzfunktion bei 'Subject Demotion'

Die funktionalen Annotationen in Regel (31) bedürfen der Motivation und Erklärung. Die typischen kohärenten Konstruktionen mit *faire, laisser* etc. kennzeichnen sich dadurch, daß das eingebettete Prädikat ein vom SUBJekt des Matrixverbs distinktes (logisches) Subjektargument einführt (33/35). Es ist daher ausgeschlossen, das SUBJekt des Matrixverbs durch funktionale Kontrolle mit dem eingebetteten Subjekt zu unifizieren. Da die kohärente Struktur (28) keine NP-Position auf der Ebene des Matrixverbs bereitstellen darf (siehe 23.c), ist eine (OBJ)/(OBJ2)-Kontrollanalyse gleichfalls ausgeschlossen. Die eingebettete Verbalprojektion V' besitzt jedoch keine strukturelle Subjektposition. Das (logische) Subjekt des Infinitivs muß daher an einer der Argumentstellen der VP abgeleitet werden. Das Subjekt intransitiver Verben wird als NP (33), das Subjekt transitiver Verben als PP mit Präposition à (35) realisiert.

---

[33] Aus Gründen der Übersichtlichkeit beschränke ich mich hier auf die Angabe einer Cliticposition in den PS-Regeln.

(33) Jean a fait dormir les enfants.
(34) Jean les a fait dormir.

(35) Jean a fait nettoyer la salle à ses enfants.
(36) Jean leur a fait nettoyer la salle.

Wie die Kasusmarkierung bei Clitisierung anzeigt, vollzieht das Subjekt des eingebetteten Prädikats dabei einen Relationswechsel: Es wird zum OBJekt oder indirekten OBJekt. Diese 'Subject Demotion' wird allgemein als funktionale 'Demotion' entlang einer Hierarchie syntaktischer Funktionen charakterisiert[34].

Da bei unterschiedlichen Subjektargumenten von Matrixverb und eingebettetem Prädikat keine funktionale Kontrolle - und damit keine offene Satzfunktion (XCOMP) - vorliegen kann, wird für *faire* (und äquivalent für *laisser* etc.) eine geschlossene Satzfunktion (COMP) postuliert:

fait: V, (^ PRED) = faire<(^ SUBJ)(^ COMP)>
(^ CLX) = +
...

Abb. 43

Jean fait nettoyer la salle aux enfants.

$$\begin{bmatrix} SUBJ = \begin{bmatrix} PRED = Jean \end{bmatrix} \\ PRED = \text{“}faire\langle(\uparrow SUBJ)(\uparrow COMP)\rangle\text{''} \\ COMP = \begin{bmatrix} PRED = \text{“}nettoyer\langle\ (\uparrow OBJ_{\Theta})(\uparrow OBJ)\rangle\text{''} \\ OBJ_{\Theta} = \begin{bmatrix} PRED = enfant \end{bmatrix} \\ OBJ = \begin{bmatrix} PRED = salle \end{bmatrix} \end{bmatrix} \end{bmatrix}$$

Für die in (konfigurationell) kohärenter Konstruktion unter (COMP) eingebetteten Verben müssen aufgrund des Relationswechsels des Subjekts lexikalische Formen ohne SUBJektfunktion zugelassen werden. Dies erscheint zunächst unmotiviert, da aufgrund der Obligatheit eines Expletivsubjekts in unpersönlichen Konstruktionen für das Französische allgemein die Gültigkeit der Subject-Condition postuliert wird (37). Lexikalische Formen ohne Expletiv-Subjekt sind jedoch auch im Französischen in Kontexten stilistischer Inversion zu beobachten (38-40).

(37) * Je dis que sera procédé au réexamen de cette question. (Keine stilistische Inversion.)
(38) Je veux que soit procédé au réexamen de cette question.
(39) ? Le jour où sera mis fin au conflit.
(40) ? Quand penses-tu que sera mis fin à ce conflit? (Kayne/Pollock(1978:614/15)

Nach der Analyse in 3.2.4. wird in stilistischer Inversion das SUBJekt innerhalb der VP abgeleitet. Die lexikalische Besetzung der konfigurationellen Subjektposition ist also in dieser Konstruktion nicht obligatorisch. Tritt nun ein passiviertes intransitives Verb in einer

[34] Comrie(1976:263) beispielsweise postuliert eine universale Hierarchie syntaktischer Funktionen: subject > direct object > indirect object > other oblique constituents.

solchen Konstruktion auf, besteht keine Notwendigkeit, die strukturelle Subjektposition durch ein Expletiv lexikalisch zu besetzen. Die lexikalische Form 'procéder<(NULL)(OBJ$_\theta$)>' ist daher - in dieser spezifischen Konfiguration - grammatisch.

In der kohärenten Konstruktion mit 'Subject Demotion' wird die funktionale Domäne (COMP) c-strukturell durch eine Verbalprojektion V' realisiert. Es besteht also ebenfalls keine konfigurationell bedingte Notwendigkeit - und auch keine Möglichkeit - ein funktionales SUBJekt zu realisieren. Ich gehe daher im folgenden davon aus, daß das SUBJect-Constraint im Französischen bei stilistischer Inversion, sowie bei 'Subject Demotion' in kohärenten Konstruktionen nicht erfüllt sein muß.

Da italienische Kausativkonstruktionen (siehe Burzio(1986)) exakt dieselben Relationswechsel und Clitisierungsrestriktionen aufweisen wie das Französische, ist zu vermuten, daß sich diese Relationswechsel auf eine allgemeine Regel zurückführen lassen. Basierend auf dem in Kap.3 eingeführten Konzept unterspezifizierter Relationen kann eine lexikalische Regel zur 'Subject demotion' bei Kausativierung (und entsprechend für *laisser*, etc.) wie folgt formuliert werden[35].

Abb. 44

$$\text{Subject-demotion: } (\uparrow \text{CLX}) = + \quad \rightarrow \quad (\uparrow \text{COMP PRED}) = \langle \underset{[+\,\text{o}]}{\text{arg1}} \ \ldots \rangle \qquad \neg(\uparrow \text{SUBJ})$$

Die Regel formuliert die obige Beobachtung, daß das lexikalisch zu realisierende (logische) Subjekt in der Form (bzw. Funktion) eines der VP-Komplemente abzuleiten ist, und somit als 'objektiv' [+ o] zu kennzeichnen ist. Im Zusammenspiel von intrinsischer und Default-Klassifikation, morpholexikalischen Regeln (Passiv, Reflexivierung) und der Function-argument-biuniqueness Condition ergeben sich für die verschiedenen Verbtypen die erwarteten grammatischen Subkategorisierungen[36].

[35] Diese Regel ist auf Auxiliare mit dem Merkmal (^ CLX) = + nicht anwendbar, da diese eine offene Satzfunktion (XCOMP), und nicht eine geschlossene Satzfunktion (COMP) subkategorisieren.

[36] Der Leser möge dies anhand der Beispiele und der in Kap.3 angegebenen Regeln selbst überprüfen. Es sei daran erinnert, daß zur Defaultklassifikation die Argumentstellen von links nach rechts abgearbeitet werden und die Merkmale dabei jeweils neu entlang der Markiertheitshierarchie ermittelt werden.

Abb. 45

(41) Jean a fait partir/pleurer les enfants.[37]

($\uparrow$ PRED) = partir⟨THEME⟩		($\uparrow$ PRED) = pleurer⟨AGENT⟩
[+ o]		[+ o]
[− r]		[− r]
(OBJ)		(OBJ)

(42) Jean a fait faire les devoirs à ses enfants.[38]

($\uparrow$ PRED) = faire⟨	AGENT	THEME⟩
	[+ o]	[− r]
	[+ r]	[+ o]
	(OBJ_{Θ})	(OBJ)

[37] Die intrinsische Klassifikation der Rolle agent wird durch die Zuweisung des Merkmals [+ o] aufgehoben. Eine Verletzung des Monotonicity-Constraints (siehe 3.1.) kann vermieden werden, indem die Regel für Subject Demotion vor Zuweisung intrinsischer Merkmale angewendet wird, ähnlich wie auch zur Repräsentation von (i) die Regel zur Einführung eines nichtthematischen Subjekts vor der Klassifikation der Rolle agent durch [- o] zur Anwendung kommen muß. Auch die (wenn auch selteneren) Fälle agentivischer Verben in NP-Extrapositionskonstruktionen in (ii) legen die Annahme nahe, daß für die Anwendung lexikalischer Regeln eine Ordnungsrelation postuliert werden muß.

(i) Il s'est présenté un homme.	se-présenter⟨AGENT	THEME⟩[− o, − r]
	[+ o] (NULL)	(SUBJ)
	[− r]	
	(OBJ)	
(ii) Il a déjà couru plusieurs chevaux.	courir⟨AGENT⟩[− o, − r] (Hulk(1989:59))	
	[+ o] (SUBJ)	
	[− r]	
	(OBJ)	

[38] Die Defaultregel würde der Rolle agent primär das Merkmal [- r] zuweisen. Da jedoch die Rolle *theme* bereits durch [- r] markiert ist und nicht durch [- o] ergänzt werden kann (die Subkategorisierung der Funktion SUBJekt wird durch das negative Constraint in der Regel für Subject demotion ausgeschlossen), würde eine lexikalische Form erzeugt, die beiden Argumenten die gleiche Funktion [-r,+o] zuweist und folglich die Function-argument-biuniqueness Condition verletzen würde. Die einzige Realisationsform ist also die alternative Klassifikation des agent-Arguments durch [+ r].

(43) Jean a fait jouer une sonate (par l'orchestre)[39]
(↑ PRED) = jouer⟨ AGENT THEME⟩
[+ r] [+ o]
[− o] [− r]
(OBL_Θ) (OBJ)
/(NULL)

(44) Jean a fait se tuer le frère du juge.
(↑ PRED) = se-tuer⟨AGENT THEME ⟩
[+ o] (NULL)
[− r]
(OBJ)

(45) Jean a fait téléphoner Pierre à ses parents. [40]
(↑ PRED) = téléphoner⟨AGENT BEN ⟩
[+ o] [+ r]
[− r] [− o]
(OBJ) (OBL_Θ)

(46) ? Paul fera porter à son fils ces livres à ta femme. [41,42]
'Paul will make his son take these books to your wife'

(47) Paul lui fera porter ces livres à ta femme. (Kayne(1975:334))
(↑ PRED) = porter⟨ AGENT BEN THEME⟩
[+ o] [+ r] [− r]
[+ r] [− o] [+ o]
(OBJ_Θ) (OBL_Θ) (OBJ)

---

[39] Bei Einbettung eines passivierten Verbs wird das Merkmal [+ o] (Subject Demotion) nicht dem Agensargument zugeordnet, da dieses bereits durch die Passivregel einen 'Demotion'-Prozeß durchläuft, indem es als syntaktisch nicht realisiert oder oblique gekennzeichnet wird. Statt dessen wird das Argument mit der Rolle *theme* durch [+ o] markiert.

[40] Ich gehe davon aus, daß eine Rolle *beneficient* intrinsisch als [+ r] klassifiziert wird.

[41] Die Einbettung eines ditransitiven Verbs unter faire konnte durch die Kausativierungsregeln, die in Grimshaw(1982:122) vorgeschlagen wurden, nicht erfaßt werden, da jede der alternativen Regeln zu einer Verletzung der Function-argument-biuniqueness Condition führen würde (Grimshaw(1982: fn 15)).
CCR(i) (SUBJ) -> (OBJ)
CCR(ii) (SUBJ) -> (A-OBJ)

[42] Siehe Fußnote zum Beispiel (42).

b. Offene Satzfunktion bei 'Subject Unification'

Obwohl Auxiliarverben die typischen Eigenschaften kohärenter Konstruktionen besitzen (Clitic-Climbing, keine NP zwischen Auxiliar und eingebettetem Prädikat), unterscheiden sie sich funktional von den Verben mit 'Subject Demotion'. Da das Subjekt des Auxiliars kein distinktes SUBJekt einführt, besteht nicht die Notwendigkeit, das eingebettete Subjektargument innerhalb der VP zu realisieren und einen Relationswechsel zu induzieren. Das Auxiliar subkategorisiert eine offene Satzfunktion (XCOMP), so daß das SUBJekt des eingebetteten Prädikats über eine Kontrollgleichung mit dem VP-extern realisierten nichtthematischen SUBJekt des Auxiliars unifiziert werden kann. Aufgrund der Markierung (^ CLX) = + werden Auxiliare über die Regel (31) analysiert, so daß clitisierte Argumente (z.B. Jean les lui a données.) funktional als grammatische Funktionen des unter (XCOMP) eingebetteten Prädikats repräsentiert werden können.

(^ PRED) = être<(^ XCOMP)>(^ SUBJ)
(^ SUBJ) = (^ XCOMP SUBJ)
(^ CLX) = +
...

Abb. 46 Jean les lui a donneés

$$\begin{bmatrix} SUBJ = \begin{bmatrix} PRED = Jean \end{bmatrix} \\ PRED = \text{“}avoir\langle(\uparrow SUBJ)(\uparrow XCOMP)\rangle\text{''} \\ XCOMP = \begin{bmatrix} PRED = \text{“}donner\langle(\uparrow SUBJ)(\uparrow OBJ_{\ominus})(\uparrow OBJ)\rangle\text{''} \\ OBJ_{\ominus} = \begin{bmatrix} PRED = pro \end{bmatrix} \\ OBJ = \begin{bmatrix} PRED = pro \end{bmatrix} \end{bmatrix} \end{bmatrix}$$

Zusammenfassend erweist sich die Eigenschaft des Clitic-Climbing als gemeinsame Eigenschaft der durch das Merkmal (^ CLX) = + gekennzeichneten kohärenten Konstruktionen des Französischen. Diese wird in allen Fällen funktional repräsentiert, indem clitisierte Argumente, die c-strukturell auf der Ebene eines als kohärent markierten Verbs abgeleitet werden, auf der Ebene der F-Struktur als Argumente des eingebetteten Prädikats eingeführt werden. Die funktionalen Annotationen in der Phrasenstrukturregel (31) gewährleisten die Erfüllung der Coherence- und Completeness-Bedingungen auf der Ebene der F-Struktur, wenn das clitisierte Argument c-strukturell außerhalb seiner funktionalen Domäne (COMP/XCOMP/ACOMP) abgeleitet wird.

c. Funktional determinierte Restriktionen für Clitic-Climbing

In den kohärenten Konstruktionen des Französischen und Italienischen zeichnen sich indirekte Objekte und Reflexivclitics durch spezifische Clitisierungsrestriktionen aus, die sich auf der Basis der hier vorgeschlagenen Analyse als funktional determiniert erweisen.

Clitisierung indirekter Objekte

Weist das unter *faire* eingebettete Prädikat in seiner (noch unveränderten) Subkategorisierung ein indirektes Objekt auf, kann dieses nicht ans Matrixverb clitisiert werden (48/49.b), sofern nicht eine Passivlesart (50.b) vorliegt. Das als Dativclitic realisierte Subjektargument hingegen kann am Matrixverb erscheinen (49.c).[43]

(48.a) Jean a fait téléphoner Pierre à ses parents.
(48.b) * Jean leur a fait téléphoner Pierre.
(48.c) Jean l'a fait téléphoner à ses parents.
(49.a) ? Paul fera porter à son fils ces livres à ta femme. (= 46)
'Paul will make his son take these books to your wife'
(49.b) * Paul lui fera porter ces livres à son fils.
(49.c) Paul lui fera porter ces livres à ta femme.

(50.a) Paul fera porter ces livres à ta femme (par son fils).
(50.b) Paul lui fera porter ces livres (par son fils).

Die entsprechenden lexikalischen Formen (d) zeigen, daß Clitic-Climbing eines Arguments immer dann ungrammatisch ist, wenn diesem Argument eine oblique syntaktische Funktion (OBL_θ) zugeordnet ist:

Abb. 47

(48.d) téléphoner⟨	AGENT	BEN ⟩	
	[+o]	[+r]	
	[−r]	[−o]	
	(OBJ)	(OBL_Θ)	
(49.d) porter⟨	AGENT	BEN	THEME⟩
	[+o]	[+r]	[−r]
	[+r]	[−o]	[+o]
	(OBJ_Θ)	(OBL_Θ)	(OBJ)
(50.d) porter⟨	AGENT	BEN	THEME⟩
	[+r]	[+o]	[−r]
	[−o]	[+r]	[+o]
	(OBL_Θ)	(OBJ_Θ)	(OBJ)

Wird die Clitisierung eines Arguments als Akkusativ- oder Dativclitic auf grammatische Funktionen eingeschränkt, die das funktionale Merkmal [+ o] für 'Objekthaftigkeit' aufweisen, ergeben sich aus dem Zusammenspiel der lexikalischen Regel für 'Subject demotion' und den Klassifikationsregeln für die Zuweisung grammatischer Funktionen automatisch die beobachteten Clitisierungsrestriktionen: Argumente mit der Funktion (OBL_θ) bzw. [-o,+r] werden nicht als Akkusativ- bzw. Dativclitic clitisiert.

Es erscheint im Französischen nicht unplausibel, für Argumente, die als PP mit der Präposition à realisiert werden, alternative funktionale Realisierungsmöglichkeiten als

[43] Kayne(1975) führt diese Clitisierungsrestriktionen auf eine 'Specified Subject Condition' zurück, welche auf Linearitätsbedingungen rekurriert.

'objekthaftes' (OBJ_θ) bzw. (OBL_θ) anzunehmen, die als Dativclitic resp. obliques Clitic *y/en* clitisiert werden. Spezifische Clitisierungseigenschaften, durch die sich Verben wie *penser* und *parler* unterscheiden, können so auf unterschiedliche Subkategorisierungen zurückgeführt werden. Während eine oblique Funktion nicht als Dativargument clitisiert werden kann (52), ist Clitisierung durch y nicht ausgeschlossen (53).

Abb. 48

(51) Il lui parle. parler⟨(SUBJ)(OBJ_Θ)⟩
(52) * Il lui pense. penser⟨(SUBJ)(OBL_Θ)⟩
(53) Il y pense.

Interessanterweise ist mit diesen Verben Clitic-Climbing von y auch in Kausativkonstruktionen grammatisch:

(54) Cela y fait penser tout le monde.
(55) On essaiera d'en faire parler ton ami. (Burzio(1986:244))

Die Clitisierungsrestriktionen in (48/49) sind demnach nicht auf Ungrammatikalität des Clitic-Climbing mit obliquen Funktionen zurückzuführen, sondern auf die Ungrammatikalität, eine oblique Funktion als Dativclitic zu realisieren. Clitisierung durch y ist in diesen Fällen jedoch nicht möglich, da y durch das Merkmal [- belebt] gekennzeichnet ist[44].

In den Phrasenstrukturregeln (31/56) werden entsprechend nur die Funktionen (OBJ) und (OBJ_θ) als clitisierbare grammatische Funktionen im Akkusativ oder Dativ ausgezeichnet. Für die Clitisierung obliquer Funktionen durch *y* oder *en* müssen separate Ableitungsposition für oblique Funktionen definiert werden.

Abb. 49

(56) VP →	[CL]	V	V'.
	{/ (↑ XCOMP OBJ_Θ) = ↓	↑ = ↓	{/ (↑ XCOMP) = ↓
	/ (↑ COMP OBJ_Θ = ↓ /}	(↑ CLX) =c +	/ (↑ COMP) = ↓ /}
	(↓ CASE) = dat		

Clitic-Climbing des Reflexivclitics *se*

In kohärenten Konstruktionen mit 'Subject Demotion' kann das Clitic *se* eines reflexiv konstruierten Verbs nicht ans Matrixverb clitisiert werden (58/60). Auxiliarverben und italienische Restrukturierungsverben hingegen erlauben Clitic-Climbing des Reflexivs *se* auf die Ebene des Matrixverbs (61/62).

(57) Jean a fait se tuer le frère du juge.
(58) * Jean s'est/a fait tuer le frère du juge.
(59) Jean a fait s'évanouir Marie.

[44] Die Unterscheidung zwischen 'objective' und obliquen Objekten erweist sich in Bresnan / Moshi (1989) als relevantes Unterscheidungskriterium für komplexe Objektasymmetrien in Bantusprachen. Es wäre m.E. interessant, die dort aufgedeckten syntaktischen Interdependenzen auch anhand der Verhältnisse des Französischen zu überprüfen.

(60) * Jean s'est/a fait évanouir Marie.
(61) Jean s'est tué.
(62) I ragazzi si dovrebbero parlare. (Burzio(1986:401))

Ich gehe davon aus, daß das Reflexivclitic als ein anaphorisches Element bestimmten - funktional determinierten - Lokalitätsrestriktionen unterworfen ist. Diese können folgendermaßen formuliert werden: Das Reflexivclitic muß innerhalb derselben funktionalen Satzdomäne ('clause nucleus') realisiert werden, in der auch sein Bezugselement, die 'höchste' syntaktisch realisierte Argumentstelle des Prädikats (in der Regel das SUBJekt) funktional realisiert wird[45].

Da in Auxiliarkonstruktionen das SUBJekt eines eingebetteten Reflexivverbs funktional mit dem nichtthematischen SUBJekt auf der Ebene des Auxiliars unifiziert wird, befindet sich das Reflexiv, das in der kohärenten (Clitic-Climbing-) Konstruktion an das Matrixverb wandert, immer noch innerhalb der funktionalen Satzdomäne seines SUBJekts, d.h. im zulässigen Lokalitätsbereich. Würde das Clitic jedoch in einem Kontext der 'Subject Demotion' ans Matrixverb clitisiert, befände es sich nicht mehr innerhalb der funktionalen Domäne seines Bezugsarguments (in diesem Falle repräsentiert durch die Funktion (OBJ) bzw. (OBJ_θ) des Prädikats unter (COMP)) und würde statt dessen einen anaphorischen Bezug zum - distinkten - SUBJekt des Matrixverbs herstellen[46].

Die unterschiedliche Position des Reflexivclitics *se* in kohärenten Konstruktionen erweist sich somit als determiniert durch die Distinktion zwischen offener und geschlossener Satzfunktion. Wird das Bezugselement des Reflexivclitics durch eine Kontrollgleichung mit dem SUBJekt eines kohärenten Matrixverbs unifiziert, erweitert sich die funktionale Domäne für anaphorische Bezugsrelationen, und Clitic-Climbing ist grammatisch. Subkategorisiert das kohärente Matrixverb eine geschlossene Satzfunktion, ist eine solche Domänenerweiterung nicht gegeben. Das Clitic muß innerhalb des durch (COMP) begrenzten 'clause nucleus' des reflexiven Verbs realisiert werden.

Clitic-Climbing des Reflexivclitics wird daher in Regel (63) funktional auf kohärente Verben eingeschränkt, die eine offene Satzfunktion (XCOMP) subkategorisieren. Komplementär hierzu muß das Verbleiben des Reflexivs im eingebetteten Komplement auf Konstruktionen mit 'Subject demotion' restringiert werden (* Jean est se tué.). Regel (64) kann hierfür auf das negative Constraint ~(^ SUBJ) zugreifen, das ausschließlich durch die lexikalische Regel der 'Subject Demotion' eingeführt und erfüllt wird.

---

[45] Daß auch intrinsische Reflexivclitics bzw. -pronomina ohne referentielle Bezugsrelation als anaphorische Elemente analysiert werden müssen, zeigt Haider(1985) am Beispiel des Deutschen. Die im Deutschen normalerweise nicht zu beobachtende Obligatheit eines Expletivsubjekts in (i) zeigt nach Haider den prinzipiell anaphorischen Charakter reflexiver Pronomina, der nicht notwendig an referentielle Eigenschaften gebunden ist.
(i) Da lebt *(es) sich angenehm. (Haider(1985:227))

[46] Obwohl sich das Reflexivclitic in einer Subjektkontrollkonstruktion wie (i) im 'clause nucleus' seines Bezugselements befindet, sind hier die notwendigen konfigurationellen Bedingungen ((^ CLX) = +) für Clitic-Climbing nicht erfüllt (siehe (iii) vs (iv)).
(i) * Jean s'a/est voulu acheter un livre.
(ii) Jean a voulu s'acheter un livre.
(iii) * Jean l'a voulu acheter.
(iv) Jean a voulu l'acheter.

Abb. 50

(63) VP $\rightarrow$	[CL]	V	V'.
	($\uparrow$ XCOMP REFL) =c +	$\uparrow = \downarrow$	{/ ($\uparrow$ XCOMP) = $\downarrow$
		($\uparrow$ CLX) =c +	/ ($\uparrow$ COMP) = $\downarrow$ /}

(64) V' $\rightarrow$	[CL]	V	[NP]	....
	($\uparrow$ REFL) =c +	$\uparrow = \downarrow$	($\uparrow$ OBJ) = $\downarrow$	
	$\neg$ ($\uparrow$ SUBJ)			

Zusammenfassend wird das Phänomen des Clitic-Climbing prinzipiell an die spezifische Konfiguration eines Verbalkomplexes (28) geknüpft, die durch das Merkmal (^ CLX) = + repräsentiert wird. Die Vergabe dieses Merkmals kann sowohl kategorial bedingt (z.B. bei Clitisierung aus Adjektiv- oder Nominalphrasen), als auch lexikalisch determiniert sein (Verben wie *laisser*, *entendre*, etc. erlauben kohärente und nichtkohärente Konstruktion, *faire* nur die kohärente Konstruktion). Darüber hinaus müssen unabhängig motivierte funktionale Restriktionen erfüllt sein, wie z.B. Lokalitätsbedingungen für anaphorische Elemente oder Einschränkung clitisierbarer Argumente im Dativ oder Akkusativ auf Funktionen mit dem Merkmal [+ o].

5.2.3. Funktionale Eigenschaften kohärenter Infinitivkonstruktionen im Italienischen

Auxiliar-, Restrukturierungs- und Kausativkonstruktionen des Italienischen zeigen bzgl. Clitic-Climbing und Wortstellungseigenschaften die oben durch das Merkmal (^ CLX) = + gekennzeichneten Eigenschaften. Analog zum Französischen charakterisieren sich Kausativkonstruktionen mit *faire* durch komplexe Relationswechsel. Auch hier erzwingt die Präsenz eines distinkten (logischen) Subjekts in einer komplexen Verbalstruktur die Anwendung der lexikalischen Regel funktionaler 'Subject Demotion'.[47] Im Gegensatz zum Französischen verhalten sich die kohärenten Konstruktionen des Italienischen aber nicht nur konfigurationell, sondern auch funktional als 'verschmolzene' Verbalkomplexe.

Restrukturierungsverben

Verben in restrukturierter Konstruktion kennzeichnen sich durch einen Auxiliarwechsel des Matrixverbs in Abhängigkeit von der Auxiliarselektion des eingebetteten Verbs:

(65) Questo libro si è voluto leggere subito. (Burzio(1986:374))
this book si has wanted to read immediately
(66) Li ho voluti leggere. (Burzio(1986:343))

Burzio argumentiert, daβ *si* hier als Antezedens des eingebetteten Reflexivverbs zu analysieren ist. Es handelt sich also um eine Restrukturierungslesart von *volere* mit Clitic-Climbing. Da Restrukturierungsverben kein distinktes (logisches) Subjekt einführen, können sie mittels funktionaler Kontrollgleichungen analysiert werden, und *si* kann an das Matrixverb clitisiert werden, ohne Lokalitätsrestriktionen zu verletzen.

[47] Ich verzichte hier aus Platzgründen auf Illustration durch Beispiele.

Der durch die mediale Konstruktion induzierte Auxiliarwechsel des eingebetteten Prädikats spiegelt sich in (65) in der Auxiliarselektion von *volere* wider, einem Verb, das *avere* selegiert (66).

Gleichzeitig wird das Subjekt des Infinitivskomplements (Questo libro si è letto subito) zum Subjekt des Kontrollverbs *volere*. Dies setzt voraus, daß die Regel des 'Object Preposing' ((OBJ) -> (SUBJ)) der medialen Konstruktion auf den gesamten Verbalkomplex, bestehend aus *volere + leggere*, angewendet wird. Es ist daher zu vermuten, daß der c-strukturelle Verbalkomplex auch funktional als ein komplexes Prädikat zu analysieren ist, das wesentlich durch die Eigenschaften der Argumentstruktur des eingebetteten Verbs charakterisiert wird, wie sich dies in der syntaktischen Eigenschaft des Auxiliarwechsels und dem sog. 'Long Object Preposing' in (65) widerspiegelt.

Da Restrukturierungsverben kohärente Formen von SUBJektkontrollverben sind, muß eine komplexe lexikalische Form vorausgesetzt werden, die eine Argumentstelle für das logische Subjekt des ursprünglichen Matrix- und des eingebetteten Verbs bereitstellt. Für (65) müßte demnach folgende lexikalische Form postuliert werden, in der die Agens-Argumente von *volere* und *leggere* als ein einziges Argument repräsentiert sind:

Abb. 51

($\uparrow$ PRED) = si-volere-leggere⟨	AGENT	THEME⟩
($\uparrow$ REFL) = +	(NULL)	[− r]
($\uparrow$ AUX) = essere		[− o]
($\uparrow$ TRANS = −		(SUBJ)

Kausativkonstruktionen:

Im Gegensatz zum französischen *faire* ist italienisches *fare* passivierbar. Da Passivierung intransitiver Verben im Italienischen ungrammatisch ist, setzt dies voraus, daß das Matrixverb der kohärenten Konstruktion transitiv ist, d.h. ein thematisches OBJekt aufweist. Dies ist in (68) nur möglich, wenn *fare* - wie die Restrukturierungsverben - zusammen mit dem eingebetteten Verb ein komplexes transitives Prädikat bildet.

(67) * Ce livre a été fait lire à Mario (par Jean).
(68) Questo libro è stato fatto leggere a Mario (da Giovanni) (Burzio(1986:374))

Analog zum Französischen wird das 'ursprüngliche' Subjekt des eingebetteten Verbs durch eine lexikalische Regel der 'Subject Demotion' durch das Merkmal [+ o] markiert, wodurch die zum Französischen äquivalenten Relationswechsel induziert werden. Damit können auch die den französischen Kausativkonstruktionen entsprechenden Clitisierungsrestriktionen für indirekte Objekte an der Distinktion zwischen OBJ_θ- und OBL_θ-Funktionen festgemacht werden. Subject Demotion in komplexen Prädikaten (hier mit *fare*):

Abb. 52

($\uparrow$ PRED) = verb⟨arg1 ... ⟩	$\rightarrow$	($\uparrow$ PRED) = fare-verb⟨AGENT	⟨ arg1 ... ⟩ ⟩
		($\uparrow$ CLX) = +	[+ o]

Abb. 53

(69) Giovanni ha fatto leggere il libro a Mario.
(↑ PRED) = fare-leggere⟨ AGENT ⟨ AGENT THEME⟩ ⟩
(↑ TRANS) = + [– o] [+ o] [– r]
[– r] [+ r] [+ o]
(SUBJ) (OBJ$_\theta$) (OBJ)

(70) Il libro è stato fatto leggere a Mario da Giovanni. [48]
(↑ PRED) = fare-leggere⟨ AGENT ⟨ AGENT THEME⟩ ⟩
(↑ TRANS) = – [+ r] [+ o] [– r]
[– o] [+ r] [– o]
(OBL$_\theta$) (OBJ$_\theta$) (SUBJ)

Obwohl die spezifischen Eigenschaften kohärenter Konstruktionen des Italienischen die Annahme motivieren, einen Prozeß zur Bildung komplexer Prädikate vorauszusetzen, wirft diese Analyse zahlreiche Fragen auf, die im gegebenen Rahmen nicht ausführlich erörtert werden können[49]. Es wird hier jedoch nicht der Anspruch erhoben, eine vollständige Analyse zur Repräsentation dieser komplexen Phänomene zu erbringen. Relevant für die hier geführte Diskussion ist allerdings die Tatsache, daß sich kohärente Konstruktionen des Französischen und Italienischen in ihren funktionalen Eigenschaften stark unterscheiden.

[48] Die Anwendung der Defaultregel würde in der Passivlesart die Zuordnung des Merkmals [- r], und damit der Funktion OBJekt an das eingebettete agent-Argument erlauben. Daß statt dessen nur die zweite Alternative ([+ r] bzw. OBJ$_\theta$) möglich ist, ist erklärbar durch das bei Passivierung eingeführte Merkmal (^ TRANS) = -, welches nach Definition (R3) nicht vereinbar ist mit der Präsenz eines thematischen OBJekts.

[49] Diese Fragen betreffen insbesondere die Formulierung der lexikalischen Regeln, sowie die Repräsentation der Infinitivformen. Da sich ein Restrukturierungsverb prinzipiell mit jeder infinitivischen Verbform zu einem komplexen Verb verbinden kann, muß die lexikalische Regel mit Hilfe von Variablen definiert werden. Hierfür bieten sich Repräsentationformen wie z.B. Templates an. Da die Infinitivformen in einem komplexen Prädikat kein eigenes PRED-Merkmal aufweisen dürfen, müssen sie im Lexikon disjunktiv als PRED- bzw. als FORM-Merkmale definiert werden. Werden Restrukturierungs- und Kausativverben als komplexe Prädikate repräsentiert, stellt sich die Frage, warum restrukturierte Verben - die damit ein OBJekt aufweisen können - im Gegensatz zu *fare* und *dire* nicht passivierbar sind. Hier könnte die Definition einer Ordnungsrelation über lexikalischen Regeln die Grammatikalitätsunterschiede repräsentieren.
Weiter stellt sich die Frage, ob auch Auxiliarkonstruktionen im Italienischen als komplexe Prädikate zu analysieren sind. Diese Frage soll hier nicht entschieden werden. Ginge man aber von einer Analyse als komplexes Prädikat aus, so stellen sich ernsthafte Probleme für die Repräsentation von Wortreihenfolge, Auxiliarselektion und Tempusinformationen, da dann die Merkmale aller Verbalformen auf einer funktionalen Satzebene präsent sind. Wortreihenfolgen sind damit nicht mehr hierarchisch über funktionale Satzeinbettungen formulierbar. (* Maria stata è accusata. / * Maria ha stata accusata.) Insbesondere können distinkte Werte für Merkmale wie AUX, TENSE oder Finitheitsmerkmale auftreten, so daß in bestimmten Konfigurationen keine wohlgeformten F-Strukturen generiert werden könnten.

5.3. Kongruenz des Participe Passé in kohärenten Konstruktionen

Der - relativ ausführliche - Exkurs zur Repräsentation kohärenter Konstruktionen dient in zweierlei Hinsicht der Verifikation der in Kap.3 und Kap.4 entwickelten Analyse. Zum einen erweist sich Bresnan / Kanerva's Theorie unterspezifizierter grammatischer Relationen, die hier als Analysebasis gewählt wurde, als geeignet, das relativ komplexe Phänomen des Relationswechsels und damit verbundener spezifischer Clitisierungsrestriktionen in Kausativkonstruktionen (bzw. allgemein 'Subject Demotion'-Kontexten) auf eine einfache lexikalische Regel zu reduzieren. Dies spricht für die Plausibilität und linguistische Motivation dieses Ansatzes. Insbesondere aber sollten tragfähige Grundlagen geschaffen werden, um die Voraussagen der in Kap.4 entwickelten lexikalischen Regel zur Kongruenz des Participe Passé in Infinitivkonstruktionen - insbesondere kohärenten Konstruktionen - zu überprüfen und zu validieren.

Auf der Basis der in 5.2.2. und 5.2.3. entwickelten Analysen kohärenter Konstruktionen des Französischen und Italienischen, sowie der in Kap.4.4. formulierten Regel für die Kongruenz des Participe Passé können die unterschiedlichen Kongruenzdaten des Partizips in diesen Konstruktionen korrekt vorhergesagt werden.

Keine Kongruenz in kohärenten Konstruktionen des Französischen

Im Gegensatz zur OBJektkontrollkonstruktion in (71)-(74) kann nach der Analyse in 5.2.2. ein französisches Verb in kohärenter Konstruktion (75)-(78) keine OBJektfunktion subkategorisieren. Die in (R3) formulierte Bedingung für Transitivität ist damit nicht erfüllt und OBJektkongruenz des Matrixverbs ist ausgeschlossen.[50] Da diese (intransitiven) Verben auch keine 'unaccusative' Eigenschaften aufweisen (i.e. theme-markiertes SUBJekt und être-Selektion), ist auch SUBJektkongruenz nicht möglich.

(71) J'ai dit cette femme intelligente.
(72) La femme que j'ai dite intelligente.
(73) Marie a été dite intelligente.
(74) Je l'avais dite intelligente.
    (^ PRED) = dire<(^ SUBJ)(^ ACOMP)>(^ OBJ)
    (^ TRANS) = +
    {/ (^ UNACC) = +
    / (^ UNACC) =c - /}

(75) * J'ai dit Marie être intelligente.
(76) La femme que j'ai dit/*e être intelligente.
(77) * Marie a été dit/e être intelligente.
(78) Je l'avais dit/*e être intelligente.
    (^ PRED) = dire<(^ SUBJ)(^ COMP)>
    (^ TRANS) = -
    (^ UNACC) = -
    (^ CLX) = +

[50] Das akkusativisch markierte Clitic in (78) ist nicht OBJekt des kohärenten Verbs, sondern OBJekt des eingebetteten Infinitivs, der jedoch die morphologische Restriktion (^ PART) =c + in (R7) nicht erfüllt. Das Topikalisierungsbeispiel in (76) ist eine Instanz von 'long distance constituent control' und nicht spezifisch für kohärente Konstruktionen.

Gleiches gilt für kohärente Lesarten der Verben *laisser, entendre*, etc., sowie für *faire*.

(79) Jean les a laissé jouer par l'orchestre.
(80) La sonate que Jean a laissé jouer par l'orchestre.
(81) Je les ai entendu jouer par l'orchestre.
(82) Jean les a fait porter à son fils.
(^ PRED) = laisser<(^ SUBJ)(^ COMP)>
(^ TRANS) = -
(^ UNACC) = -
(^ CLX) = +

Kongruenz in kohärenten Konstruktionen des Italienischen

Im Gegensatz zum Französischen weisen kohärente Konstruktionen des Italienischen potentiell Agreement auf. In Übereinstimmung mit Regel (R7) ist dies darauf zurückzuführen, daß funktional komplexe Prädikate gebildet werden.
So liegt beispielsweise in (83) ein komplexes Prädikat *volere-riparare* vor, das ein OBJekt subkategorisiert und nach (R3) als transitives Verb gekennzeichnet werden kann. Im Clitic-Climbing-Kontext in (83) wird das OBJekt dieses komplexen Verbs nicht an der c-strukturellen OBJektposition abgeleitet, so daß die Bedingung struktureller Unaccusativity erfüllt ist. Kongruenz des Partizips *volere(-riparare)* ist also vorhergesagt.

Abb. 54

(83) Gianni le ha volute riparare. (Bouchard(1987:465))
(↑ PRED) = volere-riparare⟨AGENT THEME⟩
(↑ TRANS) = + (SUBJ) (OBJ)
{/ (↑ UNACC) = +
/ (↑ UNACC) =c – /}

Aufgrund der Passivierbarkeit von *dire* mit Infinitivkomplement (84) kann wiederum ein komplexes transitives Prädikat *dire-essere* postuliert werden, das als solches durch Anwendung der Passivregel intransiviert wird. Die thematische Eigenschaft des SUBJekts in Verbindung mit essere-Selektion kennzeichnet die komplexe lexikalische Form als 'unaccusative', so daß SUBJect-Agreement vorhergesagt ist.

Abb. 55

(84) Questa donna è stata detta essere bella. (Bouchard(1987:469))
(85) * Cette femme a été dit/dite belle. (Bouchard(1987:462))
(↑ PRED) = dire-essere⟨ AGENT ⟨ THEME⟩ ⟩
(↑ TRANS) = – (NULL)(SUBJ)
(↑ AUX) = essere
(↑ UNACC) = +
(↑ PART) = +

Agreement des Partizips in Kausativkonstruktionen kann analog hierzu erklärt werden. *fare* bildet mit dem eingebetteten Verb ein komplexes Prädikat. Wie mit *dire* wird - aufgrund distinkter logischer Subjekte - die eingebettete Argumentstruktur durch die Regel der 'Subject Demotion' markiert. Die induzierten Relationswechsel ändern nicht den funktionalen Status des theme-OBJekts eines eingebetteten transitiven Verbs, so daβ das komplexe transitive Prädikat bei Clitisierung oder Topikalisierung dieses Arguments in (86) und (88) korrekt Kongruenzmerkmale mit seinem dislozierten OBJekt aufweist.

(86) Le ha fatte riparare da un amico. (Kayne(1985:79))
(87) Il les a fait/*es réparer par un ami.

Abb. 56

(88) Le tavole che Gianni ha fatt*e* riparare. (Bouchard(1987:465))[51]
(89) Les tables que Jean a fait/**es* réparer.

(↑ PRED) = fare-riparare⟨ AGENT ⟨	AGENT	THEME⟩ ⟩	
(↑ TRANS) = +	[− o]	[+ r]	[− r]
{/ (↑ UNACC) = +	[− r]	[− o]	[+ o]
/ (↑ UNACC) =c − /}	(SUBJ)	(OBL_Θ)	(OBJ)

Gleichfalls wird Agreement induziert, wenn die Passivierungsregel auf das komplexe Prädikat (Matrixpassiv) angewendet wird. Das theme-Argument wird als SUBJekt des passivierten Verbs realisiert, so daβ nach Regel (R7) Kongruenz mit dem SUBJekt möglich wird.

Abb. 57

(90) Sono stat*e* fatt*e* riparare da un amico.[52]
(91) * Elles ont été fait/*es* réparer par un ami. (Kayne(1985:79))

(↑ PRED) = fare-riparare⟨ AGENT ⟨	AGENT	THEME⟩ ⟩	
(↑ TRANS) = −	[+ r]	[+ o]	[− r]
(↑ AUX) = essere	[− o]	[+ r]	[− o]
(↑ UNACC) = +	(OBL_Θ)	(OBJ_Θ)	(SUBJ)

[51] Zur Klassifikation bei passiviertem eingebettetem Prädikat siehe Fuβnote zum Beispiel (43).

[52] Zur Klassifikation siehe Fuβnote zu Beispiel (70).

6. Conclusion

Es wurde der Versuch unternommen, das morphosyntaktische Phänomen der Partizipialkongruenz im Französischen im Rahmen einer lexikalisch-funktionalen Grammatikbeschreibung zu erfassen. Als Grundlage hierfür war zunächst eine Analyse unterschiedlicher Verbtypen, syntaktischer Prozesse (wie Passivierung oder Reflexivierung) und Subjektinversionskonstruktionen erforderlich, sowie die Definition lexikalischer Regeln zur Auxiliarselektion (bzw. zum Auxiliarwechsel). Das Kongruenzverhalten des Participe Passé in den verschiedenen Verbalkonstruktionen konnte durch eine lexikalische Regel beschrieben werden, die auf mehreren interagierenden Faktoren thematischer, funktionaler und konfigurationeller Natur beruht. Die spezifischen thematischen, funktionalen und konfigurationellen Charakteristiken der syntaktischen Kontexte, in denen Kongruenz des Participe Passé ausgelöst wird, wurden unter den Begriff der 'Unaccusativity' gefaβt. Zur Distinktion zwischen SUBJekt- und OBJektkongruenz wird der Begriff der Transitivität durch spezifische Eigenschaften der Abbildung der Argumentstruktur auf die funktionale Struktur eines Verbs definiert. Ein Exkurs zur Analyse kohärenter Infinitivkonstruktionen mit Clitic-Climbing im Französischen und Italienischen erwies zum einen die Tragfähigkeit der von Bresnan/Kanerva entwickelten Theorie unterspezifizierter grammatischer Relationen in einer syntaktischen Konstruktion, die sich durch komplexe Relationswechsel auszeichnet. Insbesondere konnte gezeigt werden, daβ auf der Basis dieser Analyse die scheinbar heterogenen Kongruenzdaten unterschiedlicher französischer Infinitivkonstruktionen, sowie kontrastierende Daten in französischen und italienischen kohärenten Konstruktionen durch die hier vorgeschlagene Generalisierung zur Partizipialkongruenz korrekt vorhergesagt werden können. Die lexikalisch-funktionale Beschreibung des Prozesses zur Bildung komplexer funktionaler Prädikate, wie er in italienischen kohärenten Konstruktionen postuliert werden muβ, läβt noch zahlreiche Fragen offen, die im Rahmen dieses Papiers nicht weiter erörtert werden konnten.

Literatur:

Baker, M. (1983): "Objects, Themes and Lexical Rules in Italian." - In: Levin, L., Rappaport, M., Zaenen, A. (eds): Papers in Lexical-Functional Grammar, 1-45.

Belletti, A. (1982): " 'Morphological' Passive and Pro-Drop: The Impersonal Construction in Italian." - In: Journal of Linguistic Research, 4, 1-34.

Bouchard, D. (1987): "A Few Remarks on Past Participle Agreement." - In: Linguistics and Philosophy, 10, 449-474.

Bresnan, J. (1982): "Control and Complementation." - In: Bresnan, J., Kaplan, R. M. (eds): The Mental Representation of Grammatical Relations. Cambridge, 282-390.

Bresnan, J., Kanerva, J. M. (1989): "Locative Inversion in Chichewea: A Case Study of Factorization in Grammar." - In: Linguistic Inquiry, 20.1, 1-50.

Bresnan, J., Moshi, L. (1989): "Object Asymmetries in Comparative Bantu Syntax." - To appear in Linguistic Inquiry, 20.4.

Burzio, L. (1986): Italian Syntax. A Government-Binding Approach. Reidel, Dordrecht.

Christensen, K. K., Taraldsen, K. T. (1989): "Expletive Chain Formation and Past Participle Agreement in Scandinavian Dialects." - In: Paola Benincà (ed): Dialect Variation and the Theory of Grammar. Proceedings of the GLOW Workshop in Venice, 1987, 53-81.

Comrie, B. (1976): "The Syntax of Causative Constructions: Cross-Language Similiarities and Divergences." In: Syntax and Semantics, 6, 261-312.

Grevisse, M. (1980): Le bon usage. Paris, 11ᵉ édition.
Grimshaw, J. (1982): "On the Lexical Representation of Romance Reflexive Clitics." - In: Bresnan, J., Kaplan, R. M. (eds): The Mental Representation of Grammatical Relations, 87-148.
- (1989): Argument Structure. Ms.
Haider, H. (1985): "Von sein oder nicht sein: Zur Grammatik des Pronomens 'sich'." - In: Abraham, W. (ed): Erklärende Syntax des Deutschen. (Studien zur deutschen Grammatik, 25), 223-254.
- (1986): "Fehlende Argumente: Vom Passiv zu kohärenten Infinitiven." - In: Linguistische Berichte, 101, 3-33.
- (1987): "Matching Projections." - To appear in Cinque, G. (ed): Proceedings of the XIth GLOW conference, Venice.
Haider, H. (1988): "Null Subjects and Expletives in Romance and Germanic Languages." - In: Linguistik in Stuttgart, 1, 1-15.
Haider, H., Rindler-Schjerve, R. (1987): "The Parameter of Auxiliary Selection: Italian-German Contrasts." - In: Linguistics, 25, 1029-1055.
Hulk, A. (1989): "La construction impersonnelle et la structure de la phrase." - In: Recherches Linguistiques, 18, 59-79.
Kayne, R. S. (1975): French Syntax. Cambridge, Mass.
- (1985): "L'accord du participe passé en français et en italien." - In: Modèles linguistiques, 7, 73-89.
- (1989a): "Facets of Romance Past Participle Agreement." - In: Paola Benincà (ed): Dialect Variation and the Theory of Grammar. Proceedings of the GLOW Workshop in Venice, 1987, 85-103.
- (1989b): "Null Subjects and Clitic Climbing." - In: Jaeggli, O., Safir, K. (eds): Approaches to the Null Subject Parameter. 239-261.
Kayne, R. S., Pollock, J-Y. (1978): "Stylistic Inversion, Successive Cyclicity and Move NP in French." - In: Linguistic Inquiry, 9, 595-621.
Levin, L. (1987): Toward a Linking Theory of Relation Changing Rules in LFG. CSLI-Report.
Manzini, R. M. (1986): "On Italian Si." - In: Syntax and Semantics, 19, 241-261.
Melis, L. (1983): "The Construction of the Infinitive with Causative Movement Verbs in French." - In: Tasmowski, L., Willems, D. (eds): Problems in Syntax. 181-194.
Mohanan, K. P. (1983): "Functional and Anaphoric Control." - In: Linguistic Inquiry, 14, 641-674.
Olié, A. (1984): "L'hypothèse de l'inaccusatif en français." - In: Lingvisticae Investigationes, 8, 363-401.
Perlmutter, D. M. (1978): Impersonal Passives and the Unaccusative Hypothesis. Proceedings of the Fourth Annual Meeting of the Berkeley Linguisitics Society, University of California, Berkeley, 157-189.
Pollock, J-Y. (1986): "Sur la syntaxe de en et le paramètre du sujet nul." - In: Ronat, M., Couquaux, D. (eds): La grammaire modulaire.
Regula, M. (1966): Historische Grammatik des Französischen. Vol. III.
Sells, P., Zaenen, A., Zec, D. (1987). "Reflexivization Variation: Relations between Syntax, Semantics, and Lexical Structure." - In: Iida, M., Wechsler, S., Zec, D. (eds): Working Papers in Grammatical Theory and Discourse Structure: Interactions of Morphology, Syntax, and Discourse. CSLI Lecture Notes 11, 169-238.
Taraldsen, T. (1987): "Clitic/Participle Agreement and Auxiliary Alternation in Romance."- In: Neidle, C., Nunez Cedeno, R. A. (eds): Studies in Romance Languages, 263-281.
Tasmowski, L., Willems, D. (1987): "Les phrases à première position actantielle vide: 'Par la porte ouverte (il) entrait une odeur de nuit et de fleurs'." - In: L'ordre des mots. (Travaux de linguistique, 14/15), 177-193.
Togeby, K. (1983): Grammaire française. Vol. III. Les formes impersonnelles du verbe et la constrution des verbes.
Waite, J. J. (1986): Grammaire Lexicale Fonctionnelle. Dislocation, inversion stylistique et constructions impersonnelles. Thèse, Montreal.

Wehrli, E. (1986): "On some Properties of French Clitic Se."- In: Syntax and Semantics, 19, 263-283.
Zribi-Hertz, A. (1982): "La Construction 'se-moyen' du français et son statut dans le triangle moyen-passif-réfléchi." - In: Lingvisticae Investigationes, VI, 345-401.
- (1987): "La réflexivité ergative en français moderne." - In: Le français moderne, 55, 23-54.

A. Giorgi, A. Lavelli, F. Pianesi, G. Satta, O. Stock

Tre parser per una lingua

Abstract

Three parsers are described, part of the IRST effort in Natural Language Processing. The parsers share some common basic point of view, especially the fact that they are all based on the concept of chart. Yet they are differently conceived in view of their particular target: the first parser described is built specifically as a tool for interactive natural language systems; the second one is a parser conceived for the analysis of text and therefore requires broad linguistic coverage: it is based on a solid linguistic theory, namely Government and Binding; the third parser is meant to work as a component of a speech recognition system.

1. Introduzione

In questo lavoro presenteremo i risultati relativi all'analisi sintattica automatica ottenuti all'interno di diversi progetti in corso all'Istituto per la Ricerca Scientifica e Tecnologica (IRST) . All'IRST si stanno sviluppando vari componenti necessari per l'elaborazione del linguaggio naturale (in relazione a sintassi, semantica, rappresentazione delle conoscenze, pragmatica, generazione) e si sta procedendo alla loro integrazione in alcuni sistemi complessivi. Uno di questi sistemi, attualmente sotto forma di prototipo dimostrativo, è l'AlFresco Interactive System (Stock *et al.* 1990), un sistema automatico di dialogo che consente l'accesso a informazioni ed immagini sull'arte italiana del Trecento utilizzando l'italiano. L'apporto del gruppo di elaborazione del linguaggio naturale è inoltre cruciale nello sviluppo di un sistema per l'inter-pretazione del linguaggio parlato, oggetto di ricerca da parte di un altro gruppo dedicato specificamente al parlato.

Per tutti i progetti di elaborazione delle lingue naturali un componente fondamentale è l'analizzatore sintattico. Nel valutare un analizzatore sintattico si devono considerare non soltanto le caratteristiche specifiche di una lingua, nel nostro caso l'italiano, ma anche il contesto all'interno del quale esso deve essere utilizzato.

Nel nostro lavoro abbiamo tenuto conto di entrambi questi aspetti e vogliamo presentare i diversi progetti, nati dalle esperienze maturate in questo settore. Innanzitutto cercheremo di mostrare quali sono i punti assodati di riferimento e dunque qual è il quadro che sta alla base e accomuna i diversi lavori. In secondo luogo, dopo aver brevemente accennato alle esigenze specifiche che differenziano i singoli progetti, li introdurremo separatamente, dando qualche dettaglio su come essi sono organizzati e quali sono i risultati ottenuti. Si potrà notare che i lavori presentati si differenziano non solo per gli scopi diversi cui sono destinati, ma anche dal punto di vista metodologico. Infatti, essi fanno riferimento, a seconda dei casi, a un approccio di tipo ingegneristico-sperimentale, ad una teoria linguistica formale o ad aspetti di teoria dei linguaggi formali.

I contesti principali per l'elaborazione del linguaggio naturale sono:

a) Sistemi per l'interazione uomo-elaboratore, ad esempio un sistema automatico di dialogo, o un sistema di accesso all'informazione; questi sono caratterizzati normalmente da un linguaggio non particolarmente ricco, ma piuttosto flessibile, con presenza di forme idiomatiche, input malformato ecc. Deve essere particolarmente agevole il collegamento con un componente di analisi semantica per permettere una discriminazione delle analisi sulla base del contesto.

b) Sistemi per l'analisi del testo scritto, ad esempio per la comprensione e la generazione automatica di riassunti o per la traduzione automatica. Questi richiedono un'ampia copertura linguistica: i fenomeni da considerare non sono facilmente circoscrivibili.

c) Sistemi di supporto al riconoscimento del parlato; questi devono consentire di utilizzare le conoscenze "di alto livello" linguistiche e pragmatiche per poter guidare predittivamente il processo di riconoscimento. E' rilevante in questo caso una sostanziale capacità di analisi a partire da frammenti e non da una sequenza d'ingresso ben formata.

Questi sono i contesti che hanno orientato lo sviluppo dei tre analizzatori sintattici presentati in questo lavoro.

2. Tecniche di base adottate

Con il termine di *parsing* si indica il processo di analisi automatica di una sequenza di parole, secondo una grammatica preassegnata. La teoria del parsing nasce con le prime applicazioni dei linguaggi formali ai linguaggi di programmazione (per una trattazione completa si veda (Aho & Ullman 1972)); i risultati ottenuti in tale campo sono alla base delle tecniche oggi utilizzate nell'analisi sintattica automatica del linguaggio naturale.

Il punto di riferimento fondamentale adottato in tutti i progetti che discutiamo in questo lavoro è un'impostazione basata su chart parsing. Il parsing basato su chart costituisce un'idea estremamente potente per l'analisi delle lingue naturali; esso è stato proposto da Martin Kay e Ronald Kaplan (Kaplan 1973, Kay 1980). Lo scopo fondamentale dell'introduzione del chart è la riduzione della complessità di un algoritmo di parsing nondeterministico. Un tale algoritmo, in generale, deve fornire tutte le possibili strutture di una data frase. Nel corso dell'analisi, nei punti in cui si presentano ambiguità deve poter procedere in tutti i modi possibili. Nel seguire un particolare cammino, l'algoritmo produrrà un insieme di strutture.

Un frammento di frase può essere analizzato nello stesso modo nel corso di diversi cammini, che semplicemente fanno uso diverso delle medesime strutture risultanti dall'analisi del frammento (ciò è tipico di algoritmi basati su semplice backtracking: si pensi ad esempio al processo relativo all'analisi della frase *Ho visto l'uomo nel parco con il telescopio*). Un algoritmo di questo genere è esponenziale (in questo modo venivano generalmente interpretate le ATN (Woods 1970)). Introdurre un algoritmo che faccia opportuno uso di una tabella di sottostringhe analizzate, consente il passaggio a complessità polinomiale. Il parsing basato su chart ha varie caratteristiche positive che discuteremo tra breve ma sostanzialmente l'idea è che non viene mai duplicata l'analisi di una porzione di frase, facendo invece ricorso a una tabella nella quale vengono conservati i costituenti già analizzati completamente, i costituenti solo parzialmente analizzati e le ipotesi di lavoro.

L'idea di chart si applica in modo diretto ai linguaggi context-free. In relazione al linguaggio naturale va notato che: a) vi è una forte tendenza nella linguistica computazionale a cogliere nelle lingue gli aspetti context-free; b) sono state sviluppate tecniche per trattare all'interno del chart fenomeni che normalmente sono considerati non context-free, quali ad esempio frasi relative o interrogative, dove un *gap* può trovarsi arbitrariamente lontano dal suo *filler*.

Vediamo ora brevemente i principali concetti del chart. Un chart è un grafo orientato rappresentante lo stato del parser. Data la frase in ingresso, i punti di separazione delle parole vengono chiamati vertici e sono rappresentati come nodi del grafo. Per ogni vertice vi puo' essere un numero arbitrario di archi, chiamati *edge*, in ingresso ed in uscita. Una edge è dunque un collegamento tra due vertici, con il vincolo che quello d'arrivo non puo' trovarsi a sinistra di quello di partenza. Nella classica definizione del chart una edge può essere di due tipi: inattiva o attiva. Una edge inattiva identifica un costituente completamente riconosciuto (l'edge copre la sequenza di parole che formano il costituente). Una edge attiva rappresenta un costituente parzialmente riconosciuto. Per una edge inattiva c'è la specificazione della categoria del costituente. Nel caso di una edge attiva sono fornite una regola di riscrittura nella grammatica e una posizione nella parte destra della regola, indicando così cosa manca per il riconoscimento del costituente. Se la regola è

$$R: C_0 \dashrightarrow C_1 \ldots C_n$$

si devono specificare *R* ed *i* con $0 \leq i < n$. Una parola della frase è anch'essa rappresentata come una edge inattiva che connette due vertici adiacenti. Una edge attiva che non copre parole è rappresentata come una edge ciclante su un vertice.

E' importante notare che le edge sono solo aggiunte al chart, mai tolte. Una nuova edge può essere introdotta nei seguenti modi:

- (Regola Fondamentale) data una edge attiva A che copre dal vertice V_a al vertice V_b e una edge inattiva I che copre da V_b a V_c (dove A si riferisce alla regola *R* e alla posizione *i*, e la categoria di I è proprio C_{i+1}, i+1-simo simbolo della parte destra di R), allora una nuova edge E può essere aggiunta al chart, con copertura da V_a a V_c; se C_{i+1} è l'ultimo simbolo di R, allora E sarà una edge inattiva di categoria uguale al simbolo nella parte sinistra di R, altrimenti sarà una edge attiva con regola R e posizione i+1;

- edge attive ciclanti sono inserite nel chart in punti particolari in accordo con la strategia generale che viene seguita. Se il parser è top-down, allora sarà il contesto sinistro a richiedere un certo costituente in quel punto e dunque a causare l'introduzione di una certa edge ciclante in quel dato vertice, a meno che essa non vi sia già. Se il parser è bottom-up, sarà invece la successiva parola a proporla.

L'intero processo di parsing mira ad ottenere una (o più d'una, se la frase è ambigua) edge inattiva di tipo frasale che copra l'intera stringa (in realtà, per ottenere davvero complessità polinomiale si compattano in una singola edge edge della stessa categoria, che coprono lo stesso frammento).

Come detto sopra, uno dei vantaggi del parsing basato su chart è che, qualunque sia la strategia adottata, il lavoro non è mai duplicato. Se una edge attiva raggiunge un vertice da cui parte una edge inattiva e se può essere applicata la Regola Fondamentale, allora si trarrà vantaggio dalle analisi precedenti.

Un punto importante è che l'elaborazione delle singole parole è coerente con il meccanismo generale: l'ambiguità lessicale risulta nel semplice fatto che più edge inattive sono introdotte per una data parola.

Un'altra caratteristica è che al chart può essere associata un'*agenda*. In questo modo, invece di introdurre nuove edge seguendo rigidamente l'algoritmo, si possono aggiungere compiti da eseguire all'agenda e, ad ogni passo, una funzione di scheduling e di selezione può stabilire l'ordine in cui effettuarli. Qualunque tipo di controllo può essere inserito in linea di principio.

In Figura 1 viene illustrato un semplice esempio: i tre archi nella parte inferiore della figura rappresentano analisi complete (edge inattive) associate rispettivamente ai simboli X, Y e Z; l'arco nella parte superiore della figura costituisce una edge attiva associata all'analisi parziale di una regola A → XYZ, di cui sono stati riconosciuti con successo i primi due simboli del lato destro (come indicato dal punto inserito tra il simbolo Y ed il simbolo Z). L'analisi prosegue con l'introduzione di un'ulteriore edge inattiva rappresentante il simbolo A (Figura2) ottenuta dalla combinazione dell'unica edge attiva di Figura 1 con l'edge inattiva rappresentante il simbolo Z.

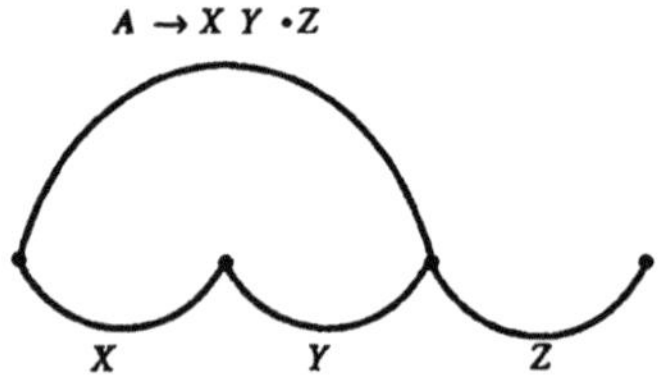

Figura 1

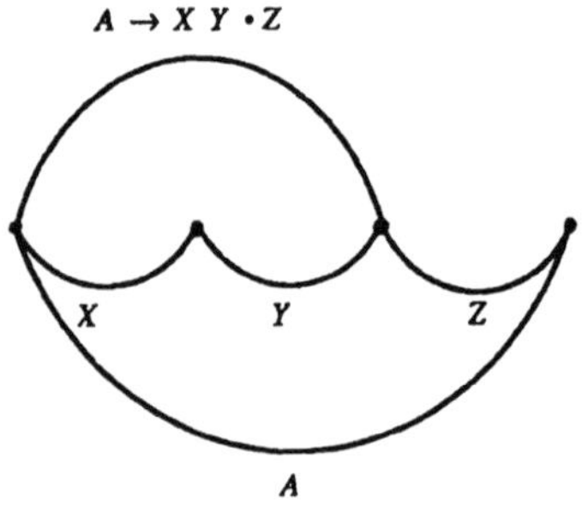

Figura 2

Un altro elemento di base, utilizzato però soltanto in alcuni dei progetti presentati, è il concetto di insiemi di "features".

Agli inizi degli anni ottanta, si è assistito ad una convergenza tra molti formalismi e diverse teorie generative verso l'adozione di un apparato formale per la rappresentazione di informazioni linguistiche generiche, basato su descrizioni a tratti complessi (complex-feature based formalism) e sull'operazione di unificazione (un ottima rassegna delle diverse proposte è riportata in (Shieber 1986)); tali formalismi vengono perciò detti formalismi ad unificazione (FU). I vantaggi di FU possono essere riassunti in quanto segue. Innanzitutto tali formalismi permettono di rappresentare in modo dichiarativo le restrizioni cui devono sottostare gli oggetti linguistici che si vogliono descrivere, senza dover specificare come tali restrizioni debbano essere effettivamente computate; tale caratteristica facilita enormemente il compito del linguista nella stesura della grammatica. In secondo luogo, si tratta di formalismi astratti (indipendenti dal dominio) dotati di interessanti capacità espressive; ciò permette la loro utilizzazione generale in un sistema integrato per l'interpretazione di NL. Infine, l'operazione di unificazione tra due descrizioni linguistiche espresse in FU può essere effettuata in una quantità di tempo quasi lineare, rispetto alla lunghezza delle due descrizioni.

3. Wednesday 2, un parser per sistemi d'interazione uomo-elaboratore

Un parser che possa servire per sistemi per l'interazione uomo-elaboratore deve avere alcune caratteristiche fondamentali:

- deve essere necessariamente flessibile e facilmente adattabile a sottolinguaggi;
- si può tollerare che nella copertura grammaticale non siano inclusi fenomeni linguistici poco frequenti in un contesto interattivo. Tuttavia deve essere in grado di analizzare frasi anche complesse quali ad esempio relative o interrogative;
- deve essere in grado di analizzare forme idiomatiche, possibilmente con una certa flessibilità;
- deve accettare forme di "input malformato", quali ad esempio forme ellittiche;
- deve consentire una strutturazione dei dati che separi informazioni lessicali, distribuzionali, semantiche;
- deve poter interagire con altri componenti, in primo luogo di analisi semantica;
- deve essere predisposto per poter portare avanti in primo luogo le analisi parziali più promettenti;
- deve essere sufficientemente efficiente.

WEDNESDAY 2 (Stock 1989) sostanzialmente risponde a queste esigenze, pur trattandosi di un lavoro sperimentale al quale stiamo aggiungendo nuove capacità (cfr.ad es. Lavelli & Stock 1990).

Il lavoro è stato implementato in Interlisp-D su Xerox-AI Processor e Sun 4, ed è dotato di una ricca interfaccia grafica che consente una facile gestione del parser e dei dati. WEDNESDAY 2 è attualmente usato nell'AlFresco Interactive System, un prototipo per il dialogo in linguaggio naturale orientato all'accesso ad informazioni ed immagini relative all'arte italiana del Trecento.

Vediamo innanzitutto alcune caratteristiche dell'organizzazione dei dati in questo parser: WEDNESDAY 2 è basato sull'assunzione che gran parte della conoscenza linguistica possa essere distribuita nel lessico. Il lessico comprende in forma compatta molte informazioni che vengono normalmente immagazzinate in una grammatica. Tali informazioni includono una rappresentazione del significato, specificazioni sintattiche "statiche" quali categoria, modo e tempo, marcatura di caso, l'indicazione della relazione tra oggetti semantici e oggetti sintattici, otttenuta attraverso funzioni grammaticali. Oltre a ciò sono specificati i vincoli che devono essere soddisfatti quando si legano "entita'" relative alla definizione della parola corrente con altre entita' che si incontrano nel processo di elaborazione della frase. Questi insiemi di vincoli (detti anche "impulsi") descrivono in forma disgiunta gruppi di parametri che comprendono diversi aspetti. Accanto a quelli "usuali" (categoria sintattica, parametri generici, quali genere, numero, persona, marcatura di caso), possono essere specificate: le posizioni relative delle entità nella sequenza, unitamente alla misura di verosimiglianza di queste posizioni; l'indicazione della presenza, ad esempio, di fenomeni di controllo del soggetto di frasi subordinate; altre misure di verosimiglianza (ad esempio della obbligatorieta' dell'occorrenza di un certo argomento). In realta' questi insiemi di vincoli rappresentano in forma compatta una serie di possibili alternative. Un aspetto caratteristico della rappresentazione lessicale in WEDNESDAY 2 è che oggetti semantici sono parte del valore delle funzioni linguistiche.

L'unico componente centralizzato del sistema, sotto forma di semplici reti (ricorsive) di transizione, tratta aspetti di distribuzione di costituenti. Il trattamento di lingue ad ordine relativamente libero diventa abbastanza naturale all'interno di questo approccio, e, in particolare, le reti centralizzate diventano molto semplici. E' importante notare che le reti non svolgono operazioni di costruzione di struttura (come in una ATN (Woods 1970)), né annotazioni, o schemi di equazioni (come nelle regole LFG (Kaplan & Bresnan 1982)). E' il lessico che fornisce le informazioni necessarie: il ruolo delle reti è semplicemente quello di restringere lo spazio dove l'unificazione può essere eseguita. L'occorrenza su un arco di un particolare simbolo, $EXP, indica che solo l'accadere di qualcosa di previsto dal contesto precedente (ossia qualcosa che soddisfa un "impulso") può permettere la transizione allo stato successivo. Le reti possono imporre una precedenza lineare generalizzata su sequenze di costituenti. Queste codificano delle informazioni (che potrebbero venire espresse da regole di riscrittura), fattorizzando in modo più perspicuo frammenti che sono comuni a diverse regole.

La struttura del parser, rappresentata schematicamente nella figura 3, è basato sull'integrazione tra chart ed una sorta di unificazione.

Collegato al parser vi è un analizzatore morfologico (Stock, Cecconi, Castelfranchi 1986) che unifica i dati delle radici con quelli degli affissi. Il lessico è strutturato attraverso prototipi di radici, in modo da fattorizzare l'informazione delle parole e rendere più agevole la gestione dei dizionari e l'introduzione di parole nuove.

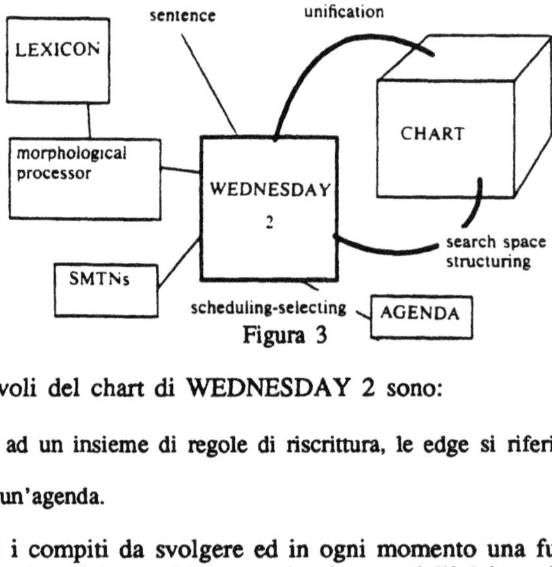

Figura 3

Alcuni aspetti notevoli del chart di WEDNESDAY 2 sono:

- anziché riferirsi ad un insieme di regole di riscrittura, le edge si riferiscono a stati delle reti di transizione.
- viene utilizzata un'agenda.

Vi vengono inseriti i compiti da svolgere ed in ogni momento una funzione di scheduling può decidere l'ordine in cui i compiti, generati nel corso dell'elaborazione, vanno effettuati. La funzione di scheduling può, con estrema facilità, definire un controllo di tipo *depth-first* oppure uno di tipo *breadth-first*, ma in generale può essere incluso qualunque tipo di controllo.

Per quanto concerne l'analisi di espressioni che comprendono dipendenze a lunga distanza (ad esempio relative o interrogative), innanzitutto non vogliamo che il processo di parsing possa essere appesantito dalla presenza di costituenti spuri, dove sia stata applicata una regola che prescrive l'introduzione di un simbolo vuoto. Ovviamente l'uso di regole di riscrittura "vuote" esercita una forte attrazione sul linguista perchè gli/le riesce così possibile dare una descrizione pulita delle strutture. Ma nel parsing c'è il problema dell'esplosione dei possibili costituenti ed è questo che noi vogliamo limitare. In secondo luogo, vogliamo che il lessico controlli anche i problemi e le idiosincrasie connesse con il procedimento di limitazione delle dipendenze permesse.

La soluzione proposta, dal punto di vista rappresentativo è molto semplice: vengono inseriti nella rete degli archi virtuali . Questo concetto potrebbe sembrare una reminiscenza delle ATN (Woods 1970). Il ruolo è simile ma il concetto è alquanto diverso. Nelle ATN un arco VIRT specifica il particolare tipo di sintagma che dovrebbe essere recuperato da un registro implicito denominato HOLD. Ovviamente quel particolare tipo di sintagma (per esempio NP o PP) è specificato nella rete centrale.

WEDNESDAY 2 capovolge l'impostazione. Un arco virtuale non ha nulla di specificato in sè: può essere oltrepassato se c'è un "impulso" o un "candidato" che, seppure al posto sbagliato, venga reso disponibile dal meccanismo del parser, e sia compatibile con la situazione determinata dalla configurazione dei vocaboli particolari in questione. L'arco virtuale viene transitato se è possibile operare una unificazione.

Le forme idiomatiche sono un fenomeno pervasivo nelle lingue naturali. Ciononostante pochi sistemi computazionali hanno affrontato seriamente l'argomento. La soluzione che proponiamo nel sistema WEDNESDAY 2 consente una notevole flessibilita', in linea con l'impostazione dell'intero parser. La comprensione di una forma idiomatica è basata sull'analisi sintattica normale con sullo sfondo un riconoscimento *word-driven*. Quando una certa soglia viene oltrepassata dal valore dell'attivazione di una forma idiomatica particolare, quest'ultimo dà il via ad un processo indipendente che può condurre ad una soluzione.

Le forme idiomatiche sono introdotte nel lessico come ulteriori specificazioni dei vocaboli, esattamente come in un normale dizionario. Possono essere di due tipi: a) espressioni stabilite una volta per tutte, che si comportano semplicemente come "parole multiple" nel lessico (non essendovi nulla di particolarmente interessante nella loro specificazione, non scenderemo in dettagli); b) forme idiomatiche flessibili; queste forme idomatiche vengono descritte normalmente in relazione a una particolare parola che le compone: ad esempio, se abbiamo una forma idiomatica come "costruire castelli in aria", la sua descrizione verrà inserita nell'entrata lessicale del verbo "costruire".

Vi sono varie possibili specificazioni dei frammenti che compongono una forma idiomatica, tra cui sequenze di parole, schemi semantici, variazioni morfologiche, coreferenze , etc.

Inoltre, sempre nel lessico vengono indicate le sostituzioni da effettuare a riconoscimento avvenuto. Tra queste la semantica idiomatica, che si suppone prenda il posto della semantica letterale e la specificazione dei valori per le funzioni linguistiche. Nuovi valori possono essere inclusi in modo tale da specificare nuove connessioni semantiche altrimenti non presenti nel significato letterale (per. es. nel caso di "prendersi cura di qualcuno", se il significato è badare a "qualcuno", allora "qualcuno" deve divenire un argomento di "badare").

In WEDNESDAY 2 l'elaborazione delle forme idiomatiche è integrata nel comportamento non- deterministico, basato su multiprocessing del parser. Mano a mano che procede la normale analisi (letterale) e vengono costruite delle rappresentazioni parziali, gli impulsi vengono *monitorati* sullo sfondo e si effettua un controllo per i possibili frammenti idiomatici. Il *monitoraggio* viene effettuato solo per frammenti di forme idiomatiche compatibili con la configurazione attuale e le forme idiomatiche vengono attivate all'occorrenza di frammenti favorevoli. In questo modo l'analisi procede basata sull'elaborazione letterale, comprese le possibili scelte non-deterministiche, lo stabilirsi di nuovi processi, ecc. Quando il livello di attivazione di una particolare forma idiomatica oltrepassa una soglia prefissata, si introduce un nuovo processo, dedicato a quella particolare interpretazione. Si noti che questo processo inizia in quel preciso momento, e tutta l'analisi letterale precedentemente svolta è recuperata nella rappresentazione idiomatica. Il processo letterale procede comunque (a meno che il frammento che ha originato il nuovo processo sia non sintattico e interpretabile solo idiomaticamente). A questo punto ci sono due processi in atto ed è compito della funzione di scheduling (esterna) decidere le priorità. Il processo idiomatico potrebbe ancora fallire: l'ulteriore avanzamento dell'analisi potrebbe non confermare ciò che è stato ipotizzato come forma idiomatica.

Questo meccanismo fornisce dunque tutte le analisi, letterali e idiomatiche, eventualmente con verosimiglianze diverse per le differenti interpretazioni. Ma naturalmente il ruolo chiave nella scelta dell'interpretazione e' svolto dal contesto semantico e pragmatico col quale il parser interagisce nel corso dell'analisi.

3.1. Aspetti dell'analisi dell'input malformato

Ci occuperemo ora di problemi connessi con la ingegnerizzazione delle interfacce in linguaggio naturale e precisamente di quell'insieme di fenomeni noti come malformatezza (*ill-formedness*). La capacità di affrontare e risolvere i problemi associati alla malformatezza è fondamentale affinché le interfacce in linguaggio naturale possano venire incontro alle esigenze degli utenti. L'obiettivo è, infatti, di permettere loro di esprimersi con relativa flessibilità e di non costringerli ad adattarsi alle idiosincrasie del sistema (si veda (Carbonell & Hayes 1983) per una vasta rassegna dei problemi di malformatezza e delle tecniche usate per risolverli).

Parlando del concetto di malformatezza, è innanzitutto necessario fare una distinzione tra malformatezza assoluta e relativa (come specificato in (Weischedel & Sondheimer 1983)). Per malformatezza assoluta si intende ciò che è ritenuto malformato da un parlante tipico: ad esempio, errori di battitura e di pronuncia, mancanza di accordo tra soggetto e verbo, errori nell'ordine delle parole, etc. La malformatezza relativa è invece un concetto che riguarda una specifica interfaccia in linguaggio naturale e ne definisce i limiti: ad esempio, parole sconosciute al sistema, costruzioni grammaticali non comprese nella grammatica del sistema, etc. In entrambe le classi la malformatezza può verificarsi nell'ambito lessicale, sintattico, semantico e pragmatico.

Passeremo ora in rassegna alcuni dei problemi che possono verificarsi ai diversi livelli e le possibili soluzioni. Cominciamo dal livello lessicale; due problemi tipici sono quelli dell'utilizzo di parole non presenti nel lessico del sistema e di errori di battitura durante la scrittura della frase in ingresso. In entrambi i casi il sistema si trova di fronte a forme che non riconosce (se prescindiamo dal caso in cui un errore di battitura produca un'altra parola presente nel lessico). Nel caso di parole sconosciute al sistema è necessario avviare un dialogo che permetta al sistema di acquisire le caratteristiche rilevanti della parola; un aspetto fondamentale di questa interazione è che all'utente sia richiesta la minor quantità possibile di conoscenza linguistica (per un esempio di un approccio di questo tipo nell'ambito di un sistema particolarmente orientato verso la facile adattabilità a domini diversi, si veda (Grosz *et al.* 1985)).

A livello sintattico un problema rilevante è quello della violazione di restrizioni sintattiche (accordi di genere, numero, problemi di sottocategorizzazione). In questo caso l'approccio più usato è quello di utilizzare delle metaregole che mettano in relazione le regole di buona formatezza delle frasi con le possibili violazioni (Weischedel & Sondheimer 1983); le violazioni portano ad una diminuzione della verosimiglianza dell'interpretazione della frase.

A livello dialogico uno dei fenomeni più importanti (soprattutto per la sua rilevanza pratica) è quello dell'ellissi interfrasale. L'ellissi è un fenomeno molto comune e frequentemente riscontrabile nei dialoghi tra persone. Gli studi finora svolti sull'interazione in linguaggio naturale con elaboratori, pongono generalmente in rilievo la frequenza di questo fenomeno (si veda, ad esempio, Eastman & McLean 1981) per uno studio sulla frequenza dei vari fenomeni di malformatezza durante interazioni in linguaggio naturale con basi di dati). Certamente il compito particolare al quale è destinata l'interfaccia determina la quantità di forme ellittiche usate, arrivando in alcuni casi a superare largamente quante se ne riscontrano nei dialoghi tra persone. Limitandoci alla cosiddetta ellissi interfrasale, possiamo tracciare la seguente distinzione (ricalcata su quella contenuta in (Weischedel & Sondheimer 1982)):

- sostituzione: quando il frammento ellittico rimpiazza una parte della frase precedente;
- espansione: quando il frammento ellittico aggiunge qualcosa alla frase precedente.

Consideriamo ora un esempio di ellissi (sul quale ci baseremo per una descrizione informale della nostra soluzione):

Utente: *Giotto ritrasse S.Francesco in un affresco di Assisi?*
Sistema: *Sì, ad esempio nella Predica agli uccelli.*
Utente: *Gioacchino in un affresco di Padova?*

Nel frammento ellittico possiamo distinguere due costituenti: il sintagma nominale *Gioacchino* e il sintagma preposizionale *in un affresco di Padova*. Il nostro approccio prevede di sostituire ad alcuni costituenti della frase precedente i costituenti riconosciuti nel frammento ellittico, rispettando sostanzialmente l'ordinamento lineare delle due frasi (ciò significa che il frammento *In un affresco di Padova Gioacchino?* non sarebbe riconoscibile e l'ellissi associata non sarebbe risolvibile). In questo caso si tratterebbe di trovare i punti della frase precedente in cui inserire i frammenti *Gioacchino* e *in un affresco di Padova*. Trovati i punti di inserimento, si fa ripartire il chart; tramite gli usuali controlli semantici in fase di unificazione viene controllata la correttezza semantica dell'ipotesi proposta. Nel nostro esempio, la prima sostituzione possibile partendo da sinistra e muovendosi verso destra è:

- *Gioacchino* al posto di *Giotto*
- *in un affresco di Padova* al posto di *in un affresco di Assisi*

che produce la frase *Gioacchino ritrasse S.Francesco in un affresco di Padova?*. In realtà già durante l'unificazione in una fase iniziale ciò viene respinto per motivi semantici e contestuali (poiché non esiste un pittore di nome *Gioacchino*). Si tenta allora la successiva sostituzione:

- *Gioacchino* al posto di *S.Francesco*
- *in un affresco di Padova* al posto di *in un affresco di Assisi*

che produce la frase *Giotto ritrasse Gioacchino in un affresco di Padova?* la quale rappresenta l'interpretazione corretta dell'ellissi.

Si deve sottolineare che la non duplicazione del lavoro, caratteristica principale del chart, è rispettata dalla nostra soluzione, dal momento che, come si vedrà quando specificheremo più precisamente l'algoritmo, si conserva il meccanismo di base del caso più generale.

Descriviamo ora in maniera un po' più precisa il nostro algoritmo per la soluzione dell'ellissi. Faremo ciò considerando in tutta generalità il caso complesso, ossia la sostituzione (anche multipla). Innanzitutto si provvede a salvare il chart, detto *chart modello*, costruito per la frase in ingresso (ovvero si salvano tutte le edge, attive ed inattive, che hanno contribuito alla costruzione dell'analisi corretta per tale frase); poi, si tenta di analizzare la successiva frase ellittica, costruendo parzialmente un'altra struttura, detta *chart dei frammenti* (la costruzione di questa seconda struttura potrà venire eventualmente portata avanti e conclusa durante la risoluzione dell'ellissi).

L'algoritmo di trattamento dell'ellissi consiste nella scansione alternata del *chart modello* e del chart *dei frammenti*. Quando si trova un vertice nel *chart modello* dal quale esce una edge ciclante della stessa categoria della edge inattiva I' uscente dal vertice del *chart dei frammenti* sul quale si è posizionati, allora si sostituisce alla edge inattiva I (generata a partire dalla edge ciclante data) del chart modello la edge inattiva I' del *chart dei frammenti*. Quindi si fa ripartire il chart con il meccanismo usuale (la sostituzione non riguarda solamente la edge I, ma anche tutte le edge inattive che tale edge *sussume* e tutte le edge attive che *sussumono* la edge I o qualcuna delle edge *sussunte* da I; questo aspetto dell'algoritmo si ricollega con alcune tecniche utilizzate in Wirén (1989). L'impostazione è *expectation-driven*, poiché l'edge ellittica viene inserita dove c'è una edge ciclante che la vuole; in tale modo si tiene conto delle aspettative create dalla frase precedente che guidano la ricerca della soluzione dell'ellissi.

Grazie all'utilizzo di un'Agenda per gestire il funzionamento del chart, l'algoritmo risulta sufficientemente semplice e modifica solo in maniera limitata il normale funzionamento del parser. Esso è composto da due fasi distinte:

i) una parte di attivazione del meccanismo (cioè la ricerca del vertice dove inserire il primo frammento per fare poi ripartire il normale meccanismo del chart);
ii) la fase successiva che comporta solo la modifica della funzione di selezione dei task contenuti nell'Agenda.

4. Il sistema GBP - Government and Binding Parser

Come si è già detto, l'analisi del testo scritto richiede una notevole copertura dei fenomeni linguistici da parte del sistema di parsing e, quindi, rende opportuno il ricorso ad una teoria linguistica dal forte potere predittivo. A tale scopo, è in corso di sviluppo un sistema di parsing basato sulla teoria del Government and Binding (GB), al quale ci riferiremo con il nome di Government and Binding Parser (GBP). Prima di addentrarsi nella descrizione delle parti già implementate, sembra opportuno riassumere brevemente alcune delle idee e nozioni di tale teoria.

4.1. Introduzione alla teoria del Government and Binding

L'architettura concettuale della teoria del Government and Binding è modulare, nel senso che è costituita da varie sotto-teorie indipendenti, ciascuna delle quali interagisce con le altre allo scopo di determinare quali sono le frasi grammaticali di una lingua e quale interpretazione a livello di Forma Logica vada ad esse associata. Questo risultato è reso possibile dal ricorso ai principi quale strumento rappresentativo, cioè ad una formulazione assiomatica della teoria, a differenza di quanto avveniva nel quadro teorico precedente, cosiddetto "trasformazionale" (Chomsky 1965), basato, invece, essenzialmente su "regole".

Tale tipo di grammatica viene detta modulare anche nel senso che prevede vari livelli di rappresentazione per ciascuna delle espressioni generate. Consideriamo lo schema seguente:

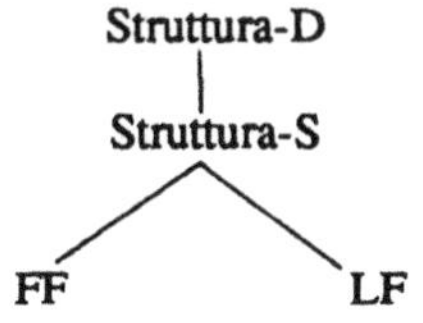

Figura.4

In termini tecnici, la struttura-D, è una pura rappresentazione delle relazioni tematiche, di cui parleremo più diffusamente fra breve, cioè dei ruoli semantici che gli elementi lessicali assegnano ai loro argomenti. Anticipiamo qui che tale assegnazione è locale, essenzialmente limitata dalla relazione "fratello di"; quando un argomento appare in una posizione diversa da quella tematica, si dice che esso è stato "mosso" in un'altra posizione, lasciando in quella di base una categoria vuota, o "traccia".

La struttura-S, può essere definita come una struttura "annotata", dove le posizioni che si riferiscono allo stesso argomento sono coindicizzate; FL sta per Forma Logica e FF per Forma Fonica.

Dal punto di vista di un sistema di *parsing*, la modularità è una caratteristica importante in quanto consente di articolare il processo di analisi della frase in vari sotto-processi, strutturati sulla base dei principi della teoria. GBP tiene conto di ciò e consta quindi di vari algoritmi che implementano il modulo del legamento (*binding*), il modulo del vincolamento (*bounding*), la teoria del Caso e la teoria tematica. Il Principio di proiezione, la nozione di c-comando ed i requisiti di località sono invece direttamente codificati negli algoritmi. La teoria X-barra, insieme al lessico, è un componente di base, che consente di creare la struttura necessaria per le successive operazioni.

La teoria X-barra fa riferimento in modo cruciale alla nozione di costituente, o sintagma. Così come è di uso comune in ogni teoria sintattica, assumiamo che le parole possano essere classificate in un numero ristretto di categorie definite distribuzionalmente. I tipi fondamentali di categorie sono quelle lessicali, Nome (N), Verbo (V), Aggettivo (A) e Preposizione (P), e quelle non-lessicali: la Flessione (F), che include gli ausiliari e gli affissi verbali; il Complementatore (C), per esempio *che* in italiano o *that* in inglese; i Determinanti (D), cioè gli articoli e altri elementi che introducono le espressioni nominali.

Una frase, tuttavia, non può essere considerata soltanto come una pura concatenazione di categorie, dato che le parole possono essere raggruppate definendo unità più ampie. In termini tecnici, diremo che ogni parola è una *testa* e che ogni testa proietta un costituente più ampio, dello stesso tipo categoriale; il nodo più alto verrà chiamato *proiezione massimale*. Tali proiezioni massimali sono: Sintagmi Nominali (SN), Sintagmi Verbali (SV), Sintagmi Aggettivali (SA), Sintagmi Preposizionali (SP), Sintagmi Flessionali (SF) e Sintagmi Complementatori (SC)[1].

---

[1] La testa D proietta anch'essa un costituente, SD, che, per semplicità, verrà omesso nei nostri esempi.

La teoria X-barra identifica alcune invarianti nelle possibili configurazioni gerarchiche. Jackendoff (1977) ha osservato che, indipendentemente dalla categoria lessicale che appare in una certa struttura, il modo in cui una testa definisce le sue proiezioni ubbidisce ad alcune restrizioni generali. Ogniqualvolta ci sia una testa X, ci sarà anche una proiezione massimale, identificata come SX, o X'', ed almeno una proiezione intermedia, che chiameremo X'. Inoltre, la teoria X-barra definisce i livelli a cui gli argomenti della testa devono essere attaccati; la proiezione intermedia X' consiste di X e dei suoi "Complementi" (uno o più di uno), la proiezione successiva, X'' consiste invece di X' e del suo "Specificatore"; la teoria X-barra, in altre parole, definisce uno schema di struttura sintagmatica[2]. Una tale configurazione schematica ha perciò la seguente forma:

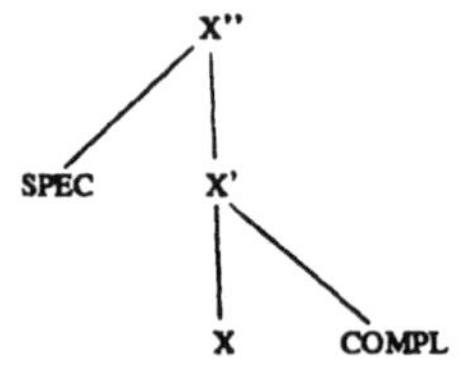

Figura 5

E' da notare, in ogni caso, che i termini Specificatore e Complemento non identificano di per sé delle categorie, ma solo posizioni che verranno occupate da elementi differenti, appartenenti a vari tipi categoriali. Una volta, quindi, che le relazioni strutturali siano stabilite, è necessario sfruttare ulteriore informazione per proiettare un vero e proprio costituente. In altre parole, bisogna decidere quali categorie possono occupare le posizioni di Complemento e Specificatore, sulla base delle proprietà semantiche delle varie teste. Ogni testa lessicale (A, V, N, P) assegna una interpretazione semantica, in termini tecnici *tematica*, a tutti i suoi complementi. L'assegnazione tematica avviene in un contesto locale in quanto ogni testa può specificare le sue relazioni semantiche rispetto a costituenti "vicini". Tutte le teste lessicali assegnano un'interpretazione tematica ai loro argomenti, al contrario delle teste non lessicali, che si limitano a trasmettere attraverso le loro proiezioni i theta-ruoli di un'altra testa lessicale.

La restrizione relativa ai theta-ruoli può essere espressa dal seguente principio:

(1) *Criterio tematico (theta)*: Ad ogni argomento deve essere assegnato un ruolo tematico ed uno solo.

Un'altra importante caratteristica degli SN è costituita dal Caso. Ogni SN deve ricevere un Caso astratto; ne segue quindi un principio generale sulla distribuzione degli SN, chiamato *Filtro di Caso* (cfr. Chomsky 1981):

(2) *SN, se SN non ha Caso[3].

---

[2] E' da notare che la direzione di ramificazione del Complemento, e dello Specificatore, rispetto alla testa possano variare da una lingua all'altra. In Italiano, per esempio, il complemento segue il Verbo, dando luogo, di solito, all'ordine VO; in altre lingue, per esempio in giapponese, l'oggetto precede il Verbo e quindi l'ordine di base è OV.

[3] In realtà, il criterio tematico ed il filtro di Caso devono essere soddisfatti non da un singolo elemento, ma da un un insieme di (una o più) posizioni, detto "catena".

L'assegnazione di Caso è anch'essa un fenomeno locale (senza che sia necessario distinguere fra categorie lessicali e non lessicali, come invece avviene per l'assegnazione di *theta*-ruolo).

Consideriamo a questo punto il *Principio di Proiezione*. Tale principio stabilisce che la struttura lessicale deve essere rappresentata categorialmente ad ogni livello sintattico. Ciò significa che il *theta*-criterio deve essere soddisfatto a livello di struttura-D, struttura-S (e FL). Questo principio ha un forte potere predittivo, in quanto ne segue che se un argomento è previsto in una certa posizione, esso *deve* essere presente, anche se non foneticamente realizzato; in tal caso, si ipotizza una categoria vuota nella posizione in questione. Un'altra conseguenza importante è che, dato il *theta*-criterio, il movimento di una proiezione massimale è possibile solo ad una posizione non tematica, dove cioè non venga assegnato alcun *theta*-ruolo. Infatti, se una posizione è tematica, nella struttura-D essa sarà occupata da un argomento con un *theta*-ruolo. Se tale argomento viene poi mosso ad una posizione non tematica, nella struttura-S continuerà a soddisfare il *theta*-criterio, ricevendo il *theta*-ruolo tramite la "catena" che collega tale argomento alla sua traccia, cioè alla posizione originaria. Se invece venisse mosso ad una posizione tematica, violerebbe il *theta*-criterio, in quanto finirebbe col ricevere due *theta*-ruoli. Infine, se una posizione è non tematica, ogni argomento che vi apparisse a livello di struttura-D, violerebbe il *theta*-criterio per mancanza di *theta*-ruolo. Le *posizioni non tematiche* sono la posizione di soggetto nel caso di costruzioni passive, dei verbi a "sollevamento", quali *sembrare* o *risultare*, o dei verbi cosiddetti "ergativi" (cfr. Perlmutter (1978), Burzio (1981, 1986)) che hanno la proprietà di identificare solo argomenti interni.

Le categorie vuote sono: la traccia di Sintagma Nominale (t_{SN}) che occupa nella struttura-S la posizione tematica, il soggetto di frasi infinitivali, *PRO*, ed il soggetto zero di frasi temporalizzate, *pro*, e la categoria vuota connessa con un elemento in posizione di operatore (traccia di *wh*-, o variabile). Analizziamo il seguente esempio:

(3) La mela$_i$ è stata mangiata t_i (da Gianni)

In (3) si ha un verbo passivo, che cioè non assegna *theta*-ruolo alla posizione di soggetto; t_i deve essere ipotizzata nella posizione tematica di oggetto del Verbo come conseguenza del Principio di Proiezione. Quindi, la catena (*la mela, t_i*) soddisfa il *theta*-criterio, dato che nella posizione occupata dal SN lessicale non viene assegnato alcun *theta*-ruolo. La stessa catena soddisfa, inoltre, il filtro di Caso, dato che la posizione occupata da *la mela*, viene marcata per Nominativo; in questo esempio, quindi, i vari principi della teoria vengono tutti soddisfatti.

Consideriamo, ora, il soggetto dstrutture infinitivali, PRO:

(4) Gianni$_i$ pensa [$_{SC}$ di [$_{SF}$ PRO$_i$ studiare il russo]]

In (4), il Principio di Proiezione impone la presenza di un soggetto che in questo caso non è lessicalmente realizzato e viene indicato con PRO. A questo elemento viene assegnato un *theta*-ruolo, ma non un Caso; per soddisfare il Filtro di Caso, quindi, Chomsky (1981) propone che PRO sia marcato intrinsecamente per Caso. In questa sede, non discuteremo ulteriormente questa ipotesi, ma rimandiamo per un'analisi più approfondita all'opera citata. Si noti che, in (4), PRO deve necessariamente essere interpretato come coreferente con *Gianni*, cioè con uno degli argomenti del verbo della principale; ciò non è sempre vero ma, accanto a questa possibilità, ve ne è un'altra, e cioè che PRO sia arbitrario, o generico (per ulterioiri approfondimenti, vedi Manzini (1983)). E' da notare che PRO, pur essendo coindicizzato con *Gianni*, non è in catena con quest'ultimo, in quanto *Gianni* riceve un'interpretazione tematica dal verbo della principale, cioè *pensare*.

Consideriamo adesso il soggetto zero di frasi temporalizzate. Su questo fenomeno esiste una vasta letteratura (cfr. per esempio, Rizzi (1982), Jaeggli (1980), Kayne (1982)) che qui non discuteremo. Vediamo brevemente i seguenti esempi:

(5) a. pro_{pro} telefonerà
b. $pro_{espl/i}$ telefonerà $Gianni_i$
c. $pro_{espl/i}$ arriverà $Gianni_i$

In (5)a., il Principio di Proiezione porta ad ipotizzare una categoria vuota soggetto: pro_{pro}; tale categoria vuota si differenzia da PRO, in quanto non è regolata dai principi della teoria del controllo che determinano la referenza di PRO. Mentre in (5)a. il pro_{pro} si comporta, quanto a referenza, come un pronome, in (5)b e (5)c, data la possibilità per lingue come l'italiano di avere il soggetto in posizione postverbale, si può argomentare che quest'ultimo sia coindicizzato con un *pro* espletivo (analogo a *there* o *it* dell'inglese), situato nella posizione di SPEC di F''. E' da notare che (5)b si differenzia da (5)c perchè in (5)b la posizione tematica è quella occupata dall'espletivo, che riceve anche il Caso, mentre in (5)c, dato quanto si è detto sui verbi ergativi, la posizione tematica è quella occupata da *Gianni*, mentre, ancora una volta, la posizione di soggetto preverbale riceve il Caso[4].

Per rendere maggiormente esplicita la caratterizzazione di questi elementi è stato introdotto un ulteriore tratto, e precisamente [argomentale +], [argomentale -], che permette di distinguere gli elementi referenziali, e cioè gli SN lessicalmente realizzati, il PRO ed il *pro* non espletivo, da quelli non referenziali, quali t_{SN} e il *pro* espletivo. Consideriamo il seguente esempio:

(6) *Gianni arriva Mario

Se non si ipotizza che in una catena debba comparire uno e un solo elemento argomentale, *Mario* e *Gianni* verrebbero a costituire una catena ben formata, in quanto *Mario* riceverebbe *theta*-ruolo e *Gianni* riceverebbe Caso. Tuttavia, dato che entrambi vengono specificati come [+argomento], ne segue che la catena non può essere costituita e che quindi la struttura in questione viola il Filtro di Caso, in quanto *Mario* non riceve Caso, e il criterio tematico, in quanto *Gianni* non riceve *theta*-ruolo.

Il modulo del legamento rende conto della distribuzione e delle proprietà referenziali delle anafore (cioè dei pronomi riflessivi, quali *se stesso*), dei pronomi, possessivi e non (per esempio *lui, suo*) e delle espressioni referenziali (quali *Gianni, l'uomo che ho incontrato ieri*) relativamente alla struttura frasale in cui essi compaiono. Illustreremo brevemente i principi di tale teoria, senza entrare nei dettagli. E' un fatto noto che i Sintagmi Nominali devono ricevere un'*interpretazione*, cioè gli deve essere attribuita una referenza. Le tre classi che abbiamo appena elencato ubbidiscono ciascuna ad una condizione specifica. Le anafore devono avere un antecedente nella stessa frase dove compaiono; un pronome è dotato di referenza intrinseca, cioè può riferersi ad un oggetto del mondo, ma presenta delle restrizioni relative a degli elementi con cui *non può* essere

[4] Date le limitazioni di questa trattazione, non ci è possibile estendere l'analisi a categorie differenti dalle strutture frasali; ci sembra importante, però, mettere in evidenza che principi del tutto analoghi valgono all'interno dei Sintagmi Nominali.

coreferente (cioè da cui deve essere *disgiunto*, cfr. Lasnik, 1976); le espressioni referenziali sono dotate di referenza intrisica ed ubbidiscono anch'esse ad una condizione di disgiunzione, simile a quella dei pronomi[5]. Consideriamo i seguenti esempi:

(7) a. Gianni$_i$ ama se stesso$_i$
b. Gianni pensa che Maria lo ami
c. Gianni pensa che Maria ami Gianni

In (7)a., *se stesso* ha *Gianni* come antecedente, in termini tecnici, *Gianni* lega *se stesso* . In (7)b. il pronome *lo* può essere coreferente con *Gianni*, sebbene non obbligatoriamente. In (7)c., al contrario, perchè la frase sia grammaticale, le due occorrenze di *Gianni* devono identificare persone diverse. I risultati che abbiamo ottenuto fino a questo punto si possono riassumere così: un'anafora deve sempre avere un antecedente, un pronome può averne uno, una espressione referenziale non deve avere antecedente. Esistono comunque altre proprietà che devono essere prese in considerazione. Consideriamo nuovamente la distribuzione dei pronomi:

(8) Gianni lo ama

Lo non può essere coindicizzato con *Gianni*, contrariamente a quanto accade in (7)b. Si può concludere quindi che il pronome deve ubbidire ad una regola di disgiunzione, limitatamente ad un certo dominio più o meno corrispondente alla frase minimale che lo contiene.

Le relazioni di *binding* possono essere stabilite solo fra elementi che si c-comandano, dove la relazione di c-comando viene definita come segue:

(9) α c-comanda β se e solo se $\alpha <> \beta$, a non domina b, e il primo nodo μ che domina α domina anche β

Consideriamo i seguenti esempi:

(10) a. *La madre di Gianni ama se stesso
b. La madre di Gianni$_i$ lo$_i$ ama

(10)a. è agrammaticale perchè l'anafora non può avere un antecedente compatibile per tratti morfologici che la c-comandi, in quanto *Gianni* è incassato in un altro Sintagma Nominale; esattamente questa proprietà rende possibile la coindicizzazione fra *lo* e *Gianni* in (10)b. La nozione di c-comando è cruciale anche in altri moduli, in particolare in quello del *bounding*, in generale, si può dire che le relazioni sintattiche vengono istanziate solo fra nodi che si c-comandano[6].

---

[5] In questa sede non ci occupiamo dei cosiddetti epiteti, vedi Lasnik (1989, cap. 9) per un'analisi di alcuni dei fenomeni rilevanti.

[6] I principi di *Binding* possono venire espressi come segue:
A: un'anafora deve essere legata nel suo dominio di località
B: un pronome deve essere libero nel suo dominio di località
C: una espressione refrenziale deve essere libera
Per una discussione vedi Chomsky (1986a)

Per quanto rigurada le relazioni operatore-variabile, cioè il modulo del *bounding*, rimandiamo alla bibliografia rilevante[7]. In questa sede ci basterà mettere in evidenza come la teoria da noi adottata faccia riferimento alla nozione di *connessione* , sviluppata originariamente da Kayne (1983), così come è stata revisionata da Longobardi (1988). La connessione è una condizione di buona formatezza sui cammini (*paths*) che collegano una variabile con l'operatore corrispondente; le nozioni di c-comando e località (governamento) hanno un ruolo fondamentale nel definire quali siano i percorsi possibili. Consideriamo alcuni esempi:

(11) a. Chi$_i$ pensi che Maria abbia incontrato t$_i$?
b. Il ragazzo$_i$ che penso che Maria abbia incontrato t$_i$ è simpatico

(12) a. Questo è un libro$_i$ che devi leggere t'$_i$ attentamente prima di recensire t$_i$
b. Questo è un libro che devi leggere attentamente, prima di poter recensire quell'articolo
c. *Questo è un libro$_i$ che devi leggere quell'articolo prima di poter rencesire t$_i$

(11)a e b. illustrano due casi di struttura operatore-variabile, le interrogative e le relative[8]. Gli esempi al punto (12) riguardano dei fenomeni particolarmente interessanti, di cui si è tenuto conto negli algoritmi seguenti. Nella frase (12)a. vi sono due categorie vuote, con due interpretazioni tematiche differenti, che si connettono allo stesso operatore; la seconda di queste categorie vuote (t$_i$) è in una posizione che non soddisfa, da sola, le condizioni di grammaticalità, come illustrato in (12)c, in quanto è un contesto non accessibile all'operatore (*isola*). Tale categoria vuota viene detta *parasitic gap* , dato che può esistere solo "parassiticamente", associandosi ad un'altra variabile, in posizione lecita, cfr. es. (12)b.

4.2. Descrizione di GBP

GBP è articolato in due sottoparti, corrispondenti a due distinti livelli di analisi della frase: il primo livello include rappresentazioni e processi orientati ai fenomeni sintattici di tipo locale; nel secondo livello l'attenzione è focalizzata sui fenomeni non-locali (catene, sia di tipo A che A', legamento, ecc..).

La teoria X-barra e parte delle teorie del Caso e dei ruoli tematici, sono i principali referenti del primo livello. Le informazioni sono specificate tramite un **lessico** ed una **grammatica**; ambedue utilizzano un formalismo ad attributi-valori complessi[9]. In tale contesto, un oggetto sintattico (un sintagma) è composto da un albero etichettato, una struttura ad attributi-valori complessi (SF) e da una funzione che associa ogni nodo

---

[7] Vedi, fra gli altri, Kayne (1983), Chomsky (1986b), Longobardi (1988), Cinque (forthcoming). Vedi anche Giorgi, Pianesi, Satta (1990b) per una discussione delle conseguenze computazionali di tale approccio.

[8] Vi sono varie altre costruzioni che condividono le stesse proprietà: le strutture topicalizzate, le strutture dislocate, le comparative ecc.

[9] Con tale termine ci si riferisce ad un membro dello stesso gruppo di formalismi grammaticali che include sistemi quali PATR-II, (Shieber 1986), il sistema proposto in (Rounds & Kasper, 1986), le FUG di Kay (1979) e così via.

dell'albero con un elemento della FS[10]. A titolo di esempio, nella figura 6 è riportata la FS corrispondente alla stringa *l'opera* .

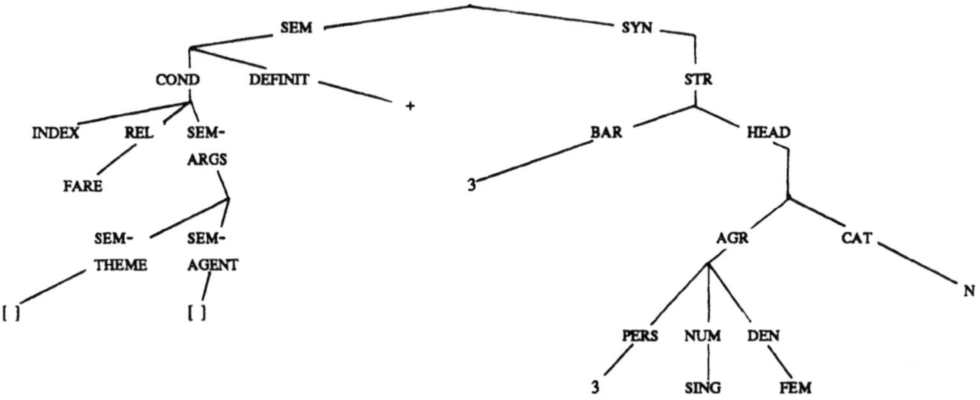

Figura 6

Lo scopo del processo di parsing, almeno di quello che si svolge al primo livello, è di assegnare ad ogni stringa un oggetto del tipo descritto. La rappresentazione strutturale della frase viene generata a partire da una grammatica libera dal contesto che soddisfa ai principi della teoria X-barra. Quindi, tra l'altro, ogni produzione della grammatica avrà una ed una sola testa, cioè un unico simbolo nella parte sinistra (a) categorialmente identico al simbolo che figura nella parte destra, (b) con un livello di barra inferiore di una unità a quello di quest'ultimo. In GBP, tuttavia, le regole di produzione non sono rappresentate come tali ma sotto forma di reti di transizione ricorsive (RTR). Nella figura 7 viene riportato un esempio.

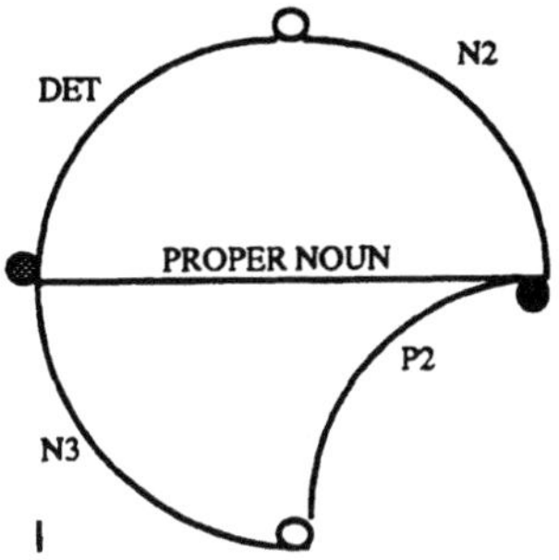

Figura 7

Una RTR è un grafo i cui nodi rappresentano gli stati della computazione mentre un arco tra due nodi n1 ed n2, è la descrizione di un costituente; la computazione può passare dallo

[10] In questo lavoro si assume che le strutture ad attributi-valori complessi siano rappresntabili come grafi diretti aciclici, **dag**, vedi Shieber (1986); altri autori hanno proposto altre definizioni di strutture ad attributi-valori, per esempio come elementi di uno spazio di funzioni (Kaplan and Bresnan, 1982) oppure elementi di un dominio informativo (Pereira and Shieber, 1984), ecc..

stato n1 a quello n2 solo se un costituente come quello descritto dall'arco (n1 n2) viene incontrato. In un sistema di parsing tradizionale, la descrizione di ogni costituente si limita ad essere una etichetta che identifica la sua categoria sintattica; viceversa, nei sistemi che fanno ricorso a strutture attributo-valore, è un oggetto complesso cioè, di nuovo, una SF; un oggetto sintattico è compatibile con una data descrizione solo se il suo contenuto informativo non contraddice quello di quest'ultima. Infine, ad ogni arco della rete di transizione è associata una ulteriore etichetta, detta **cotype**, che viene utilizzata durante il processo di parsing per riferirsi alla SF dell'oggetto sintattico assegnato all'arco in questione.

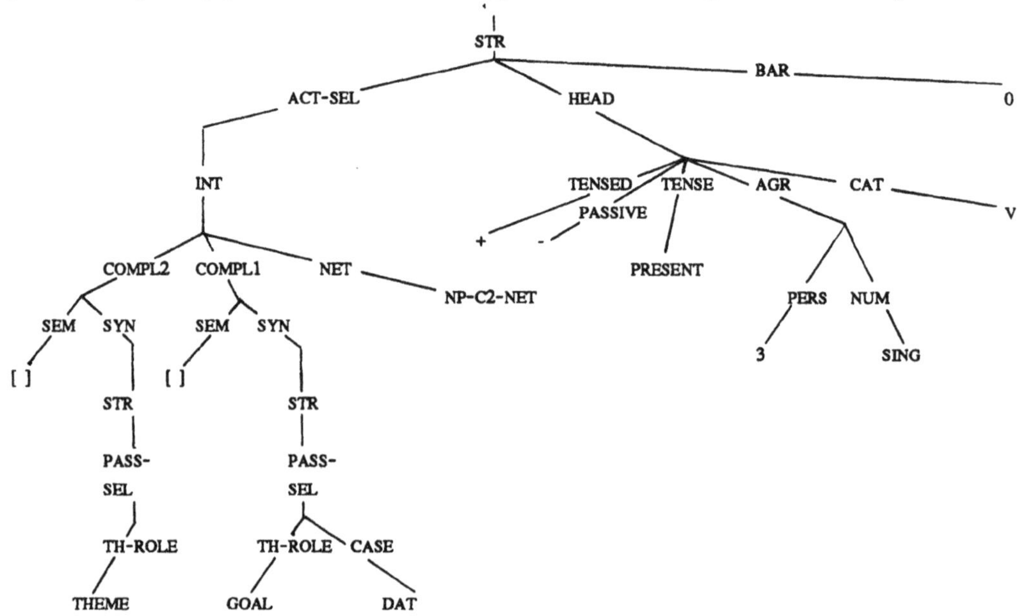

Figura 8

Mentre la RTR specifica restrizioni sugli oggetti sintattici ben formati, cioè è essenzialmente un insieme di loro descrizioni, il lessico è una collezione di tali oggetti. Ogni entrata lessicale comprende tre elementi: un identificatore per l'item lessicale (il suo nome), una etichetta sintattica ed una SF (dag). Come si vede dalla figura 8, dove viene riportato il dag associato alla entrata lessicale del verbo *dice*, le informazioni predominanti sono quelle dei sottomoduli di GB assegnati al primo livello, con in più caratteristiche lessicali quali quelle attinenti alla selezione.

4.2.1. Selezione

Le proprietà di selezione (in senso lato, "sottocategorizzazione", che qui includerà sia la c-selezione che la s-selezione di Chomsky (1986a)) di alcuni dei costituenti proiettati da teste lessicali (la selezione di IP da parte di Cϕ, di VP da parte di Iϕ, ecc..) sono direttamente codificate nella rete, mentre quelle relative ad elementi lessicali si trovano nel lessico[11]. In molti sistemi basati su formalismi ad unificazione (così come nell'ambito di alcune teorie della grammatica che incorporano oggetti ad attributi complessi nel proprio formalismo, vedi per esempio HPSG (Pollard, Sag 1987)) si codifica la sottocategorizzazione assegnando alla SF delle teste un attributo che assume per valore liste di SF; il processo di sottocategorizzazione viene, allora, ottenuto unificando gli elementi di tale lista con le SF associate ad elementi che si trovano nella stesso dominio locale della testa in questione[12]. Nonostante la sua semplicità concettuale, tale metodo non si adatta bene alle caratteristiche del nostro sistema, da un lato a causa del differente formato di rappresentazione della grammatica, RTR vs. regole di produzione, dall'altro per il fatto che rende più costoso tenere conto di fenomeni di variazione di ordine tra i costituenti sottocategorizzati (per esempio, tra oggetto diretto ed oggetto indiretto). Si è, quindi, preferito sostituire la lista di sottocategorizzazione con un frammento di RTR, all'interno della quale fosse facile tenere conto di eventuali variazioni di ordine tra gli elementi e nell'utilizzare tali reti come valore dell' attributo di cui sopra. Così, nella figura 8, la sottocategorizzazione dell'item *dice* è data dal valore del cammino <STR ACT-SEL INT NET>, cioè la rete identificata come NP-C2-NET.

In aggiunta a ciò, restrizioni di vario tipo possono venir specificate sulla forma degli elementi sottocategorizzati, facendo riferimento al loro cotype. Infatti, al fine di evitare una inutile proliferazione di reti di sottocategorizzazione, sembra utile distinguerle essenzialmente in base alle loro caratteristiche strutturali, così che, per esempio, due item lessicali, che sottocategorizzino entrambi per un SN, vengano ad avere la stessa rete di sottocategorizzazione (ciò non risulterebbe vero qualora uno dei due sottocategorizzasse anche per un SP). Eventuali differenze aggiuntive, per esempio relative all'assegnazione di Caso, ruolo tematico ecc., sono specificate direttamente all'interno dell'item selezionante facendo ricorso ai cotype degli oggetti sottocategorizzati.

Tutto ciò riguarda essenzialmente il livello della rappresentazione; per comprendere come il parser elabori tali informazioni, va aggiunto che la specificazione di una testa lessicale, nella grammatica, è seguita da un arco particolare, al quale è assegnata l'etichetta META. Ogni volta che il parser incontra un tale oggetto, va a leggere nella descrizione della testa lessicale adiacente la rete di sottocategorizzazione e continua la computazione muovendosi su quella.

4.2.2. Il parser

Sia il Chart Parsing che l'algoritmo di Earley (Earley 1970) sono rimasti per lungo tempo legati ad uno schema di computazione direzionale, tipicamente da sinistra a destra, che diventa una limitazione, soprattutto a fronte di una teoria della struttura frasale come la teoria X-barra. All'interno di quest'ultima, infatti, la maggior parte delle informazioni sono concentrate sulla testa lessicale e da essa si propagano a tutti i successivi livelli di

[11] Secondo la terminologia di Chomsky (1986a), solo gli argomenti interni sono c-selezionati e q-marcati direttamente dal verbo, quindi qui ci si occupera' della selezione solo di questi ultimi mentre si lascera' al Principio della Interpretazione Completa (Full Interpretation Principle) il compito di richiedere la presenza del soggetto. Questo ultimo viene *theta*-marcato composizionalmente dal VP.

[12] Dato un albero di derivazione per una frase, chiamiamo *dominio di località* l'insieme formato da un nodo (padre del dominio) e da tutti i suoi figli; corrisponde all'albero generato da una singola regola di riscrittura.

proiezione, fino a quello massimale. Ognuna di tali proiezioni può specificare restrizioni sulla forma di costituenti che si trovano nello stesso dominio di località mentre, almeno per quanto riguarda i tipi di interazione che qui sono stati collocati al primo livello di analisi, è molto raro, all'interno di teorie linguistiche come GB, che la forma di una proiezione (costituente) massimale dipenda da quella di altre proiezioni massimali che si trovino all'interno della stessa regola di riscrittura. La testa di un costituente, quindi, gioca un ruolo centrale nel determinare la buona formatezza del constituente stesso, ma un parser tradizionale, che lavori da destra a sinistra (o viceversa) non riesce a sfruttare adeguatamente queste informazioni e deve ipotizzare costituenti prima di sapere quali restrizioni verranno imposti su di essi.

Tenendo conto di tali considerazioni, si è deciso di adottare uno schema di parsing che procedesse bidirezionalmente, cioè sia verso sinistra che verso destra, a partire dalle teste (quindi, fondamentalmente bottom-up; vedi Satta & Stock (1989)). In tal modo risulta possibile l'eliminazione anticipata di interpretazioni parziali detestinate a fallire a causa di incompatibilità con le informazioni portate dalla testa. Tale algoritmo di parsing richiede che in ogni regola di riscrittura sia presente uno ed un solo simbolo, nella parte destra, etichettato come testa della regola stessa; per quanto riguarda le RTR, data una qualunque di esse (fanno eccezione quelle che codificano *frames* di sottocategorizzazione), ogni sequenza di archi i cui punti iniziale e terminale siano, rispettivamente, uno stato di entrata ed uno di uscita, deve contenere uno ed un solo arco marcato come testa.

4.2.3. Il secondo livello

La trattazione dei fenomeni non locali è stata demandata ad una serie di moduli che, nel loro insieme, costituiscono quello che abbiamo chiamato il secondo livello di analisi. Si noti che ciò non vuol dire che le computazioni vengono effettuate in due 'passate' successive, ma, piuttosto, che esiste una differenza sostanziale tra i tipi di informazione e di computazioni che hanno luogo nei due casi. In particolare, il formalismo ad attributi-valori gioca un ruolo marginale, non tanto perchè non sia possibile affrontare per suo tramite i problemi che più avanti presenteremo, ma piuttosto per il fatto che ciò avrebbe richiesto rappresentazioni più complesse e computazioni più laboriose di quelle che si sono dimostrate essere effettivamente necessarie. In alcuni casi, come in quello della elicitazione dei Sintagmi Nominali (SN), si farà ricorso a strutture attributo-valore; tuttavia, dalla discussione risulterà evidente come queste siano estremamente semplificate (tutti gli attributi ricevono solo valori atomici) e come il numero di attributi coinvolti sia molto basso, non più di tre. Nel prossimo paragrafo analizzeremo il modulo relativo alla elicitazione dei sintagmi nominali, successivamente quello del legamento e termineremo con l'analisi del movimento WH.

4.2.4. L'elicitazione dei Sintagmi Nominali e l'analisi delle categorie vuote

Questo modulo si occupa della elicitazione dei Sintagmi Nominali e della determinazione della natura delle categorie vuote. L'interazione tra principi della teoria linguistica nell'elicitazione degli SN, analizzata nei precedenti paragrafi, può venire espressa, ai fini computazionali, mediante due modalità complementari: da un lato, possono venir collocate la teoria del Caso, la teoria tematica ed il Principio di Proiezione, nella loro azione su singoli SN; nell'altra modalità è determinante l'apporto di strutture che, più avanti, definiremo con il nome di *catene*. In ogni caso, sono cruciali le strutture attributo-valore basate su attributi quali CASO e *theta*-RUOLO che si assumono essere associati ad ogni

SN al livello 1. Tuttavia, ai fini del criterio tematico e del filtro di Caso, condizione necessaria e sufficiente per l' elicitazione di un Sintagma Nominale è che ad ognuno di tali attributi sia stato assegnato un valore. Ciò è vero anche per un terzo attributo ARG(omentalità), che corrisponde alla presenza o meno di un indice referenziale per il SN in questione. Quindi, utilizzeremo triple del tipo (*x*, *y*, *z*) ove *x* rappresenta il valore del tratto CASO, *y* il valore del tratto *theta*-RUOLO e *z* il valore del tratto ARG; *x*, *y*, *z* possono assumere i soli valori '0' ed '1', dove '0' rappresenta l'assenza di valore per l'attributo corrispondente mentre '1' rappresenta l'avvenuta assegnazione. Ci si riferirà a tali elementi con il termine di *stato*. Accanto a triple di questo genere viene utilizzato anche l'elemento , per rappresentare il risultato dell'assegnazione di valore ad un attributo che già lo possieda, (*conflitto*). Secondo la notazione proposta, quindi, saranno elicitabili solo SN associati allo stato (1, 1, 1), al quale ci si riferirà con il nome di *configurazione completa*.

Per semplicità ci si riferirà alle computazioni effettuate dal modulo in questione come se queste avessero inizio a partire dall'uscita del livello 1, cioè da un albero di derivazione ai cui nodi siano associate delle FS; inoltre, si supporrà che ad ogni SN sia già stato assegnato uno stato, ottenuto a partire dai valori che gli attributi CASO, *theta*-RUOLO ed ARG hanno all'interno della sua FS.

La teoria prevede che l' elicitazione dei Sintagmi Nominali avvenga, fondamentalmente, tramite processi di condivisione del valore di certi attributi tra due o più di essi; chiameremo *C-proiezioni* gli oggetti prodotti da tali processi che risultano essere insiemi di coppie (*nodo, stato*), la cui costruzione obbedisce a precise restrizioni[13]. Innanzitutto, si vuole che, per una data C-proiezione, l'insieme dei nodi che vi compaiono formino un sottoalbero connesso dell'albero di derivazione della frase. Inoltre, esiste, all'interno di una C-proiezione, una coppia (nodo, stato) prominente, detta *testa* della C-proiezione stessa; il nodo di testa corrisponde al nodo della C-proiezione che domina tutti gli altri; analogamente, lo stato di testa deve essere sussunto (nel senso che questo termine assume per i formalismi basati su strutture ad attributo-valore, vedi Shieber (1986)) da tutti gli altri stati presenti nei membri della C-proiezione stessa. Se lo stato di testa di una C-proiezione é una configurazione completa, allora la C-proiezione stessa sarà detta completa.

Una C-proiezione viene composta a partire da altre tramite un processo di condivisione delle informazioni ad esse associate. Per la precisione, sia *n* un nodo, e sia F=(n_1, ... , n_m) l'insieme dei nodi che *n* domina direttamente; la C-proiezione con testa *n* sarà ottenuta prendendo l'unione delle C-proiezioni con teste in F ed aggiungendovi, come elemento di testa, una coppia il cui nodo sia *n* stesso ed il cui stato sia ottenuto combinando gli stati di testa delle C-proiezioni associate ai figli. La combinazione avviene in modo tale che si possa a) registrare il contributo di una delle C-proiezioni alla definizione del valore di uno dei tratti: quindi, se lo stato di testa di una di esse segnala l'avvenuta assegnazione di Caso, tale informazione deve essere riprodotta nello stato di testa della nuova C-proiezione; b) segnalare i casi di conflitto, cioé il tentativo di assegnare più di una volta un valore allo stesso tratto. In tal caso, la costruzione della nuova C-proiezione deve terminare con un insuccesso.

[13] Si è evitato di dar il nome di catene a tali oggetti, dato che non corrispondono, dal punto di vista strutturale, in modo esatto ad una catena. Si noti, comunque, che gli oggetti di cui si parla non si limitano a rappresentare le sole catene di t_{SN}, ma anche quelle formate da una traccia di Sintagma Nominale espletivo coindicizzata con un SN lessicale.

Una frase sarà elicitabile se e solo se tutte le sue C-proiezioni sono complete; intuitivamente, se e solo se si sia riusciti ad elicitare per Caso, ruolo tematico ed argomentalità tutti i SN della frase; in Giorgi, Pianesi, Satta (1989) viene presentato e discusso un algoritmo che computa le C-proiezioni di una frase fornendo una risposta positiva se e solo ognuna di loro risulta completa.

Si noti che la condivisione di informazione, tipica delle catene, o C-proiezioni, non è mai rappresentata esplicitamente, grazie alla modalità di costruzione delle C-proiezioni a cui si è accennato in precedenza; l'informazione aggiuntiva derivante dai processi di condivisione non viene resa direttamente visibile a tutti i nodi della C-proiezione, ma resta confinata nello stato di testa. Si noti che l'informazione "aggiunta" è associata al padre del dominio di località (nodo di testa, nella terminologia sopra introdotta) nel cui ambito è stata generata e, solo per suo tramite, resa disponibile agli altri nodi della C-proiezione. Questa proprietà trova espressione nel seguente Principio di Sottoderminazione, che governa i processi di identificazione e di elicitazione degli oggetti incompleti.

Principio di sottoderminazione
(i) - Se un dominio di località D contribuisce con una certa quantità di informazione alla determinazione della natura di un oggetto (linguistico) *l*, tale informazione viene associata a D (senza venire direttamente assegnata ad *l*).
(ii) - La decisione riguardante la natura degli oggetti linguistici viene rinviata al momento in cui tutte le informazioni per una scelta deterministica siano possibili.

Il punto *(ii)* merita qualche ulteriore precisazione. Le C-proiezioni vengono combinate iterativamente, a partire da un dominio di località a quello che immediatamente lo contiene e la terminazione o continuazione di tale processo è determinata dalla completezza o meno della C-proiezione in oggetto. La determinazione del tipo di categoria vuota, in particolare la discriminazione tra PRO e *pro*, avviene solo nel dominio di località di C', nel quale tutte le informazioni necessarie a distinguere tra le due sono oramai disponibili. In tal modo si evita di dover ipotizzare (almeno nella posizione di Specificatore di F'') tante categorie vuote quante ve ne possono essere, con la conseguenza di rendere, in tal caso, l'algoritmo non deterministico. D'altro canto, anche per le categorie vuote resta vero quanto visto in precedenza: localmente esse rimangono sotto-determinate e quindi suscettibili di essere utilizzate diversamente, in un diverso contesto.

4.2.5. Il legamento

Relativamente al legamento, sono stati studiati algoritmi che computano, per ogni pronome o R-espressione, l'insieme degli elementi disgiunti, secondo il Principio B e C della teoria del legamento esposta in Chomsky (1986a) e l'insieme dei possibili antecedenti per un'anafora (Principio A della teoria del legamento, vedi (Chomsky 1986a); vedi anche Giorgi, Pianesi, Satta (1990a)). Tali algoritmi si comportano in maniera molto simile: prendono in entrata un albero di derivazione per la frase e, per ogni nodo, considerano determinate relazioni tra di esso e ogni altro nodo che lo c-comandi; particolare attenzione viene dedicata agli effetti della interazione tra i principi della teoria del legamento e le catene di tipo A, di cui si è discusso al precedente paragrafo[14]. E' stato, inoltre, studiato

---

[14] Questo aspetto assume, per la lingua italiana una notevole importanza; infatti, l'italiano è una lingua a *pro-drop* ed ammette frasi come le seguenti:

il problema di decidere se, data una particolare analisi della frase in ingresso, esista una coindicizzazione dei suoi NP che non contrasti con quanto specificato dalla teoria del legamento. Si noti, a tal fine, che, con l'eaclusione delle cosiddette letture a variabile legata, una R-espressione o un pronome possono sempre essere propriamente indicizzati, assegnando ad ognuno di loro un diverso indice[15]. La situazione cambia con le anafore, per le quale la teoria del legamento prescrive esista un antecedente all'interno di un ben delimitato dominio locale. Quindi, per poter risolvere il problema poco fa esposto, occorre verificare che, per ogni anafora, esista almeno un potenziale antecedente nel dominio locale determinato dalla teoria. E' possibile effettuare tale controllo in linea, rispetto al processo di parsing, con il conseguente vantaggio di far subito cadere delle ipotesi di analisi che comunque non soddisferebbero i requisiti della teoria del legamento. Se almeno un' analisi soddisfa tali requisiti, un diverso algoritmo la utilizza per metterre alla prova ipotesi di indicizzazione suggerite da altri moduli del sistema, per esempio, da quelli che sovraintendono alla referenza all'interno di un discorso, di un testo, e così via.

4.2.6. Movimento WH

Non potendo entrare, in questa sede, nei dettagli né della teoria della connessione, né di come queste idee siano realizzate in GBP (si veda Giorgi, Pianesi, Satta (1990b)), focalizzeremo piuttosto l'attenzione su alcuni aspetti interessanti che lo studio computazionale del problema ha evidenziato. Uno di questi è l'interazione tra teoria del legamento e teoria della connessione. Chomsky (1986a) propone che le tracce di WH siano considerate come R-espressioni, soggettte, quindi, al principio C della teoria del legamento. Ne segue che se una traccia ne c-comanda un' altra, le due non possono essere coindicizzate con lo stesso operatore. La coindicizzazione tra tracce ha importanza cruciale nelle cosiddette strutture con tracce parassite. Si consideri il seguente esempio (il simbolo O indica un operatore vuoto):

(13) a Una persona O che ammiro e_i ogni volta che vedo e_i.
b Una persona O che e_i sembra più vecchia ogni volta che incontro e_i.

In (13)a, la seconda traccia si trova dentro un avverbiale, quindi in una isola, per cui non potrebbe coindicizzarsi con l'operatore; tuttavia, secondo la teoria della connessione, la traccia nella posizione di oggetto del verbo principale elicita la seconda come parassita ed, infatti, la frase risulta accettabile. In (13)b la situazione è identica, per quanto riguarda la

---

(*i*) *pro*$_i$ arriva lui$_i$
(*ii*) Gianni$_i$ ha detto che *pro*$_j$ arriverà [la propria$_i$ madre]$_j$
In (*i*) il pronome soggetto postverbale *lui* è coindicizzato con il *pro* espletivo; una procedura che ricercasse, per ogni pronome, gli elementi da esso disgiunti correrebbe, in tal caso, il rischio di includere tra questi anche il *pro* espletivo; ma ciò sarebbe un controsenso, dato che *lui* e *pro* sono già coindicizzati. Analogamente, in (*ii*) si deve evitare di considerare *pro* della frase subordinata come un possibile antecedente per l'anafora *propria*; se così fosse, infatti, si avrebbe una interpretazione circolare per il sintagma nominale [*la propria madre*].

[15] Cio' non e' vero per le tracce di movimento WH, vedi paragrafo successivo, che possono assumere solo un numero ben determinato di indici, pari al numero di operatori presenti nella frase in ingresso.

teoria della connessione: una variable sintattica all'interno di un'isola X può coindicizzarsi con l'operatore, tramite un'altra variabile. Tuttavia, in questo secondo caso la frase risulta agrammaticale, dato che la prima traccia c-comanda la seconda e la loro coindicizzazione porta ad una violazione del principio C della teoria del legamento. In Giorgi, Pianesi, Satta (1990b) dimostriamo come, nel caso generale, non sia possible decidere sulla grammaticalità di un insieme di coindicizzazioni mettendo insieme i risultati ottenuti da un modulo per la teoria del legamento con quelli ottenuti da un modulo per la sola teoria della connessione. Si è, quindi, proceduto allo sviluppo di algoritmi che tengano conto, contemporaneamente, di ambedue gli insiemi di condizioni.

L'algoritmo implementato nel sistema svolge un duplice compito: controlla, mano a mano che l'albero di derivazione viene costruito, che non siano violate un certo numero di condizioni e restrizioni che assicurano la presenza di almeno un insieme di coindicizzazioni operatore-variabile grammaticali, nel senso ora visto; non appena una di tali condizioni risulta non verificata, l'albero di derivazione in questione (o, meglio, l'ipotesi di parsing che tale albero rappresenta) viene scartato. Dal punto di vista computazionale, ciò costituisce un vantaggio per un sistema che, come quello qui analizzato, si basa su un parsing non-deterministico. Alla fine del parsing, per ogni albero di derivazione ben formato, si potrà procedere alla generazione delle effettive coindicizzazioni operatore-variabile.

5. Parsing per il riconoscimento del parlato

I problemi coinvolti nel riconoscimento e nella comprensione del parlato richiedono la cooperazione di diverse discipline, quali la teoria dell'elaborazione dei segnali, la fonetica, la teoria dei linguaggi formali, l'elaborazione del linguaggio naturale e altre ancora. Dal punto di vista del parsing il problema ha una natura alquanto differente da quelli discussi nelle sezioni precedenti. Infatti, in un sistema per l'analisi automatica di un testo scritto, le parole in ingresso sono determinate con precisione e possono direttamente venire confrontate con un dizionario; il segnale acustico vocale, per contro, è caratterizzato da un grado di precisione di gran lunga inferiore, poiché non è possibile individuare con certezza i punti di confine tra le singole parole, ed inoltre ciascun parlante presenta alterazioni ed idiosincrasie che allontanano la sua pronuncia dal modello teorico e quindi puramente ideale. Cosa più importante, in un sistema per la comprensione del testo scritto il parser svolge principalmente una funzione di ricerca delle soluzioni possibili, eventualmente ordinate, con un certo grado di interazione con altri componenti volta a scartare le soluzioni che si escludono dal linguaggio accettabile. Nel caso di un sistema per l'analisi del parlato, si deve invece lavorare con un numero molto elevato di soluzioni possibili; è dunque necessario che ciascun componente del sistema svolga una funzione di tipo predittivo, con un alto grado di interazione tra i diversi componenti, al fine di poter scartare *a priori* le soluzioni possibili ma poco attendibili (poco probabili).

Le considerazioni precedenti delineano le principali differenze tra l'analisi automatica di testi scritti e l'analisi automatica del parlato, mettendo in risalto quale impostazione venga attualmente data allo studio ed alla realizzazione di sistemi di *speech understanding*. Nella parte restante di questa sezione viene presentato un sistema in fase di sviluppo presso i laboratori di analisi del parlato dell'IRST, con l'apporto, principalmente per gli aspetti di parsing, del gruppo di elaborazione del linguaggio naturale. Dopo aver evidenziato meglio alcuni aspetti del problema, verra' messa in risalto la parte specifica di parsing sviluppata dal gruppo di elaborazione del linguaggio naturale. Questa parte, come brevemente accennato, è stata avviata a partire da una serie di lavori che estendono l'approccio basato su chart all'analisi bidirezionale. Si sono studiati, cioè, dei meccanismi in base ai quali l'elaborazione può partire da una serie di punti nella frase; a partire da questi punti l'analisi dei frammenti si può estendere sia verso destra sia verso sinistra (Stock *et al.* 1988, Satta & Stock 1989).

L'analisi di un "frammento" di segnale vocale, cioè l'operazione di determinare le interpretazioni acustiche più probabili, richiede, in generale, uno sforzo di calcolo rilevante. E' quindi necessario limitare tale tipo di operazioni, orientandole nelle direzioni più plausibili. A tal fine, il sistema procede all'analisi del segnale in ingresso mediante tre fasi successive. Un primo componente del sistema detto *word spotter*, è altamente specializzato nell'identificazione di segmenti acustici corrispondenti alla concatenazione di alcune unità fonetiche di particolare interesse. Nella prima fase dell'analisi il componente word spotter è in grado di rilevare le posizioni temporali nel segnale in ingresso in cui è plausibile siano state pronunciate tali sequenze. Le posizioni così determinate vengono classificate in base al loro grado di attendibilità e tra queste viene inoltre prescelto un insieme di posizioni di plausibilità sufficientemente elevata; queste ultime vengono dette *isole*. Le posizioni corrispondenti alle isole costituiscono il punto di partenza per la seconda fase dell'analisi. Prima di procedere con la discussione delle due successive fasi di analisi, è necessario introdurre la nozione di grammatica stocastica.

Il sistema utilizza di una *grammatica stocastica* G_S. La grammatica G_S è basata su una grammatica deterministica G in grado di analizzare/generare un linguaggio $L(G)$ mediante un dato insieme di regole di riscrittura, dette produzioni. Ciascuna regola di riscrittura in G_S è inoltre associata ad un punteggio probabilistico di natura linguistica. Tali punteggi vengono ottenuti mediante una complessa procedura di confronto con un *corpus* di riferimento C, contenente un elevato numero di frasi (con ripetizione) pertinenti ad un dominio di discorso sufficientemente ristretto. Caratteristica principale di una grammatica stocastica G_S, è quella di assegnare a ciascuna frase f del linguaggio $L(G)$ un punteggio di probabilità tanto più elevato, quanto maggiore sia la frequenza di occorrenza di f in C, nel caso in cui f appartiene a C, oppure tanto più elevato quanto più f rispecchi la tipologia delle frasi più frequentemente espresse in C. Se il corpus di riferimento consta di un numero di esempi "sufficientemente" elevato e presenta caratteristiche di omogeneità, la grammatica stocastica da esso ottenuta può essere assunta come *modello* "sufficientemente buono" del dominio di discorso da cui il corpus stesso è stato ricavato.

Nella seconda fase dell'analisi, viene operata una partizione del segnale in ingresso in *settori* adiacenti, ove ciascun settore contiene delle posizioni di tipo isola che sono state individuate nella fase d'analisi precedente. Le isole divengono così il punto di partenza per l'analisi di ciascun settore, ed inoltre ciascun settore viene analizzato in modo indipendente dagli altri. La scelta di operare isolatamente su ciascun settore è stata determinata dalla necessità di impiegare per l'analisi sintattica una strategia dotata di un elevato grado di flessibilità. Nell'analisi sintattica automatica, le strategie di tipo *bottom-up* prendono in considerazioni gli elementi lessicali presenti nella frase in esame, e procedono nell'identificazione di tutti i possibili costituenti che possano contenere gli elementi lessicali di partenza. Nel compiere ciò, le strategie bottom-up non tengono conto della rimanente porzione di frase con cui i costituenti prodotti dovranno successivamente venire combinati; ciò comporta lo svolgimento di analisi parziali che mai verranno utilizzate nella soluzione complessiva, relativa all'intera frase. Le strategie di tipo *top-down*, per contro, propongono solamente analisi parziali che siano compatibili con il contesto delle analisi già svolte; nel proporre tali analisi, le strategie top-down non tengono però conto della porzione di frase cui tali analisi si riferiscono, con la conseguenza che, anche in questo caso, viene svolto più lavoro del necessario. L'evidente natura complementare delle due strategie ora presentate, e l'incertezza con cui sono note le singole parole della frase nel caso dell'analisi del parlato, suggeriscono l'utilizzo di una strategia mista.

Ciascuna posizione w marcata come isola nel segnale acustico in ingresso, viene posta in corrispondenza con un insieme di parole compatibili, reperite nel dizionario; sia v una di tali parole. Prendendo v come elemento iniziale, si procede con strategia bottom-up nell'identificazione dei costituenti sintattici C che possano dominare immediatamente v. A questo punto si dispone solamente di un'analisi *parziale* di ciascun costituente C, limitata al solo elemento figlio v. Successivamente si tenta di completare l'analisi di ciascun costituente C così selezionato, procedendo con strategia top-down alla ricerca dei rimanenti figli di C non ancora analizzati. In tal modo si estenderà la porzione di segnale in ingresso corrispondente a v, alle porzioni non ancora esaminate confinanti a sinistra ed a destra con v. Una volta che un costituente C sia stato analizzato completamente, nel modo sopra descritto, si procede nuovamente con strategia bottom-up nell'identificazione di tutti i costituenti C' che possano dominare immediatamente C, estendendo le analisi parziali così ottenute mediante successive applicazioni di strategie top-down. L'alternanza ora descritta di strategie bottom-up con strategie top-down viene iterata sino al raggiungimento completo dell'analisi di un intero settore. Non essendo questa la sede adatta per specificare in modo formale un tale algoritmo, sia sufficiente affermare che nel corso dell'analisi vengono utilizzate tecniche che sono riconducibili alle tecniche di analisi basate su *chart* esposte nella sezione introduttiva. Occorre inoltre aggiungere che la divisione del segnale acustico in settori adiacenti è richiesta dal fatto che la combinazione di strategie bottom-up e top-down può causare la duplicazione di analisi parziali nei punti intermedi tra due posizioni consecutive di isola. E' importante notare che la strategia mista ora descritta non richiede un confronto esaustivo di tutte le segmentazioni possibili del tratto acustico con tutte le parole presenti nel dizionario. Infatti, la natura predittiva delle strategie top-down è impiegata al fine di operare una preventiva selezione delle sole parole di interesse nelle regioni adiacenti alle singole isole. In conseguenza di ciò, le operazioni di confronto acustico vengono notevolmente ridotte rispetto al caso di una ricerca esaustiva. Inoltre, la strategia mista ora descritta opera sul segnale in ingresso in modo bidirezionale, partendo dalle posizioni di maggiore interesse, ed estendendo successivamente l'analisi alle regioni circostanti, che possono essere considerate più impegnative per il riconoscimento acustico. Tale strategia può essere vantaggiosamente sfruttata nei casi in cui il segnale in esame presenti segmenti di difficile riconoscimento oppure privi di alcuna evidenza acustica. In questi casi è possibile operare una selezione (sintattica) sfruttando simultaneamente i contesti d'analisi sinistro e destro, relativi alle isole adiacenti.

A causa della natura altamente indeterminata del segnale acustico, la strategia ora indicata non sarebbe di per sé sufficiente a riportare entro limiti ragionevoli il numero di tentativi effettuati nella ricerca di una soluzione complessiva. Per limitare ulteriormente l'insieme di tutti i tentativi possibili (cioè lo *spazio di ricerca*) è necessario sfruttare le proprietà delle grammatiche stocastiche precedentemente descritte. Una grammatica stocastica G_s associa a ciascuna produzione un punteggio di probabilità. Mediante un'opportuna combinazione di tali punteggi, è possibile associare a ciascuna analisi parziale ottenuta nella seconda fase dell'analisi, un punteggio di probabilità relativo. Assegnato un insieme A di analisi parziali in mutua alternativa, risulta dunque possibile la scelta dell'analisi avente plausibilità più elevata; ciò permetterà in generale di ottenere la soluzione finale in modo più diretto. Si assume inoltre che la soluzione finale corrisponda alla soluzione avente punteggio di probabilità più elevato (si confronti con le probabilità precedentemente descritte per le grammatiche stocastiche). Dato allora l'insieme *A* precedentemente definito, risulta possibile calcolare un punteggio di probabilità limite, al di sotto del quale una generica analisi in *A* debba essere considerata matematicamente perdente (ovvero non possa competere con la migliore analisi attualmente disponibile in *A*). Tale tecnica porta all'esclusione definitiva dallo spazio di ricerca di un certo numero di analisi parziali, con un conseguente alleggerimento computazionale del problema complessivo.

Impiegando la strategia d'analisi precedentemente descritta e sfruttando le proprietà delle grammatiche stocastiche nel modo ora discusso, è possibile condurre a compimento la seconda fase dell'analisi, ottenendo un insieme di possibili analisi parziali per ciascun settore. Da un tale risultato prende avvio la terza fase d'analisi, in cui ci si preoccupa di rimuovere i confini tra settori adiacenti, estendendo così le analisi parziali precedentemente ottenute.

Il sistema ora descritto prevede dunque una stretta interazione tra moduli di ricerca acustica, moduli di analisi sintattica e sistemi di calcolo di tipo probabilistico. Sarà inoltre possibile, in futuro, inserire in tale schema ulteriori moduli, relativi a competenze linguistiche di tipo semantico e pragmatico.

Bibliografia

Aho, A.V. & Ullman, J.D. (1972): The Theory of Parsing, Translation and Compiling. Vol.I: Parsing. Prentice-Hall, Englewood Cliffs, N.J.

Burzio, L. (1981): Italian Syntax, Reidel, Dordrecht.

- (1986): Intransitive Verbs and Italian Auxiliaries, PhD. Dissertation, MIT, Cambridge, Ma.

Carbonell , J.G. & Hayes, P., J. (1983):"Recovery Strategies for Parsing Extragrammatical Language." - In: American Journal of Computational Linguistics, 9(3-4):123-146.

Chomsky, N. (1965): *Aspects of the Theory of Syntax*, MIT Press, Cambridge, Ma.

- (1981): *Lectures on Government and Binding*, Foris, Dordrecht.

- (1986a): *Knowledge of Language*, Praeger, New York.

- (1986b): *Barriers*, MIT Press, Cambridge, Ma.

Cinque, G. (forthcoming): *Types of A'-Dependencies*, MIT Press, Cambridge, Ma.

Earley, J. (1970): "An Efficient Context-Free Parsing Algorithm" - In: Communications of the ACM, 13, 2.

Eastman, C.M. & McLean, D.S. (1981): "On the Need for Parsing Ill-Formed Input." - In: American Journal of Computational Linguistics, 7(4):257.

Giorgi, A., Pianesi, F., Satta, G. (1989): "Un Algoritmo per l'Analisi delle Categorie Vuote" - In: Atti del Primo Congresso della Associazione Italiana per l'Intelligenza Artificiale, Trento.

- (1990a): "A Computational Approach to Binding Theory" - In: Proceedings of COLING90, Helsinki.

- (1990b): "Computational Aspects of Operator-Variable Structures" - talk given at the First Workshop on GB Parsing, Geneve.

Grosz, B.J., Appelt, D.E., Martin, P.A., Pereira, F.C.N. (1985): "Team: An Experiment in the Design of Transportable Natural-Language Interfaces." - In: Artificial Intelligence, 32, pp. 173-243.

Jackendoff, R. (1977): X-bar Syntax, MIT Press, Cambridge, Ma.

Jaeggly, O. (1980): On Some Phonologically-Null Elements in Syntax, PhD. Dissertation, MIT, Cambridge, Ma.

Kaplan, R. (1973): "A General Syntactic Processor." - In: Rustin, R. (Ed.), Natural Language Processing. Englewood Cliffs, N.J.: Prentice-Hall.

Kaplan, R. & Bresnan, J. (1982): "Lexical-functional Grammar, a Formal System for Grammatical Representation" - In: J.Bresnan (ed.), The Mental Representation of Grammatical Relations, MIT Press, Cambridge, Ma.
Kay, M. (1979): "Functional Grammar" - In: Proceedings of the Fifth Annual Meeting of the Berkeley Linguistic Society, Berkeley Linguistic Society, Berkeley, Ca.
- (1980): Algorithm Schemata and Data Structures in Syntactic Processing. Xerox, Palo Alto Research Center. Palo Alto, Ca.
Kayne, R. (1982): "Complex Inversion Chains in French" -In: Wiener Linguistische Gazete, 27-28.
- (1983): "Connectedness" - In: Linguistic Inquiry, 14.
Lasnik, H. (1976): "Remarks on Coreference" - In: Linguistic Analysis, 2.1.
- (1989): Essays on Anaphora, Reidel.
Lavelli , A. & Stock , O. (1990): "When Something is Missing: Ellipsis, Coordination and the Chart" - In: Proceedings of COLING90. Helsinki.
Longobardi, G. (1988): Symmetry Principles in the Theory of Syntax, Unipress, Padova.
Manzini, R. (1983): "On control and Control Theory" - In: Linguistic Inquiry, 14, 3.
Perlmutter, D. (1978): "Impersonal Passive and the Unaccusative Hypothesis" - In: Berkeley Linguistic Society, IV, University of California.
Pereira, F.C.N. & Shieber, S.M. (1984): "The Semantics of Grammar Formalisms Seen as Computer Languages" - In: Proceedings of Coling 1984, Association for Computational Linguistics, Stanford, Ca.
Pollard, C. & Sag, I.A. (1987): Information Based Syntax and Semantics, CSLI Lecture Notes, Chicago University Press, Chicago.
Rizzi, L. (1982): "Negation, WH-Movement and the Null Subject Parameter" - In: Issues in Italian Syntax, Foris, Dordrecht.
Rounds, W.C. & Kasper, R. (1986): "A Complete Logical Calculus for Record Structures Representing Linguistic Information" - In: Symposium on Logic in Computer Science, IEEE Computer Society.
Satta, G. & Stock, O. (1989): "Formal Properties and Implementation of Bidirectional Charts" - In: Proceedings of the 11th.International Joint Conference on Artificial Intelligence, Detroit.
Shieber, S. (1986): An Introduction to Unification Based Approaches to Grammar, CSLI Lecture Notes n.4, Stanford, Ca.
Stock, O. (1989): "Parsing with Flexibility, Dynamic Strategies and Idioms in Mind" - In: Computational Linguistics (previously, American Journal of the Association for Computational Linguistics), 15(2):1-18, MIT Press, Cambridge, Mass..
Stock, O., Falcone , R., Insinnamo, P. (1989): "Bidirectional charts: a potential technique for parsing spoken natural language" - In: Computer Speech and Language, Vol. 3, pp.219-237, Academic Press, New York.
Stock, O., Carenini, G., Ponzi, M., Samek, V. (1990): "Some New Perspectives in Information Access and Interface Design" - In: Proceedings of the IFIP Conference "Modelling the Innovation", North Holland Elsevier.
Stock, O., Cecconi, F., Castelfranchi, C. (1986): "Analisi morfologica integrata in un parser a conoscenze linguistiche distribuite" - In: Atti del Congresso AICA-86, pp.259-271, Associazione Italiana per l'Informatica e il Calcolo Automatico, Palermo.
Weischedel , R. M. & Sondheimer., N. K. (1982): "An Improved Heuristics for Ellipsis Processing" - In: Proceedings of the 20th Annual Meeting of the Association for Computational Linguistics, Toronto, Ontario.
- (1983): "Meta-rules as a Basis for Processing Ill-Formed Input." - In: American Journal of Computational Linguistics, 9(3-4):161-177.
Wirén, M. (1989): "Interactive Incremental Chart Parsing." - In: Proceedings of the 4th Conference of the European Chapter of the Association for Computational Linguistics, Manchester, England.
Woods, W. (1970): "Transition Network Grammars for Natural Language Analysis." - In: Communications of the Association for Computing Machinery, Vol. 13.

Johann Haller

EUROTRA - Das Forschungs- und Entwicklungsprojekt der Europäischen Gemeinschaft zur Maschinellen Übersetzung. Französisch-deutsche Übersetzung mit der Seitenlinie CAT2.

1. Einführung: Geschichte und Organisation

EUROTRA ist ein vom Rat der Europäischen Gemeinschaft (EG) 1982 beschlossenes Forschungs- und Entwicklungsprogramm zur Schaffung eines prototypischen Systems zur Maschinellen Übersetzung (MÜ) zwischen allen EG-Amtssprachen. Linguistische Studien wurden in einer Vorbereitungsphase von 1978 an erstellt; seit 1985 wird das Projekt dezentral in Forschungszentren aller Mitgliedsländer unter der Leitung der Kommission der EG durchgeführt. In der derzeitigen Phase von 1988 - Ende 1990 ist die Erstellung eines Prototyps vorgesehen, der für ein bestimmtes Fachgebiet und einen begrenzten Wortschatz (ca. 20.000 Lexikoneinträge) Übersetzungen zwischen allen neun Amtssprachen der EG liefern soll. In einer Übergangsphase von 1991-1992 sollen für einige Kombinationen funktionsfähige Systeme entwickelt und von industriellen Auftragnehmern eine leistungsfähige Software erstellt werden; für 1993 - 1996 ist die eigentliche industrielle Fertigstellung vorgesehen.

Alle linguistischen Fragestellungen des MÜ-Systems, die speziell die deutsche Sprache betreffen, werden in Saarbrücken erforscht sowie die entsprechenden Komponenten geplant und entwickelt (EUROTRA-D). Einige Teilaufgaben sind zur Bearbeitung an andere deutsche Universitäten weitergegeben. Die Komponenten sind:

- die deutschen Analyse- und Synthesemoduln sowie die entsprechenden Lexika
- die Transfermoduln sowie die bilingualen Lexika mit Deutsch als Zielsprache.

Die Analyse- und Synthese-Komponenten werden eigenständig von EUROTRA-D bearbeitet, während der zweite Komplex in enger Kooperation mit den jeweiligen EUROTRA-Partnern der verschiedenen EG-Länder durchgeführt wird.

2. Aufbau und Prinzipien

Als Grammatikformalismus ist für die deutsche Gruppe (wie für alle anderen Sprachen) ein zentral entwickeltes Konzept vorgegeben, das auf Unifikationsgrammatiken basiert und den Übersetzungsvorgang in kleine Schritte zerlegt. Zwischen Ausgangs- und Zieltext werden eine Reihe von linguistisch motivierten Ebenen angenommen, zwischen denen wieder Übersetzungen stattfinden. Für das Deutsche werden Repräsentationen auf morphologischer, konfigurationaler und relationaler Ebene erarbeitet, die jeweils auf aktuellen Forschungsergebnissen in Syntax und Semantik beruhen. Die Repräsentationssprache in EUROTRA ist der sogenannte C,A,T-Formalismus (Arnold/DesTombes 1985). Er arbeitet mit den drei Elementen

Constructor Atom T-Rule

und ist eine formale, linguistisch motivierte Stratifikationstheorie des Übersetzungsvorganges. Drei Grundprinzipien bestimmen diese Theorie:

1) Das Übersetzungssystem hat stratifikationellen Charakter: die Übersetzungsrelation besteht zwischen T1 ... R1 ... Rn ... T2, wobei jede Ebene R eine künstliche Repräsentationssprache ist. Zur Zeit gilt: Ri = (EMS, ECS, ERS, IS)

EMS = EUROTRA Morphological Structure
ECS = " Configurational Structure
ERS = " Relational Structure
IS = Interface Structure

2) Die Repräsentationen sind durch Grammatiken bestimmt, die Generatoren genannt werden. Diese enthalten zwei Arten von Regeln:

b-rules bauen Repräsentationen auf
a-rules drücken Generalisierungen über Attribute aus.

3) Die Beziehung zwischen zwei Ebenen wird durch einen "Translator" determiniert, der aus einer Menge von "t-rules" besteht. Diese t-rules haben zwei Charakteristika:
- sie sind ein-eindeutig, d.h. sie besitzen keine interne Strategie; ein Objekt der eine Ebene wird in ein einziges der anderen Ebene übersetzt
- sie sind kompositionell, d.h. die Übersetzung eines strukturierten Objekts ist eine Funktion der Übersetzung seiner Teile.

Auf der Ebene der ECS ist es also möglich, Regeln zur deutschen Syntaxanalyse zu formulieren, die den aktuellen Forschungsstand widerspiegeln. Die Regeln folgen der einschlägigen Literatur (M. Reis, H. Haider, H. den Besten etc.): von einer kanonischen Wortstellung (Endstellung des finiten Verbs) werden alle Varianten durch "movement-rules" abgeleitet. Die relationale oder Dependenz-Struktur, die in etwa den f-Strukturen der Unifikationsgrammatiken entspricht, wird durch die Eigenschaft der lexikalischen Einheiten definiert, andere Elemente zu binden. Diese Eigenschaft wird "Valenz" genannt. Die Definition dieser Ebene für das Deutsche basiert auf Arbeiten des IdS Mannheim und ist, wie die beiden anderen Ebenen ECS und IS, detailliert in Steiner et al. (1988) beschrieben.

Die "Interface Struktur" (IS) in EUROTRA ist definiert als Ebene minimalen Transfers zwischen einer Ausgangssprache und einer Zielsprache. Die Theorie der IS umfaßt eine Reihe von Teiltheorien: MODALITY, TIME, SEMANTIC FEATURES, SEMANTIC RELATIONS und möglicherweise weitere.

Semantische Relationen (SRs) sind die semantischen Beziehungen zwischen den "governors" (govs) einer Konstruktion und den von ihnen abhängigen Gliedern, den Komplementen (comps). Semantisch interpretiert handelt es sich um die Beziehungen zwischen Prädikaten und Argumenten (preds und args). Auf der Ebene der Interfacestruktur (IS) sollen Sätze möglichst "euroversell" repräsentiert werden, was bedeutet, daß die Transferschritte zwischen den Interface-Strukturen der verschiedenen Sprachen möglichst klein werden sollen. Dabei werden unter anderem verschiedene Lesarten einer lexikalischen Einheit durch "euroverselle" semantische Merkmale identifiziert. Für jede Lesart soll diejenige Liste von semantischen Merkmalen erzeugt werden, die diese Lesart von anderen Lesarten abgrenzt. Diese Liste ist Teil der lexikalischen Information.

3. Das CAT2-System

Diese Prinzipien werden im folgenden an der Version CAT2 erläutert und illustriert, die als Seitenlinie des offiziellen sog. "Engineering Frameworks" (E/FW) von EUROTRA-D entwickelt und als effizientes Testsystem benutzt wird (ausf. beschrieben in Sharp (1988)). Das CAT2-System ist ein direkter Nachfolger des <C,A>,T Formalismus (ARNOLD et al. 1985), der die erste formale Instantiierung des EUROTRA-Modells zur maschinellen Übersetzung darstellte und auch in einer rudimentären Form als PROLOG-Implementierung vorlag. Für die offizielle EUROTRA-Software wurde inzwischen eine neue Implementierung (E/FW) erstellt, die den Formalismus in einigen Punkten abwandelt und zu einem menügesteuerten, mit einer Textverarbeitungskomponente und einem Datenbanksystem gekoppelten äusserst komplexen System geworden ist. Um jedoch für Entwicklungszwecke weiterhin ein kompaktes, einfaches und bequemes Instrument zur Verfügung zu haben, wurde innerhalb von EUROTRA-D durch kontinuierliche Fortentwicklung und Optimierung das CAT2-System erstellt, das heute neben anderen Seitenlinien von mehreren EUROTRA-Gruppen für experimentelle Zwecke benutzt wird. Es liegen Grammatiken für die Sprachen Deutsch, Englisch, Spanisch, Französisch, Griechisch und Portugiesisch vor sowie ca. 8 Transferkomponenten für kleinere Korpora mit Lexika von ca. 300 Einträgen (Grundformen).

Einige wichtige linguistische Phänomene sind in der Mehrzahl der Grammatiken und Transfers behandelt:

> Wortstellung, Aktiv/Passiv, Neben- und Relativsätze, Infinitivkonstruktionen, grundsätzliche Behandlung von Zeit- und Aspektphänomenen sowie von Determination, semantische Disambiguierung lexikalischer Einheiten, Funktionsverbgefüge.

Auf Systemebene besteht das CAT2-System aus einem Ein-/Ausgabe-Modul, einem Regel-Compiler, einem Earley-basierten Parser, einem Translatormodul und einem Command-Interpreter. Der Benutzer des Systems kommuniziert mit dem System über eine spezielle Kommandosprache. Unter anderem sind möglich: das Laden von Grammatiken oder Translatoren, die 'on-line' Eingabe von Sätzen für die Verarbeitung (auf Workstations auch mit nationalen Alphabeten), das Aktivieren des Parsers oder der Übersetzungsprozesse, der Abgleich und das menügeführte Erstellen von Lexikoneinträgen.

Der für die erste Analyseebene ECS ("Eurotra Configurational Structure") verwendete Parser basiert aufeinem modifizierten Earley-Algorithmus. Der Completer-Schritt beinhaltet das Scannen der Eingabe, d.h. 'Scannen'ist die Komplettierung lexikalischer Ersetzungsregeln. Während der Initialisierungsphase des Algorithmus werden genau die lexikalischen Regeln, die Eingabe-Token entsprechen, in eine Chart geladen. Dadurch kann dem Benutzer direkt ein eventuell fehlender Lexikoneintrag gemeldet werden. Der Translator, der Repräsentationen eines Eingabesatzes von einer Ebene in die nächste überführt (z.B. von ECS nach ERS in der Analyse und umgekehrt in der Synthese) erkennt mittels Unifikation von Objekten und den linken Regelseiten seinen Wirkungsbereich. Nach erfolgreicher Unifikation werden alle markierten Teilobjekte rekursiv übersetzt und die Übersetzungen entsprechend der Spezifikation der rechten Regelseiten rekonstruiert. Der entsprechende Zielgenerator (z.B. die IS ("Interface Structure") der Zielsprache im bilingualen Transfer) wertet die Ergebnisse aus durch die Anwendung von "a-Regeln" ("Applikations-Regeln", Beschreibungen von Bedingungen zur Wohlgeformtheit von Repräsentationen auf bestimmten Ebenen bzw. Generalisierungen über solche Repräsentationen). Zielobjekte, die diese Auswertung überleben, werden als wohlgeformte Teilobjekte vermerkt, die übrigen als nicht-wohlgeformte ausgeschieden.

Die Basisoperation in CAT2 ist die Unifikation; sowohl die Prolog-Termunifikation als auch die Graphunifikation von Merkmalen innerhalb von Merkmalslisten finden ihre Anwendung. A-Regeln sind ein Beispiel für die Verwendung der Unifikation auf Merkmalslisten; sie finden genau dann ihre Anwendung, wenn für eine strukturelle a-Regel geprüft wird, ob sie mit einem (Teil-)objekt übereinstimmt. Das Gelingen bzw. Mißlingen der Unifikation bestimmt, entsprechend der Klasse der a-Regel (default, strict oder filter), das Resultatsobjekt. Durch diesen Mechanismus kann die Grammatik nicht-monoton werden, da das Resultat abhängig von der Anordnung der Regeln ist. Der Linguist muß sichdessen beim Regelschreiben bewußt sein; er kann diesen Umstand benutzen, um beispielsweise Default-Werte zu spezifizieren. Als ein linguistisches Entwicklungswerkzeug teilt das CAT2-System viele Eigenschaften mit Implementierungen des PATR-II-Formalismus, z.B. Karttunen's D-PATR (1986): Command-Interpreter, Debug-Werkzeuge für das Überprüfen von Parsing (und zusätzlich für die Übersetzung in CAT2), verschiedene Möglichkeiten der Resultatsausgabe.

4. Beispiel

Ein Beispiel aus der französisch-deutschen Übersetzung soll die Schritte im einzelnen verdeutlichen:

Beispielsatz: Le Japon propose un nouveau programme de coopération.

Als erster Schritt wird, wie oben beschrieben, ein Parsing des Eingabesatzes durchgeführt; der Oberflächenstrukturbaum enthält diejenigen Lexikoneinträge, die durch die ECS-Grammatik als an dieser Stelle korrekt beschrieben sind.

Abbildung 1: ECS-Strukturbaum Französisch

```
                                   text
                       _____________|____________________
                       s                                punct
      _________________|______________                    |
  np           vp                   np                    |
 __|__          |        ____________|_______             |
 dp  n          v       dp    ap       n        pp        |
 |   |          |       |     |        |      ___|___     |
 d   |          |       d     a        |      p    np     |
 |   |          |       |     |        |      |    |      |
 |   |          |       |     |        |      |    n      |
 |   |          |       |     |        |      |    |      |
 Le Japon   propose     un  nouveau programme de coopération .
```

Der zweite Schritt ist die Überführung der ECS- in die noch sprachspezifische ERS-Ebene, die die Abhängigkeiten der einzelnen Konstituenten repräsentiert:

Abb.2: ERS-Ebene Französisch:

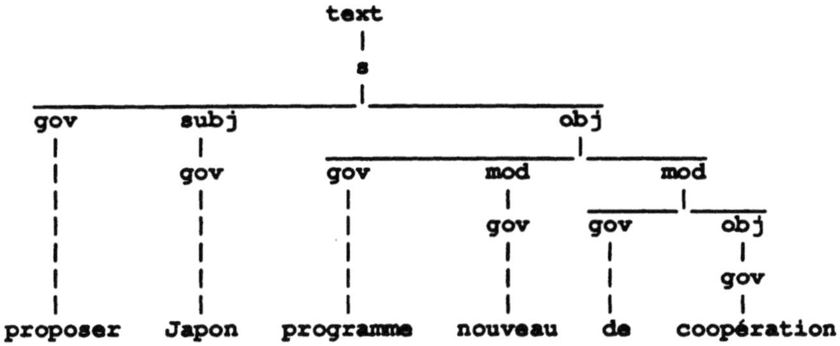

Der dritte Schritt ist die Überführung der ERS-Repräsentation in die für alle Sprachen verbindliche IS-Repräsentation, die oft strukturell gleich, jedoch mit unterschiedlichen Labels und zusätzlichen semantischen Informationen versehen ist:

Abb.3 IS-Ebene Französisch:

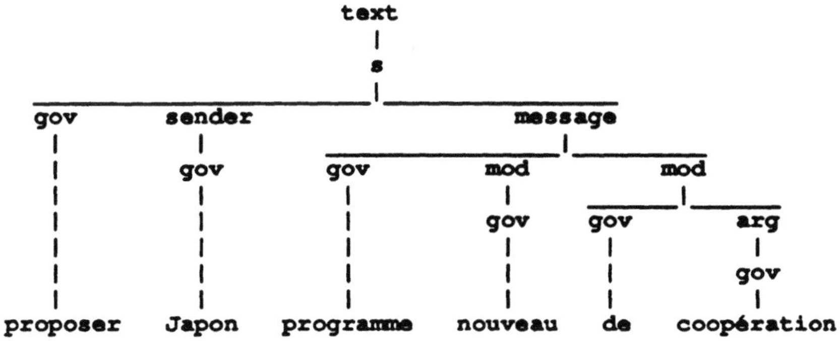

Es folgt ein Auszug aus den Informationen, die für diesen Satz in der französischen IS-Repräsentation zur Verfügung stehen; in EUROTRA werden ja beim Prozeß der strukturellen Vereinfachung für den Transfer alle für diesen nächsten Arbeitsgang notwendigen Informationen in Merkmale umgesetzt. Damit steht EUROTRA im Gegensatz zu Verfahren wie der LFG-basierten Übersetzung (KAPLAN et al. 1988), bei der die Informationen innerhalb der C- und F-Strukturen sowie einer eventuell dort noch einzubauenden semantischen Repräsentationsebene erhalten bleiben. EUROTRA begründet diesen Ansatz mit der von vorneherein eingeplanten Mehrsprachigkeit des Übersetzungssystems, ein Kriterium, dem sich die LFG-Ansätze bisher nur wenig gestellt haben.

Abb. 4: IS-Ebene Französisch (Langform):

```
(text,{sr = text
       fg = text})
     .[(s,{cat = s
           semf = {temp_ext = {bounded = achiev}}
           voice = act
           tense = pres
           msperf = nonperf
           type = main
           fg = s
           sTENSE = simul
           sASPECT = perfective
           sr = s})
         .[(gov,{sr = gov
                 cat = v
                 lu = proposer
                 vfeat = nstat
                 semf = {temp_ext = {bounded = achiev}}
                 frame = {arg1 = {sr = sender
                                  fg = subj
                                  cat = np
                                  pform = nil
                                  num = sing
                                  vsup_frame = nil
                                  dettype = defi
                                  msdefs = msdef
                                  per = 3
                                  gen = masc
                                  type = sub
                                  proper = yes
                                  rel = nil
                                  govlu = Japon}
                          arg2 = {sr = message
                                  fg = obj
                                  cat = np
                                  pform = nil
                                  num = sing
                                  vsup_frame = nil
                                  dettype = didf
                                  msdefs = msindef
                                  per = 3
                                  gen = masc
                                  type = sub
                                  rel = nil
                                  govlu = programme}
                          arg3 = {sr = receiver
                                  fg = pobj
                                  pform = a2
                 luv = nil})
```

Im Transfer werden dann im Idealfall (wie hier) nur die lexikalischen Einheiten ausgetauscht; die semantischen Informationen werden mit den Einträgen des (deutschen)

Ziellexikons unifiziert, um bei mehreren Lesarten die unkorrekten Einträge auszufiltern. Das Ergebnis ist eine deutsche IS-Repräsentation:

Abb. 5: IS-Ebene Deutsch

```
                           text
                             |
                             s
        _____________________|_______________
   gov          sender               message
    |             |               ______|_______
    |            gov             gov          mod
    |             |               |            |
    |             |               |           gov
    |             |               |            |
vorschlagen     japan   kooperationsprogramm  neu
```

Der gleiche Vorgang geschieht dann bei der Synthese in umgekehrter Reihenfolge. Bei der Überführung der deutschen IS- in die ERS-Struktur wird eine Dependenzstruktur erzeugt, die für deutsche Hauptsätze immer ein topikalisiertes Element vorsieht; falls aus der Ausgangssprache keine Informationen über Thematisierung oder Fokussierung vorliegen (wie hier), ist dies das Subjekt. Das Präfix "vor" des Verbs existiert noch in Form eines Merkmals, da noch nicht entschieden ist, ob es abgetrennt oder an der Verbform realisiert wird.

Abb. 6: ERS Deutsch

```
                        text
                          |
                        topic
     _____________________|__________________________________
   gov       c             c'                          topic
    |        |       _______|__________________          |
    |        |      gov              mod     mod        gov
    |        |       |                |       |          |
    |        |       |               gov     gov         |
    |        |       |                |       |          |
schlagen     e   Kooperationsprogramm ein    neu       Japan
```

Schließlich wird die ECS-Struktur erzeugt, die korrekte deutsche Oberflächenstrukturen beschreibt. Die T(ranslator)-Regeln von ERS nach ECS erzeugen nur eine Lösung, nämlich die unmarkierte Satzstellung - außer wenn Informationen Thematisierung etc. vorliegen (s.o.).

Abb. 7: ECS-Ebene Deutsch

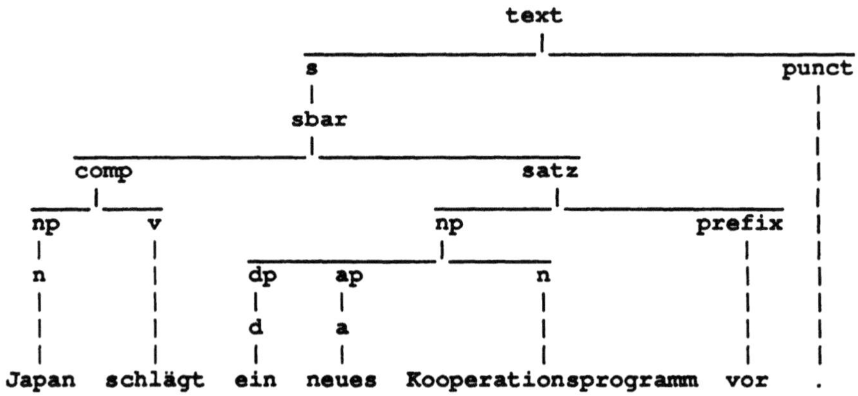

Ausgabeprogramme erzeugen am Schluß die nationalen Character-Sets:

Japan schlägt ein neues Kooperationsprogramm vor.

Die Übersetzung eines einfachen Satzes nimmt auf einer SPARC-Station zwischen 5 und 30 cpu-Sekunden in Anspruch; bei komplexen Sätzen, insbesondere bei mehreren möglichen übersetzungen kann die Verarbeitungszeit mehrere Minuten betragen.

5. Zusammenfassung:

EUROTRA und seine Seitenlinien sind als MÜ-Systeme noch in der Entwicklungsphase, obwohl ein Teil der derzeitigen Implementierungen schon jetzt dazu geeignet ist, in komfortabler Weise komplexe linguistische Phänomene auf allen Ebenen von Analyse, Transfer und Synthese zu testen. Als besonderes Merkmal ist die Multilingualität des Ansatzes zu betonen, die zu relativ umfangreichen Grammatiken in Analyse und Synthese für alle neun europäischen Amtssprachen sowie zu einer Reihe von bilingualen Transferkomponenten geführt hat. Einige der Kombinationen sollen in den Jahren 1991 - 1992 zu funktionsfähigen Systemen ausgebaut werden; dazu wird insbesondere auch eine industrielle Implementierung der Software beitragen. Die Seitenlinien wie CAT2, die sich durch einfachere Handhabung und größere Effizienz schon heute auszeichnen (ohne in der linguistischen Beschreibung die Breite des offiziellen Formalismus zu erreichen), werden eine Rolle bei der praktischen Erprobung der EUROTRA-Konzepte in den nächsten beiden Jahren spielen, wenn (wie vorgesehen) Pilotprojekte mit einzelnen Anwendern aus der Industrie in die Wege geleitet werden.

6. Literatur

Arnold, D., L. Jaspaert, R. Johnson, S. Krauwer, M. Rosner, L. des Tombes, G.B. Varile & S. Warwick (1985): "A MU-1 View of the <C,A>,T-Framework in EUROTRA." - In: Proceedings of the Conference on Theoretical and Methodological Issues in Machine Translation of Natural Languages, Colgate University, New York.

Arnold, D., S. Krauwer, M.Rosner, L. des Tombes & G.B. Varile (1986): "The <C,A>,T Framework in EUROTRA: A Theoretical Committed Notation for MT." - In: Proceedings of COLING '86, Universität Bonn.

Arnold, D., L. des Tombes (1987): "Basic Theory and Methodology in EUROTRA." - In: S.Nirenburg.

Bateman, J. (1988): Documentation for the first Release of the NIGEL Grammar. ISI, - Marina Del Rey, California.

Carbonell, J., M. Tomita (1987): "Knowledge-based machine translation, the CMU approach." - In: S.Nirenburg.

Halliday, M.A.K. (1985): An Introduction to Functional Grammar. - Edward Arnold, London.

Hirsh, S. (1987): "P-PATR: A Compiler for Unification-based Grammars." - In: Proceedings of the 2nd International Workshop on Natural Language Understanding and Logic Programming, Simon Fraser University, Vancouver, Canada.

Kaplan, R., K. Netter, J. Wedekind, A. Zaenen (1989): "Translation by Structural Correspondency." In: Proceedings of the 4th Conference of the European Chapter of the ACL, Manchester.

Karttunen, L. (1986): D-PATR: A Development Environment for Unification-Based Grammars. CSLI Report no. CSLI-86-61, - SRI, Stanford, California.

Kay, M. (1985): "Parsing in functional unification grammar." - In: D.R.Dowty, L.Karttunen & A.M. Zwicky (eds.): Natural Language Parsing. Cambridge University Press, Cambridge, Massachusetts.

Nirenburg, S. (ed.) (1987): Machine Translation - Theoretical and Methodological Issues. - Cambridge University Press, Cambridge, England.

Schubert, K. (1986): "Linguistic and Extra-Linguistic Knowledge." - In: Computers and Translation 1, Paradigm Press, Osprey, Florida.

Schütz, J. (1988): "CAT2 - Ein Formalismus für multilinguale Maschinelle Übersetzung und seine Implementierung." - In: Proceedings Workshop Computer und Sprache, Universität des Saarlandes, S. 177 - 189.

Schütz, J., R. Sharp (1988): CAT2-R - Komplexität eines Formalismus für multilinguale MÜ. Workshop "Semantik und Transfer" mit der EUROTRA-Begleitforschung, Juni 1988, - Saarbrücken.

Sharp, R. (1988): "CAT2 - Implementing a Formalism for Multi-Lingual MT." - In: Proceedings of the 2nd International Conference on Theoretical and Methodological Issues in Machine Translation of Natural Languages. CMU Carnegie Mellon University, Pennsylvania.

Shieber, St. (1986): An Introduction to Unification-based Approaches to Grammar. CSLI Lecture Notes No. 4, CSLI, - Stanford, California.

Steiner, E. (1986): "Generating Semantic Features in EUROTRA-D." - In: Proceedings of COLING '86, Universität Bonn.

Steiner, E., U. Eckert, B. Roth, J. Winter-Thielen (1988): "The Development of the EUROTRA-D System of Semantic Relations." - In: E.Steiner, P.Schmidt, C.Zelinsky-Wibbelt (eds.): From Syntax to Semantics: Insights from Machine Translation, Frances Pinter, London.

Tucker, A.B. (1987): "Current Strategies in MT Resaerch and Development." - In: S.Nirenburg (ed.).

Zelinsky-Wibbelt, C. (1988): "From cognitive grammar to the generation of semantic interpretations in machine translation." - In: E.Steiner, P.Schmidt, C.Zelinsky-Wibbelt (eds.): From Syntax to Semantics: Insights from Machine Translation, Frances Pinter, London.

Zelinsky-Wibbelt, C., J. Schütz (1988): The Development of a Transfer-directed Concept of Semantic Similarity for Machine Translation. Manuskript, - IAI, Saarbrücken.

Ulrich Heid

Zur Lexikonarchitektur für ein constraint-basiertes maschinelles Übersetzungssystem

1. Einleitung

In diesem Beitrag sollen einige Fragen der Repräsentation und Organisation lexikalischen Wissens für maschinelle Übersetzung angesprochen werden.

Ziel des Beitrags ist, allgemeine Fragen der Struktur des Übersetungswörterbuchs anzusprechen, nicht aber einen bestimmten deskriptiven Ansatz oder die Benutzung einer bestimmten Theorie zur Beschreibung bestimmter Fakten zu rechtfertigen.

In der Lexikographie hat in den letzten fünf Jahren eine wissenschaftliche Diskussion über die Struktur von zweisprachigen Wörterbüchern stattgefunden; grundlegende Optionen, die sich dort anbieten, sind

- eine sprachpaarbezogene, von der Übersetzungsrichtung abhängige Beschreibung (und Präsentation) von kontrastiven Fakten; oder

- eine an den "Interlingua-Ansatz" in der maschinellen Übersetzung erinnernde Beschreibung auf der Basis von "Konzepten".

In der Forschung zur maschinellen Sprachverarbeitung besteht im Hinblick auf den Aufbau von Wörterbüchern ein Interesse daran, durch die Ausnützung von Klassifizierungs- und Vererbungsmechanismen redundante Information einzusparen und das Problem der Masse, das sich beim Wörterbuchaufbau stellt, durch die Ausnutzung von Generalisierungen in den Griff zu bekommen.

Das zweisprachige Wörterbuch stellt im Bezug auf die Formulierung von Generalisierungen einen problematischen Bereich dar: soll detaillierte und korrekte Äquivalenzinformation gegeben werden, so ist damit zu rechnen, daß zu einer lexikalischen Einheit der Quellsprache mehrere zielsprachige Äquivalente angegeben werden müssen, die sich hinsichtlich ihrer linguistischen Eigenschaften stark unterscheiden.

Man kann natürlich versuchen, Modelle für Klassifizierungen, die man aus einsprachigen Wörterbüchern für sprachverarbeitende Systeme kennt, auf zweisprachige Wörterbücher zu übertragen: In einsprachigen Wörterbüchern werden z. B. syntaktische Konstruktionsklassen (transitive, intransitiver Verben usw.) benutzt. eine Übertragung auf zweisprachige Wörterbücher könnte so aussehen, daß jemand z. B. Konstruktionsklassen von Quell- und Zielsprach miteinander verbindet, und z. B. alle deutschen transitiven Verben in eine Gruppe zusammenfaßt, die durch französische intransitive Verben übersetzt werden. Aber eine solche Beschreibung wäre nicht oder nur sehr schwach linguistisch motivierbar und hätte kaum Generalisierungswert. Im Extremfall wird der Unterschied zu einer gewissermaßen "kasuistischen" Beschreibung, die eine Vielzahl einzelner Fälle von Äquivalenzzuordnungen unterscheidet, sehr gering sein.

Ein weiteres Problem kommt hinzu: will man Lexeme der beteiligten Einzelsprachen hinsichtlich ihrer Eigenschaften auf allen linguistischen Beschreibungs"ebenen" beschreiben, und sollen auf dieser Beschreibung kontrastive Aussagen aufsetzen, so wird es in den kontrastiven Aussagen (d.h. in den Äquivalenzbedingungen) nicht mehr möglich sein, die Beschreibungsebenen zu trennen, da prinzipiell jede (Kombination von) Eigenschaft(en) der Zielsprache als Bedingung für die Äquivalentwahl in Frage kommt. Kontrastive Beschreibung und zielsprachliche Beschreibung vermischen sich dann.

In diesem Beitrag soll der Versuch diskutiert werden, im Rahmen einer constraint-basierten Sichtweise ein konzeptorientiertes Wörterbuch so aufzubauen, daβ die Wirkung der zielsprachlichen Merkmale als komplexe Bedingung auf die Äquivalenzaussagen erhalten bleibt, ohne daβ es notwendig würde, im Wörterbuch eine Beschreibung "von Fall zu Fall" vorzunehmen und Informationen verschiedener linguistischer Beschreibungsebenen oder einsprachige und zweisprachige Beschreibung zu vermischen.

Im hier vorgeschlagenen Ansatz wird die Beschreibung von Äquivalenzaussagen an semantische Prädikat-Argument-Strukturen geknüpft. Vorbehaltlich semantischer Detailunterschiede, die ein geeigneter semantischer Beschreibungsansatz herausarbeiten müβte, können dann nicht-standardmäβige Äquivalenzen als "Varianten" oder Paraphrasen aufgefaβt und miteinander in Beziehung gebracht werden. Liegt für ein Element der Quellsprache ein zielsprachliches Standardäquivalent und ein als "Variante" davon aufgefaβtes zweites Äquivalent vor, das Übersetzer in jenen Fällen benutzen, wo aus bestimmten Gründen die Übersetzung mit dem Standardäquivalent ausgeschlossen ist, und steuern Eigenschaften der zielsprachlichen Elemente die Auswahl, dann zielt die Strategie in einem constraint-basierten System auf folgendes Verfahren: die quellsprachliche Eingabestruktur spannt sozusagen den Rahmen auf, der in der Zielsprache gefüllt werden muβ; im Fall der Arbeiten in Polygloss, über die hier berichtet wird, wird dieser Rahmen durch die Prädikat-Argument-Struktur (und gegebenfalls weitere Informationen) repräsentiert. Die zielsprachliche Grammatik und das zielsprachliche Wörterbuch enthalten u.a. Wissen über die syntaktischen Eigenschaften der zielsprachlichen Elemente; quell- und zielsprachliche Elemente stehen mit den Elementen der Prädikat-Argument-Struktur in einer Relation. Über diese Relation sind zu jedem Element der Prädikat-Argument-Struktur alle "Varianten" zugänglich. Die Auswahl unter den im jeweiligen Übersetzungsfall "passenden" "Varianten" erfolgt durch die "Filterwirkung" der Constraints. Die Problemfälle, in denen zielsprachliche Constraints von verschiedenen Beschreibungsebenen einen Einfluβ auf die Äquivalentwahl haben, lassen sich auf diese Weise modular und ohne Vermischung von Zielsprachenwörterbuch und Übersetzungswörterbuch beschreiben.

Für den Zweck der exemplarischen Beschreibung des Funktionsprinzips einer solchen Wörterbucharchitektur wird der Blickwinkel bezüglich der Typen lexikalischer Information, die zur Diskussion stehen, bewuβt eingeschränkt; und zwar auf Teile der syntaktischen Beschreibung lexikalischer Einheiten, genauer: der Subkategorisierungseigenschaften von Verben. Der Grund dafür liegt darin, daβ die Fakten im Bereich der Verbkonstruktion relativ gut erforscht sind und formalisierbare Beschreibungen, z.B. im Rahmen von Grammatiktheorien wie Lexikalisch-Funktionaler Grammatik (LFG)[1] oder Head-Driven Phrase Structure Grammar (HPSG) von Fragmenten einzelner Sprachen vorliegen.

Im ersten Teil des vorliegenden Beitrags werden einige kontrastive Problemfälle Deutsch <--> Französisch zusammengestellt, die "nicht-standard-Übersetzungen" notwendig machen. Anschlieβend wird eine kurze Bilanz gezogen, die die Anforderungen zusammenfaβt, die an ein zweisprachiges Wörterbuch in einem maschinellen Übersetzungssystem zu stellen sind.

---

[1] Als Einführung in LFG vgl. Kaplan/Bresnan (1982) oder, mit französischen Beispielen, Seelbach (1987); zur HPSG Pollard/SAG (1987).

Als Versuch einer Antwort auf dieses Anforderungsprofil wird eine constraint-basierte Sicht der lexikalischen Beschreibung gegeben und anhand der Darstellung der Architektur des im Polygloss-Projekt[2] angestrebten Systems zu illustrieren versucht. Die Anforderungsbeschreibung wird hinsichtlich ihrer Auswirkungen auf die Systemarchitektur und die Architektur der Wissensquellen interpretiert.

Die Umrisse der lexikalischen Beschreibung eines der im ersten Teil des Beitrags diskutierten Beispiele sollen die Behauptung unterstützen, daβ sich im Rahmen eines constraint-basierten Ansatzes ein konzeptbasiertes kontrastives Wörterbuch modular und redundanzarm realisieren läβt.

2. Probleme der kontrastiven Beschreibung des syntaktischen Verhaltens von Lexemen

Sowohl in der zweisprachigen Lexikographie, als auch in der Forschung zur maschinellen Übersetzung besteht eine der grundlegenden Anforderungen an die grammatische und lexikalische Beschreibung darin, daβ sie in der Lage sein soll, auch Fälle von Unterschieden zwischen den Sprachen zu repräsentieren, zwischen denen übersetzt werden soll. In der Diskussion zur zweisprachigen Lexikographie wird in der Beschreibung solcher Unterschiede sogar das eigentliche Wesen der Arbeit des Lexikographen gesehen[3].

Im Rahmen der Forschung zur maschinellen Übersetzung ist die Diskussion solcher Divergenzen zwischen Sprachen, bzw. die Frage, inwiefern einzelne Systeme in der Lage sind, Fälle von solchen Divergenzen zu behandeln, in gewisser Weise zum Prüfstein für Übersetzungssysteme gewordenà. In einer neueren Arbeit stellt Dorr (1990)) Beispiele für einige Typen solcher Divergenzen zusammen. Sie unterscheidet

- "structural divergence":
  I saw John. vs. Vi a Juan.

- "conflational divergence":
  I like John. vs. Ich habe John gern.

- "lexical divergence":
  Hans nickt. vs. Jean fait oui de la tête.à

- "categorial divergence":
  I am hungry. vs. Ich habe Hunger.[4]

- "thematic divergence":
  I like Mary. vs. Maria me gusta a mi.

---

[2] Vgl. z.B. Emele/Heid/Momma/Zajac (1990 a/b), wo jeweils ein kurzer Überblick über die Zielsetzung des Projekts zu finden ist.

[3] Vgl. Kromann (1989). Kromann nennt das den "Vergleich zweier anisomorpher Sprachsysteme".

[4] Beispiel aus einem Vortrag von Martin Kay in Stuttgart, 16.7.1990. Die anderen Beispiele sind aus Dorr (1990:127).

Die Terminologie und Einleitung von Dorr (1990) ist nicht unbedingt in allen Punkten unstrittig[5] aber sie stellt eine Reihe von Problemtypen zusammen, die in Wörterbüchern und anderen linguistischen Wissensquellen von maschinellen Übersetzungssystemen behandelt werden müssen.

Aus diesen verschiedenen Problemtypen sollen für die Diskussion im vorliegenden Beitrag zwei herausgegriffen werden, die im Zusammenhang mit der Beschreibung der syntaktischen Eigenschaften von lexikalischen Einheiten eine Rolle spielen:

- Unterschiede zwischen zwei Sprachen in der Realisierung von Komplementen (Dorr: structural divergence);

- Unterschiede zwischen zwei Sprachen hinsichtlich des Zusammenhangs zwischen Argumenten von Prädikaten und Komplementen von Verben (Dorr: thematic divergence).

Die Diskussion solcher Phänomene beschränkt sich aber in der Regel auf die einfachsten Beispiele solcher Unterschiede zwischen Quell- und Zielsprache, d.h. solche, in denen nur jeweils ein Problem eines bestimmten Typs isoliert auftritt, wie im Satzpaar (1) vs. (2):

(1) John likes Mary.

<-->

(2) Mary plaît à John.

Es ist jedoch in "echten" Texten eher die Regel, daβ Probleme verschiedenen Typs gemeinsam auftreten und miteinander interagieren. Daher ist es notwendig, daβ in grammatischen und lexikalischen Beschreibungen nicht Lösungen für Einzelfälle isolierter Probleme auf einer "Fall zu Fall"-Basis gegeben werden, sondern daβ modulare Beschreibungen nach Bedarf miteinander interagieren können und daβ ihre Interaktion durchschaubar ist. In diesem Abschnitt werden zunächst einige Beispiele für einzelne Problemtypen (jeweils isoliert) gegeben, bevor Beispiele für die Interaktion verschiedener Typen von Problemen gegeben werden.

2.1. Unterschiede in der Realisierung von Verbkomplementen

Die grammatischen Systeme von Deutsch und Französisch lassen beide zu, daβ Verben satzförmige Subjekte und Objekte haben. Verben, die zum Ausdruck einer zweistelligen Relation dienen, wobei das erste Argument ein Sachverhalt ist, können z.B. in beiden Sprachen Subjektsätze bei sich haben. Einfache Beispiele sind in (3) bis (6) angegeben:

(3) Que tu ne fumes pas, me plaît.
(4) Daβ du nicht rauchst, gefällt mir.
(5) Daβ er zu spät kommt, erstaunt mich.
(6) Qu'il vienne trop tard m'étonne.

---

[5] Unklar ist zum Beispiel, welcher Unterschied zwischen "conflational" und "lexical divergence" im Detail besteht, und ob "categorial divergence" sich ausschlieβlich auf morphologisch verwandte lexikalische Einheiten bezieht.

Weitere Beispiele, bei denen isomorphe Übersetzung möglich ist, sind z.B.:

(7) Daβ sie raucht, betrübt/ärgert/überrascht/erstaunt mich.
(8) Qu'elle fume m'afflige/m'agace/ me surprend/ m'étonne.

Der (scheinbar vollständige) Parallelismus zwischen Deutsch und Französisch weist jedoch einige Lücken auf. Zwar erlaubt plaire einen Subjektsatz, nicht aber *enthousiasmer*. Zwar sind satzförmige Subjekte von *gêner* belegt[6], nicht aber von *déranger* oder *perturber*. Man hat also als Übersetzung von (9) nicht (10), sondern (11), analog zu (12):

(9) Daβ das Experiment gelingt, begeistert den Forscher.
(10) *Que l'expérience réussisse, enthousiasme le chercheur.
(11) La réussite de l'expérience enthousiasme le chercheur.[7]
(12) Das Gelingen des Experiments begeistert den Forscher.

Es scheint also notwendig zu sein, für französische Verben, die ein zweistelliges Prädikat ausdrücken, dessen erstes Argument eine Proposition ist, jeweils anzugeben, ob ein Subjektsatz möglich ist oder nicht. Im Deutschen scheint es dagegen keine oder wenig lexikalische Restriktionen für Subjektsätze zu geben. Es gibt natürlich die semantische Einschränkung, daβ ein zweistelliges Prädikat vorhanden sein muβ, dessen erstes Argument ein Sachverhalt ist, sowie vermutlich weitere semantische Restriktionen.

Übersetzer benutzen in solchen Fällen, wo eine isomorphe Übersetzung ausgeschlossen ist, anstelle von que-Sätzen Nominalisierungen von Verbenà. Dasselbe Phänomen findet sich auch bei propositionalen Argumenten, die auf Komplemente abgebildet werden, die nicht Subjekte sind; bei Subjektsätzen sind die Unterschiede jedoch am häufigsten. Solche Übersetzungen lassen natürlich das Problem unberücksichtigt, daβ Faktnominalisierungen von Verben in der Regel eine Vorgangs- und eine Resultatlesart haben. Die Verfügbarkeit von Vorgangslesarten muβ gesichert sein, damit die Übersetzung nach dem Modell der in (9) bis (12) gegebenen Beispiele möglich ist.

Unterschiede zwischen äquivalenten Verben im Hinblick auf die Komplementrealisierung (Typ des phrasenstrukturellen Konstrukts, das Komplement sein kann) sind jedoch nicht auf das Phänomen der que-Sätze beschränkt. Weitere Beispiele betreffen das Vorhandensein von indirekten Fragesätzen als Komplemente, Möglichkeiten der Realisierung von prädikativen Komplementen als Nominalphrasen oder Adjektivalphrasen, die Übersetzung von Verben mit "A.c.I."-artigen Konstruktionen durch daβ-Sätze (*je te supposais absent* <--> *ich nahm an, daβ Du weg bist*), usw.[8].

---

[6] Nach dem Ausweis von Busse/Dubost (1983) und den einsprachigen Wörterbüchern Petit Robert, Robert Méthodique, DFC.

[7] Als Variante findet sich auch die Konstruktion mit le fait que; wollte man stilistische Präferenzen in einem maschinellen Übersetzungssystem berücksichtigen, so wäre vermutlich le fait que zu unterdrücken, solange Faktnominalisierungen von Verben zur Verfügung stehen.

[8] Eine detailliertere Diskussion dieser Phänomene findet sich in Heid (1990). Die einzige detaillierte Diskussion von Problemen der Komplementrealisierung innerhalb von unifikationsbasierten Grammatikformalismen, die mir bekannt ist, findet sich bei Pollard/Sag (1987).

2.2. Unterschiede hinsichtlich des Zusammenhangs zwischen Argumentstellen und syntaktischen Funktionen

Bei den vieldiskutierten "thematischen Divergenzen" (in der Terminologie von Dorr (1990) vom Typ "*like* <--> *plaire*" liegt das Problem darin, daß Komplemente, die in einer Sprache Subjekt sind, in der anderen auf nicht-Subjekte abgebildet werden: ein Lexikoneintrag im Sinne eines Transfers auf f-Strukturen, wie er in Heid/Netter/Wedekind (1988) beschrieben ist, oder im Sinne von Kaplan et al. (1989) würde die "Überkreuz-Relation" der Komplemente zu beschreiben haben und wäre ein Fall vom selben Typ wie jene, bei denen unterschiedliche nicht-Subjekt-Funktionen aufeinander abgebildet werden, z.B. ein <OBJ(ekt)> auf ein präpositionales Objekt <P-OBJ>. Beispiele für solche Phänomene sind

(13) Ma soeur (SUBJ) a raté cette photo (OBJ).
(14) Dieses Photo (SUBJ) ist meiner Schwester mißlungen (OBJ2).

bzw., mit Abbildung zwischen nicht-Subjekt-Funktionen:

(15) Ma soeur (SUBJ) a remercié les invités (OBJ).
(16) Meine Schwester (SUBJ) hat den Gästen (OBJ2) gedankt.

Diese Zusammenhänge lassen sich in Transferwörterbucheinträgen ausdrücken, und eine fallweise Beschreibung der Übersetzungsrelation ist in den meisten Fällen möglich. Problematischer ist, daß eine Übersetzung mit einem Verb, das einen anderen Subkategorisierungsrahmen hat als das quellsprachliche Verb, in der Zielsprache größere Strukturveränderungen notwendig machen kann.
In einfachen Fällen kann dieses Problem durch die Angabe unterspezifizierter Transferregeln und durch eine ausreichend detaillierte zielsprachliche grammatische Beschreibung ausgeglichen werden. Im Falle der Übersetzung von Partizipien (17) durch Relativsätze (18), der in Heid/Netter/Wedekind (1988) diskutiert wird, genügt eine Regel, die das Subjekt des Partizips zum "Topic" des Relativsatzes macht, zusammen mit den zielsprachlichen Wörterbucheinträgen, damit die richtige Übersetzung und nur diese ausgewählt wird:

(17) eine vom Benutzer mit Daten beschriebene Diskette
(18) une disquette sur laquelle l'utilisateur a écrit des données

Die Übersetzungsregel bildet das Subjekt des Partizipialadjunkts auf ein TOPIC des Relativsatzes ab, ganz gleich, welche syntaktische Funktion das TOPIC im zielsprachlichen Satz hat. Die Zielsprachengrammatik erzwingt dann, im Zusammenspiel mit den anderen Transferregeln, die richtige Zuordnung von TOPIC und gewünschter syntaktischer Funktion.

Erheblich weniger klar und einfach zu formulieren sind jedoch Transferregeln, die das Zusammenspiel solcher Unterschiede zwischen Lexemen von zwei Sprachen mit komplexeren syntaktischen Phänomenen beschreiben sollen. Wenn z.B. das problematische Äquivalentpaar in einer Koordination auftaucht, wie in (19), einem Beispiel, das aus Materialien aus der täglichen Übersetzungsarbeit des Sprachendienstes der Deutschen Bundesbahnà stammt[9], dann müßten für den Transfer relativ komplexe Regeln formuliert

---

[9] Die Hauptverwaltung der DB, Frankfurt/M. hat uns dankenswerterweise im Rahmen eines Kooperationsprojekts Materialien aus der laufenden Arbeit des Übersetzungsdienstes zugänglich gemacht.

werden, die schon sehr spezifisch auf die Behandlung bestimmter Kontexte in einem bestimmten Übersetzungszusammenhang zugeschnitten sein müßten:

(19) Ces limitations de vitesse sont notifiées à l'avance et rappelées aux conducteurs par une signalisation latérale.

Problematisch ist hier *rappeler*. Das Verb könnte als Lexikalisierung eines dreistelligen Prädikats, z.B. **remind* (ARG1, ARG2, ARG3)*, aufgefaßt werden, ebenso wie sein Äquivalent *erinnern*. *Erinnern* weist jedoch andere Relationen zwischen den Komplementen und den Argumenten von **remind** auf, als *rappeler*.

(20) Le chef de service (SUBJ) rappelle le règlement (OBJ) au conducteur (OBJ2).
(21) Der Fahrdienstleiter (SUBJ) erinnert den Lokführer (OBJ) an die Regelung (P-OBJ).

Eine Übersetzung mit *erinnern* müßte in diesem Fall ein Pronomen einführen, das als <P-OBJ> von *erinnern* stehen müßte; außerdem müßte die Koordination der Partizipien zu einer Koordination von Sätzen "angehoben" werden:

(22) Diese Geschwindigkeitsbegrenzungen werden im Voraus bekanntgegeben und die Lokführer werden durch Streckensignale an sie erinnert.

Das Äquivalentpaar *rappeler/erinnern* ist kein Einzelfall. Die Übersetzung von *déconseiller* in (23) durch *abraten* (24) erzwingt z.B. im Kontext einer Koordination, deren erstes Glied das Partizip *déconseillé* ist, ein Pronomen für das Objekt des zweiten Verbs:

(23) Ce médicament a été déconseillé aux femmes enceintes dès 1985 et retiré du marché un an plus tard.
(24) Von diesem Medikament wurde Schwangeren schon 1985 abgeraten und ein Jahr später wurde es vom Markt zurückgezogen.

2.3. Mehrere Divergenzen in einem Satz

Die in den vorangegangenen Beispielen diskutierten Phänomene können in Texten durchaus auch kumuliert auftreten, d.h. sie können einander gegenseitig beeinflussen. Das mag ein Beispiel verdeutlichen, in dem die syntaktischen Eigenschaften mehrerer Lexeme eine Rolle spielen. Das Beispiel entstammt dem Bereich der Übersetzung deutscher Nominalphrasen ins Französische und könnte so in einer deutschen Zeitungsnotiz gestanden haben:

(25) Der Minister hat den Widerstand der Behörden gegen die Sicherstellung der Verteilung der Hilfsgüter kritisiert.

Unter der (vereinfachenden) Annahme, daß die Nominalisierungen (Widerstand, Sicherstellung, Verteilung) und die zugrundeliegenden Verben in daß-Sätzen auf dieselbe Prädikat-Argument-Struktur zurückgehen, kann man die in (26) dargestellte, vereinfachte Prädikat-Argument-Struktur und für jedes Prädikat die jeweils in (27-30) angegebenen syntaktischen Konstruktionsmöglichkeiten annehmen[10]:

[10] In der Struktur wird vereinfachend *ANY* gesetzt, wo das ARG1 nicht explizit gefüllt ist.

(26) *criticize*
    [ARG1: *Minister*,
     ARG2: *be-opposed-to*
        [ARG1: *authorities*,
         ARG2: *ensure*
            [ARG1: *ANY*,
             ARG2: *distribute*
                [ARG1: *ANY*,
                 ARG2: *goods*]]]].

Dabei wird vereinfachend nur zwischen Nominalphrasen als Komplement (NP) und satzförmigen Ergänzungen (Satz) unterschieden:

(27) *criticize*:
critiquer qc (NP)
critiquer que (Satz)
la critique de qc (NP)
qc (NP) est critiqué

(28) *be-opposed-to*:
s'opposer à qc (NP)
s'opposer à ce que (Satz)
l'opposition contre qc (NP)

(29) *ensure*:
assurer qc (NP)
qc (NP) est assuré
assurer que (NP)

(30) *distribute*:
distribuer qc (NP)
qc (NP) est distribué
la distribution de qc (NP)

Nimmt man an, daß für jedes der vier Konzepte, die als Prädikate mit Argumenten dargestellt sind (vgl. (27-30)), jeweils drei syntaktische Konstruktionsmöglichkeiten gegeben sind, so ergibt sich eine große Zahl von theoretisch möglichen Kombinationen als Kandidaten für die Übersetzung. Schnell zeigt sich aber, daß nicht jede Kombination realisiert werden kann: der Satzanfang (32) kann zum Beispiel nicht weitergeführt werden, da es zu *assurer* keine Nominalisierung gibt:

(31) Le ministre a critiqué l'opposition des autorités contre ...

Aus demselben Grund verbietet sich auch der Satzanfang (31), da *s'opposer à* in (32) eine NP als Komplement verlangt, die aber wegen des Fehlens der Nominalisierung von *assurer* mit dem lexikalischen Material, das zur Verfügung steht, nicht aufgebaut werden kann:

(32) Le ministre a critiqué que les autorités s'opposent à un ...

Die Tatsache, daß **ensure** und **distribute** ohne voll spezifiziertes ARG1 auftreten, verhindert aktivische Konstruktionen in diesem Teil der Übersetzung der deutschen Nominalphrase.

Alle diese Fakten zusammen bestimmen die Menge möglicher Übersetzungen; eine davon ist

(33) Le ministre a critiqué que les autorités s'opposent à ce que les marchandises soient distribuées.

Man kann nun argumentieren, daß die Aneinanderreihung von Nominalisierungen in einer komplexen Nominalphrase keine neue Dimension zum Problem der Übersetzung von Nominalisierungen durch Sätze und umgekehrt hinzufügt. Und genauso sollte es auch sein: die übersetzungsrelevanten Fakten betreffen die Äquivalenz zwischen *kritisieren* und *critiquer/la critique*, *Widerstand gegen* und *s'opposer à/l'opposition contre*, usw.

Aufgabe des zweisprachigen Wörterbuchs eines maschinellen Übersetzungsprogramms soll es aber dann doch gerade und ausschließlich sein, Wissen über solche Äquivalenzrelationen bereitzustellen. Das zweisprachige Wörterbuch kann und soll aber gerade nicht fertige Äquivalentpaare für einzelne syntaktische Anwendungskontexte bereitstellen. Daß es zu *assurer* in der hier relevanten Lesart keine Faktnominalisierung gibt, ist ein Problem der französischen Derivation und der lexikalisierten (konventionalisierten) Derivationsprodukte, hat aber keine Bedeutung für das zweisprachige Wörterbuch per se. Das gleiche gilt für die Tatsache, daß nach *l'opposition (contre)* kein Satz stehen kann, wohl aber bei *s'opposer à ce que*. Mann kann alle diese Fakten im zweisprachigen Wörterbuch beschreiben, im Beispielfall s.v. *Widerstand (gegen)*. Die Beschreibung dort würde dann aussagen, daß die Übersetzung von *Widerstand (gegen)* unterschiedlich ist, je nach Typ des phrasenstrukturellen Konstrukts, das als Ergänzung zu erwarten ist (Satz oder Nominalphrase).

Ziel eines solchen Ansatzes müßte es also sein, mögliche Konstellationen von Bedingungen "vorherzusehen", die bestimmte Übersetzungen erzwingen könnten. Vollständigkeit wird dabei schwerlich erreicht, da die Angaben der Bedingungen lokal an das Übersetzungsproblem, zum Beispiel *"Widerstand (gegen)"* gebunden sind. Die Anzahl der zu erwartenden Bedingungen und Parameter, die bei der Formulierung von spezifischen, vom syntaktischen Kontext abhängigen Übersetzungsregeln zu berücksichtigen ist[11], dürfte hoch sein und ist schwer überschaubar.

2.4. Zwischenbilanz: Probleme und Anforderungen an Wörterbuch und Systemarchitektur

Die oben diskutierten Beispiele sprechen für die Annahme, daß eine fallweise Beschreibung von Divergenzen zwischen Quell- und Zielsprache im Wörterbuch für maschinelle Übersetzung nicht ausreicht. Sie mag dann Erfolg versprechen, wenn die problematischen Phänomene einzeln auftreten, also je eines pro Satz. Sobald es aber darum geht, komplexere Sätze und Phrasen zu übersetzen, ist eine solche Lösung nicht mehr generell und flexibel genug.

Der Versuch, zielsprachliche Beschränkungen, die eine Auswahl unter möglichen Äquivalentkandidatenà bedingen, im zweisprachigen Wörterbuch zu kodieren, ist nicht nur "unhandlich", wie oben gezeigt wurde, sondern kommt darüberhinaus einer Vermischung von kontrastiver und einsprachiger Information, von Äquivalenzaussage und syntaktischer Beschreibung in der Zielsprache gleich. Die Vermischung dieser Beschreibungsebenen führt aber zu einer hohen Komplexität der Wörterbucheinträge, nicht selten zu hoher Redundanz und massiven Poblemen hinsichtlich der Konsistenthaltung des Wörterbuchs.

[11] Aus der Sicht der neueren Ansätze in der zweisprachigen Lexikographie wurden Details dieser Problematik in Heid (1990) diskutiert.

Das in 2.3. diskutierte Problem betrifft das Vorhandensein mehrerer ineinander eingebetteter Elemente, von denen jedoch jedes Bedingungen desselben Typs (hier: syntaktische Subkategorisierungseigenschaften) aufweist; um wieviel komplexer wird das Zusammenspiel, wenn Bedingungen mehrerer Bescheibungsebenen, z.B. morphologische, syntaktische und Kollokationseigenschaften gemeinsam die Auswahl unter Äquivalentkandidaten beeinflussen.

Die hier angesprochene Problematik betrifft nicht nur den Informationsgehalt eines Wörterbuchs für maschinelle Übersetzung, sondern auch die Architektur eines solchen Systems als ganzes. Besonders problematisch sind dabei "schichtenweise" aufgebaute Systeme, die unterschiedliche linguistische Beschreibungsebenen in unterschiedlichen, durch definierte Schnittstellen verbundenen Modulen modellieren. Der Versuch, etwa für morphologische, konstituentenstrukturelle und relationale oder funktionale Beschreibungen unterschiedliche Teilsysteme mit jeweils eigenen Konsistenzbedingungen anzusetzen, wie er in EUROTRA unternommen wurde, ist im Hinblick auf eine Modularisierung des Systems notwendig und sinnvoll. Kommunizieren aber die einzelnen Module in der Weise miteinander, daβ jeweils die Resultatstrukturen eines Moduls, das eine Beschreibungsebene modelliert, Eingabe für das "nächste" Modul sind, dann impliziert die Architektur des Systems eine Reihenfolge der Verarbeitung (oder der Berücksichtigung) der einzelnen Beschreibungsebenen. Ein solches "Schichtenmodell" kann nur effizient funktionieren, wenn alle Entscheidungen, die auf der Ebene eines Moduls zu treffen sind, auf der Basis der Eingabestruktur zu diesem Modul getroffen werden können, und ohne Information, die "erst" bei (in der Abarbeitung zeitlich) "darauffolgenden" Modulen zur Verfügung steht. Genau dies ist aber der Fall, wenn versucht werden soll, zielsprachliche in einem zweisprachigen Modul zu berücksichtigen.

Ein Problemfall für ein so strukturiertes System würde auch auftreten, wenn die Äquivalentbeschreibung im zweisprachigen Wörterbuch eine lexikalische Einheit der Zielsprache auswählt, die z.B. kein vollständiges flexionsmorphologisches Paradigma hat. Wenn dann eine mit dem ausgewählten Lemma aus morphologischen Gründen nicht realisierbare Form im Transferschritt ausgewählt wird, und die zielsprachliche Generierung baut zuerst relationale, dann Konstituentenstrukturen und erst zuletzt morphologische Formen auf, so wird das Problem erst relativ "spät" im Ablauf des Übersetzungsvorganges evident und ein groβer Aufwand zur Rücknahme der vorher getroffenen Entscheidungen (z.B. durch Backtracking) ist nötig.
Oft wird versucht, die Nachteile einer solchen sequentiellen Systemarchitektur in der Datenbeschreibung dadurch zu umgehen, daβ auswahlrelevante Information im konstrastiven Wörterbuch kodiert und auf Beschreibungsebenen, auf denen sie keine eigentliche Relevanz hat, mitgeführt wird.

Das führt im Extremfall dazu, daβ die Beschreibungen, die in den einzelnen Modulen verwendet werden, nicht mehr ausschlieβlich von einer Beschreibungsebene her motiviert sind; vielmehr dienen die Module dann auch dazu, Informationen, die im Abarbeitungsprozeβ "später" benutzte Module benötigen, "weiterzureichen".

3. Eine constraint-basierte Sicht der lexikalischen Beschreibung für maschinelle Übersetzung

Die bisher diskutierten Beispiele haben gezeigt, daß die linguistischen Eigenschaften von zielsprachlichen lexikalischen Einheiten eine entscheidende Bedeutung für die Auswahl unter eventuellen Äquivalenzkandidaten haben. Genauso wirkt die Grammatik der Zielsprache als Auswahlkriterium für Übersetzungen. Sofern man weitere Beschreibungsebenen (wie z.B. pragmatische, stilistische, etc.) berücksichtigen will, werden diese ebenfalls als Auswahlkriterien relevant. Sequentielle Ansätze wie die oben beschriebenen werden damit zunehmend komplexer und in Bezug auf die praktische Handhabung problematischer.

In den letzten Jahren wurden deswegen Beschreibungsansätze entwickelt, die sich zum Ziel setzen, das Zusammenwirken verschiedener linguistischer Teilinformationen zu beschreiben. Diese Arbeiten werden gemeinhin als "constraint-basierte Ansätze" bezeichnet. Eine der ersten Beschreibungen dieser Art findet sich in Fenstad et al. (1987). Die Autoren behandeln den Aufbau situationssemantischer Beschreibungen von Sätzen und stellen fest, daß verschiedene Faktoren gleichzeitig für die semantische Interpretation von Sätzen eine Rolle spielen; die relevanten Fakten gehören unterschiedlichen linguistischen Beschreibungsebenen (z.B. Intonation, morphologische und syntaktische Eigenschaften) an, und man kann nicht einen Phänomentyp ausmachen, der primär wäre in dem Sinne, daß er alleinige Vorbedingung für das Auftreten der anderen wäre. Fenstad et al. (1987) kommen zu dem Schluß, daß alle Teilbeschreibungen zusammen, gemeinsam, die semantische Interpretation bestimmen. Alle haben denselben theoretischen Status und bedingen sich gegenseitig, ohne daß es einen aus irgendwelchen Gründen ausgezeichneten Typ von Teilbeschreibungen gäbe, der Ansatzpunkt, Grundlage oder Vorbedingung für die anderen wäre.

In Emele/Heid/Momma/Zajac (1990a) wird eine generalisierte Anwendung der constraint-basierten Beschreibung auch außerhalb des Aufbaus von Situationsschemata, für das Generierungssystem Polygloss vorgeschlagen. Ähnliche Ansätze verfolgen Kaplan/Netter/Wedekind/Zaenen (1989) und, auf der Basis von Netzwerken der Systemic Grammar, Bateman et al. (1989, 1990).

Geht man davon aus, daß grammatische oder lexikalische Beschreibungen die Eigenschaften linguistischer Objekte betreffen, so kann man sich die Benutzung von constraints in gewisser Weise wie einen Filtermechanismus vorstellen, der aus der Menge wohlgeformter linguistischer Objekte die Teilmenge derjenigen Objekte ausfiltert, die bestimmte Bedingungen erfüllen. Je weniger Bedingungen vorgegeben sind, desto mehr aktuelle Objekte können den Filter passieren. Treten weitere Eigenschaftsbeschreibungen hinzu, so "filtern" diese, als Bedingungen, zunehmend kleinere Teilmengen aus der ursprünglichen Menge aus.

Im Fall der Übersetzung gehen wir davon aus, daß die Strukturen der Quellsprache, Äquivalenzaussagen und Eigenschaften von zielsprachlichen Kandidatenlexemen und zielsprachlicher Grammatik gemeinsam als Constraints wirken. Die Beispiele im vorigen Kapitel gegeben, um auf die Relevanz zielsprachlicher Constraints aufmerksam zu machen. Hinzukommt die Interaktion zwischen verschiedenen Constraints, die zusätzlich als Filter für Äquivalenzkandidaten wirkt. Nimmt man an, daß zu jeder lexikalischen Einheit der Quellsprache eine oder mehrere lexikalische Einheiten der Zielsprache in einer Äquivalenzrelation stehen, so erfüllt jedes Äquivalenzpaar eine Reihe von Constraints semantischer, syntaktischer, morphologischer Natur usw. Stehen mehrere Paare zur Auswahl, so kann mit weiteren Constraints, z.B. solchen, die Textstruktur, kommunikative Perspektive, etc. betreffen, ausgewählt werden.

Die Aufsätze der dänischen Schule zur zweisprachigen Lexikographie[12] beschreiben das zweisprachige Wörterbuch als ein Inventar solcher Äquivalenzpaare, wobei die Eigenschaften der jeweiligen Einheiten implizit als Constraints aufgefaßt werden. Kromann (1989:56) formuliert:

> "Bei der lexikalischen und grammatischen Beschreibung zweier Sprachen sieht der Lexikograph das jeweilige System durch die Brille des anderen Systems".

Die Betrachtung der Quellsprache "durch die Brille" der Zielsprache bedeutet aber gerade in der lexikographischen Präsentation im Wörterbuch die unerwünschte ausschließliche Strukturierung konstrastiver Beschreibungen anhand von zielsprachlichen Constraints.

Die Art und Weise, wie solche kontrastiven Beschreibungen strukturiert werden, läuft jedoch, soweit sich dies anhand der Arbeiten der dänischen Lexikographen beurteilen läßt (es gibt noch keine ausschließlich nach ihren Prinzipien konstruierten Wörterbücher), auf eine kumulative Beschreibung der kritischen Fälle im zweisprachigen Wörterbuch hinaus; sie würden dann das Kriterium der Modularisierung nicht erfüllen und wären folglich als Modell für das Wörterbuch eines constraint-basierten Systems zur Sprachverarbeitung nicht geeignet.

Im Folgenden wird deswegen versucht, in Umrissen zu zeigen, wie eine Wissensquelle für ein modulares constraint-basiertes Übersetzungssystem aussehen müßte. Der formale Hintergrund, der hier nur kurz angesprochen werden kann und an anderer Stelleà detailliert dargelegt ist[13], sind die typed feature structures, die als Grundbaustein der Wissensrepräsentation in Emele/Zajac (1990) benutzt werden. Das im Projekt Polygloss benutzte Repräsentationssystem TFS auf der Basis typisierter Merkmalsstrukturen unterstützt einen modularen Aufbau von Wörterbüchern, eine deklarative Formulierung der Interaktion von Constraints verschiedener linguistischer Ebenen und eine effiziente Ausnützung von Strategien der multiplen Vererbung, ohne eine sequentielle Systemarchitektur oder Versuche notwendig zu machen, Informationen nicht-lokal über eine Reihe von Modulen hinweg bereitzuhalten, weil sie "später im Verarbeitungsprozeß" benötigt werden. Vielmehr brauchen sich Lexikograph und Grammatikschreiber nicht um die Verarbeitung von linguistischem Wissen oder um die Kontrolle der Interaktion unterschiedlicher Wissenstypen zu kümmern. Das implementierte System erlaubt sowohl "Generierung" als auch "Analyse" auf der Basis ein- und derselben Wissensquelle.

3.1. Eine Architektur für ein constraint-basiertes Übersetzungssystem

Oben wurden einige der grundlegenden Anforderungen an eine Systemarchitektur und eine lexikalische Beschreibung für ein constraint-basiertes Übersetzungssystem angeführt; die zentralen Punkte dabei betreffen

- Modularität (Trennung von einsprachiger und kontrastiver Beschreibung; Trennung der einzelnen linguistischen Beschreibungsebenen im einsprachigen Wörterbuch);

---

[12] z.B. Kromann/Riiber/Rosbach (1984, 1989), Kromann (1989).

[13] Vgl. Emele/Zajac (1990 a/b/c), Emele/Heid/Momma/Zajac (1990 a/b).

- Möglichkeiten der expliziten Beschreibung von Zusammenhängen zwischen Phänomenen, die verschiedenen Beschreibungsebenen zugehören;

- den Wegfall der Fall-zu-Fall-Beschreibung der Äquivalenz.

Für die Implementierung in einem multilingualen System ergeben sich aus diesen generellen Anforderungen eine Reihe von speziellen Vorgaben für die Systemarchitektur, die in Polygloss berücksichtigt werden:

- Modularität zwischen den einzelnen Sprachkomponenten: das mehrsprachige System soll aus einer Sammlung von einsprachigen Beschreibungen, sowie zweisprachigen Äquivalenzbeschreibungen oder einer interlingua-artigen abstrakten Repräsentation aufgebaut werden; in Polygloss wird der interlinguabasierte Ansatz verfolgt;

- Modularität der einzelsprachlichen Beschreibungen: Jede linguistische Beschreibungsebene wird in einer eigenen Wissensquelle beschrieben, für die jeweils eigene Generalisierungen formuliert werden können.

- Integration der Komponenten, Zusammenhänge zwischen Teilbeschreibungen: Alle Beschreibungen und alle Wissensquellen sind in Bausteinen eines einheitlichen Formalismus repräsentiert, so daß das Problem der Schnittstellen zwischen Modulen entfällt. Der Repräsentationsformalismus unterstützt die reihenfolgeunabhängige constraint-basierte Verarbeitung. Die Formulierung von Relationen zwischen Teilbeschreibungen verschiedener Ebenen erlaubt die explizite Beschreibung der Zusammenhänge zwischen Fakten verschiedener linguistischer Ebenen;

- Wegfall der Notwendigkeit der Kontrolle des Zusammenspiels verschiedener Beschreibungen: das System ist unifikationsbasiert; folglich ist eine erste Kompatibilitätsprüfung bereits im Formalismus realisiert; das Typensystem, das dem Formalismus zugrundeliegt, gibt zusätzliche Kontrollmöglichkeiten, da in vielen Fällen nicht die Unifikation partieller Strukturen abgewartet werden muß, sondern schon die Überprüfung der Verträglichkeit von Klassen von linguistischen Teilbeschreibungen genügt, um unerwünschte Resultate auszuscheiden.

Im folgenden wird ein vereinfachter Überblick über die Systemarchitektur von Polygloss gegeben, der zeigen soll, in welcher Weise die oben zusammengestellten Grundgedanken des Systemdesigns realisiert sind.

Läßt man zunächst die Modularisierung der einzelsprachlichen Beschreibungen außer Acht, so kann man das System als aus drei Bausteinen aufgebaut betrachten:

- eine Konzepthierarchie, deren Elemente ("Konzepte") Generalisierungen über Bedeutungen sind, die in den behandelten Sprachen auftreten;

- je Sprache eine (Reihe von untereinander verbundenen) Hierarchie(n) zur lexikalischen und grammatischen Beschreibung;

- je Sprache eine Hierarchie von Relationen zwischen Elementen der konzeptuellen Beschreibung und Elementen der einzelsprachlichen Beschreibungen bzw. zwischen konzeptuellen und sprachlichen Strukturen.

Die einzelsprachlichen Beschreibungen sind aufgespalten in eine morphologische, eine syntaktische, semantische, pragmatische Teilbeschreibung, von denen jede wiederum hierarchisch organisiert ist. Es kann durchaus sinnvoll sein, die Beschreibung einer linguistischen Ebene, etwa der Syntax, in mehrere Teilhierarchien aufzuspalten; dafür wird in Heid (1990 b) argumentiert und ein Beispiel gegeben; die Beschreibung des Subkategorisierungsverhaltens von Verben wird dort auf mehrere Ebenen verteilt, eine funktionale, die die Anzahl und den abstrakten Kasus der Komplemente beschreibt, eine kategoriale, die beschreibt, welches die Kategorie des Kopfes (Head, Governor) der jeweiligen Phrase ist, die Komplementfunktion hat, und schließlich eine Konstituentenstruktur-Ebene, auf der Konstituenz, Reihenfolge von Konstituenten, etc. beschrieben sind.

3.2. Ein Beispiel

Zum Abschluß sollen die Umrisse der Beschreibung von Phänomenen gegeben werden, die oben als Beispiel für die Notwendigkeit einer constraint-basierten Beschreibung angeführt wurden. Hier soll nochmals das Beispiel (25) aufgegriffen werden, das in Abschnitt 2.3. besprochen wurde:

(34) Der Minister hat den Widerstand der Behörden gegen die Sicherstellung der Verteilung der Hilfsgüter kritisiert.

Oben unter (26) wurde eine Prädikat-Argumentstruktur angegeben, die den Satz (34) auf der konzeptuellen Beschreibungsebene repräsentiert. Die in (27) bis (30) angegebenen Konzepte, **criticize**, **be-opposed-to**, **ensure** und **distribute** gehören alle der Klasse der zweistelligen Prädikate an. In (26) dominiert jedes der vier Konzepte eine Teilstruktur wie in (35), wobei in (35) **concept** vereinfachend für "irgendein" Konzept (eine beliebige Instanz aus der Klasse der Konzepte) gesetzt wird:

```
(35)   *concept*
              (ARG 1:  *concept*
              ARG 2:  *concept*).
```

Solche "zweiargumentigen" Prädikate stellen eine eigene Unterklasse der Klasse der Konzepte dar; in der Repräsentation im "typed feature structure" Formalismus (TFS) ist diese Klasse als ein "Typ" definiert.

Die Konzepte gehören jedoch insofern unterschiedlichen Unterklassen dieser Klasse an, als nicht alle jeden Untertyp von **concept** als Argument erlauben. Das Konzept **distribute** unterscheidet sich von den drei anderen dadurch, daß es nur Konzepte der Klasse **entity** als Argumente erlaubt, während die anderen als zweites Argument (ARG 2), nicht aber als erstes, einen Sachverhalt (**proposition**) zulassen. Damit fällt **distribute** in eine andere Unterklasse der zweistelligen Prädikate als die anderen drei Konzepte. Neben dieser Beschreibung auf der Ebene der Prädikat-Argumentstrukturen muß das System nun einzelsprachliche Beschreibungen enthalten, sowie Relationen zwischen Prädikat-Argument-Beschreibung und einzelsprachlicher Beschreibung.

In vereinfachter Form sind beide Arten von Beschreibungen in (27) bis (30) angegeben, zumindest für Französisch. Dort stehen nach dem Konzeptnamen und dem Doppelpunkt französische Lexeme, sowie informell notierte syntaktische Subkategorisierungsangaben.

Zunächst zur Beschreibung der Lexeme: berücksichtigt man nur einen Teil der syntaktischen Angaben, nämlich Komplementrealisierung und Passivierbarkeit von Verben, so zeigt sich folgendes Bild für Französisch:

- folgende Verben stehen zur Verfügung:

  - (36) critiquer (cf. (27))
  - (37) s'opposer (cf. (28))
  - (38) assurer (cf. (29))
  - (39) distribuer (cf. (30)).

- alle Verben haben je zwei Komplemente;

- *critiquer* (36), *assurer* (38) und *distribuer* (39) sind passivierbar;

- *critiquer* (36) und *s'opposer* (37) können einen Satz als Komplement haben (*critiquer que* ... und *s'opposer à ce que* ... .) Die Passivierbarkeit von *critiquer* gilt auch in diesem Fall.

Daneben stehen eine Reihe von Nomina zur Verfügung, nämlich *la critique, l'opposition* und *la distribution.* Diese sind ebenfalls hinsichtlich ihrer syntaktischen Eigenschaften beschrieben, wie vereinfacht in (27) bis (30) angegeben.

Eine sinngemäße Beschreibung liegt für Deutsch vor, wo die Verben *kritisieren, sich widersetzen* (oder die Funktionsverbformel *Widerstand leisten*), *sicherstellen* und *verteilen,* sowie die entsprechenden Nomina nach ihrem syntaktischen Eigenschaften beschrieben sind.

Alle Beschreibungen liegen als Angaben über die Zugehörigkeit eines Lexems zu einer oder (im Fall von Variation) mehreren syntaktischen Klassen vor.

Nun muß noch die Beschreibung der Relationen zwischen Konzepten und Lexemen, sowie zwischen (Typen von (partiellen)) Prädikat-Argument-Strukturen und syntaktischen Strukturen ergänzt werden.

Auf der Ebene der Konzept <--> Lexem-Zuordnungen, das heißt im mehrsprachigen Wörterbuch, wird angenommen, daß Verben und Faktnominalisierungen von Verben mit demselben Konzept verbunden sind. Von zusätzlichen semantischen Parametern, die für eine Auswahl zwischen Verb und Nominalisierung relevant sein können, wie Resultativität, etc. wird hier abstrahiert. Damit wird z.B. miteinander in eine Relation gesetzt:

(40) (conc: *criticize*,
franz: (lemma: critiquer / critique))

(41) (conc: *criticize*,
deutsch: (lemma: kritisieren / Kritik))

Konzept- und Lemmanamen sind im Lexikon zur Unterscheidung von Lesarten zum Teil mit Nummern (z.B. *critiquer-3*) versehen.

Die Lexikalisierungsangaben in (40) und (41) sind als Disjunktionen notiert ("/" = "oder"). In der lexikalischen Beschreibung der einzelsprachlichen Lexeme werden syntaktische Konstruktionsvarianten, die als Paraphrasen voneinander gesehen werden (z.B. in bestimmten Fällen Infinitivkonstruktion vs. *daß*-Satz) ebenfalls disjunktiv notiert. Das französische Lemma *s'opposer* verweist also disjunktiv auf die Klasse der Verben mit nominalem à-Objekt (*s'opposer à qc*) und auf die Klasse der Verben mit *à ce que*-Satz (wie in: *s'opposer à ce qu'il vienne*).

In derselben Weise wie einzelne Konzepte mit einzelnen lexikalischen Einheiten in Relation gesetzt werden, können auch (Klassen von) Teilstrukturen miteinander in Verbindung gesetzt werden. So kann z.B. ganz generell für eine Prädikat-Argument-Struktur wie (35) eine Relation wie (42) formuliert werden:

```
(42) (conc:    *concept*
                        (ARG1: *concept*
                         ARG2: *concept*),

          franz: (lemma: LEMMA,
                 kompl-1: (lemma: LEMMA)
                 kompl-2: (lemma: LEMMA)).
```

Damit ist aber noch nicht alles Notwendige ausgesagt: um den rekursiven Charakter der Relationen auszudrücken, muß beschrieben werden, daß ARG-1 und kompl-1 in einer Relation stehen ebenso ARG-2 und kompl-2. Der Notationskonvention der HPGS (Head-Driven-Phrase-Structure-Grammar) folgend, geschieht dies mit Hilfe von Indexziffern:

```
(43) (conc: *concept*
              (ARG1:  1=  *concept*)
               ARG2:  2=  *concept*),

        franz:  (lemma: LEMMA,
                 kompl-1:  1= (lemma: LEMMA)
                 kompl-2:  2= (lemma: LEMMA)).
```

Die in (42) ausgedrückte Relation ist sehr generell; sie kann Spezialisierungen für bestimmte Konzeptklassen haben. Auf der Ebene der Relationen zwischen den Argumenten kann auf diese Weise der Zusammenhang zwischen verbaler Realisierung von Sachverhalten und nominaler Realisierung, z.B. durch Nominalgruppen mit Faktnominalisierungen von Verben als Head, ausgedrückt werden:

```
(44) (conc:  *proposition*
        franz: (lemma: LEMMA,
                cat:  V / N )).
```

Die Darstellung in (44) ist stark vereinfacht, jedoch stellt sie die notwendige Information ("der Head der französischen Konstruktion, durch die eine **proposition** realisiert werden kann, ist entweder ein Nomen oder ein Verb") zusammen. Diese generelle (und in dieser Form unterspezifizierte) Relation wirkt zusammen mit Relationen wie (40)-(43).

Sämtliche Aussagen zusammen determinieren die Menge der wohlgeformten Objekte, für die, im Fall der Generierung in Französisch oder Deutsch alle Relationen erfüllt sind. Im Beispielfall bedeutet das, daß etwa für **ensure**, wo keine Nominalisierung im Französischen existiert, wohl aber im Deutschen, im Französischen nur eine verbale Realisierung mit *assurer* möglich ist. Die syntaktischen Eigenschaften von *assurer* (nominales oder satzförmiges zweites Komplement, Passivierbarkeit) legen fest, welche Konstruktionen als Komplement von *assurer* eingebaut werden können. Umgekehrt restringiert die Tatsache, daß neben *assurer* kein Nomen existiert, das in Relation mit **ensure** stünde, die Auswahl unter Komplementen von *s'opposer*, nach (44), da nur der verbale Zweig der Realisierungsdisjunktion benutzt werden kann. Das bedeutet aber seinerseits eine Auswahl aus den Konstruktionen von *s'opposer* (37, 28): nur noch *s'opposer à ce que* kann gewählt werden, da das zweite Komplement von *s'opposer* ja ein Verb sein muß.

4. Zusammenfassung

In diesem Beitrag wurde die Benutzung eines constraint-basierten Ansatzes bei der Konzeption eines maschinellen Übersetzungssystems motiviert. Dazu wurden Beispiele für Fakten diskutiert, deren Zusammenwirken schwer im voraus beschrieben werden kann, sodaß eine allgemeine Lösung für Probleme der Äquivalentwahl nicht unbedingt an lexikalischer Information festgemacht werden kann, sondern sich aus der Kombination lexikalischen Materials ergibt.

Die Folgerung aus der Diskussion solcher Phänomene ist die Forderung nach modularen Wissensquellen, einer nicht-sequentiellen Architektur des Übersetzungssystems und nach der Möglichkeit, die Kontrolle der unerwünschten Interaktion zwischen verschiedenen Teilinformationen an den Formalismus abzugeben, auf dem die Repräsentation lexikalischer Einheiten aufbaut.

Im Polygloss-System wird versucht, auf der Basis einer typed feature Logik als Repräsentationsformalismus (TFS) ein mehrsprachiges Generierungssystem zu erstellen, das die genannten Forderungen erfüllt. Die Beschreibung der Systemarchitektur und die Diskussion der Bedingungen, die die Behandlung eines komplexen Beispiels steuern, sollen eine Vorstellung von der Umsetzung der Forderungen in die Konstruktion von lexikalischen Wissensquellen geben.

5. Literatur

Bateman, John A. (1989): Upper Modelling for Machine Translation: a level of abstraction for preserving meaning, ms.

Bateman, John A., Robert T. Kasper, Johanna D. Moore, Richard Whitney (1990): "A general organization of knowledge for natural language processing - the PENMAN upper model." -In: ISI Research Report; USC/Information Sciences Institute, Marina del Rey, California.

Busse, Winfried, Jean-Pierre Dubost (1983): Französisches Verblexikon. Die Konstruktion der Verben im Französischen, 2. überarbeitete Auflage, Stuttgart.

Dorr, Bonnie (1990): "Solving thematic divergences in machine translation." -In: 28th Annual Meeting of the Association for Computational Linguistics, ACL, Proceedings, (Pittsburgh, Pa.), 127-134.

Fenstad, Jens Erik, Per-Kristian Halvorsen, Tore Langholm, Johan van Benthem (1987): Situations, Language and Logic. Reidel, Dordrecht.

Hausmann, Franz-Josef, Oskar Reichmann, Herbert Ernst Wiegand, Ladislav Zgusta, (eds.) (1989): Dictionaries, Wörterbücher. Ein internationales Handbuch, (Berlin: de Gruyter).

Heid, U., K. Netter, J. Wedekind (1988): "Zur Funktionsweise des Transfers auf f-Strukturen." -In: EUROTRA-D Working Papers No.6: Workshop Semantik und Transfer, Juni 1988.

Heid, Ulrich (1990a): "Monolingual, bilingual, 'interlingual' description: Some remarks on a new method for the production of bilingual dictionaries." - Erscheint in: Proceedings of the Fourth EURALEX Congress, Malaga, August/September 1990.

- (1990b): "Subcategorization hierarchies for multilingual generation, Beitrag zu "COMPLEX - Symposium on Computational Lexicography", Balatonfüred (Ungarn), September 1990" - soll erscheinen in den Proceedings.

Kaplan, Ronald M., Joan Bresnan (1982): "Lexical-Functional Grammar: A Formal System for Grammatical Representation." - In: Bresnan (ed.).

Kaplan, Ronald M., Klaus Netter, Jürgen Wedekind, Annie Zaenen (1989): "Translation by Structural Correspondences." - In: Proceedings of the Fourth Conference of ACL, European Chapter, Manchester, 10-12 April 1989, (Manchester: UMIST).

Kromann, Hans-Peder (1989): "Neue Orientierung der zweisprachigen Wörterbücher." - In: Snell-Hornby/Poehl (eds.), 55-65.

Kromann, Hans-Peder, Theis Riiber, Poul Rosbach (1984): "Active and Passive Bilingual Dictionaries: The Scerba Concept Reconsidered." - In: Proceedings of LEXeter-83, Vol. 2, (Tübingen), 207-215.

- (1989): "Principles of Bilingual lexicography." - Erscheint in: Hausmann/Reichmann/Wiegand/Zgusta (eds.).

Pollard, Carl J., Ivan A. Sag (1987): Informantion-Based Syntax and Semantics, Vol. 1, Fundamentals, (Chicago: Chicago University Press), (= CSLI Lecture Notes, No. 13).

Seelbach, Dieter (1987): Transformationsgrammatiken und Unifikationsgrammatiken. Eine Einführung in die Generative Linguistik und in Grundlagen der maschinellen Sprachverarbeitung, reproduced by L.A.U.D., Linguistik Agency University of Duisburg, Series A, Paper No. 196, November 1987.

Snell-Hornby, Mary, Esther Pöhl (eds.) (1989): Translation and Lexicography. Papers read at the EURALEX Colloquium held at Innsbruck, 2-5 July 1987, (Amsterdam/Philadelphia: Benjamins) (= a special Paintbrush Monograph).

Jürgen Rolshoven

GB und sprachliche Informationsverarbeitung mit LPS

1. Einleitung: Bausteine von LPS

LPS ist die Abkürzung für Linguistische Programmiersprache. Ziele und Entwicklungsschritte dieser linguistischen Programmiersprache sind kontinuierlich dokumentiert worden (vgl. Rolshoven (1987), (1988), (1989)).

LPS ist eine modular konzipierte, deklarative linguistische Programmiersprache, die sich theoretisch und notationell eng an die Chomskysche Rektions- und Bindungstheorie anlehnt. Enge notationelle Anlehnung an die Rektions- und Bindungstheorie bedeutet, die Notationen dieser Theorie als Programmiersprache zu verwenden, um natürliche Sprachen zu analysieren bzw. zu generieren. LPS erlangt somit als Instrument des Theorientestens heuristischen Wert für Sprachwissenschaftler, die nicht mehr gezwungen sind, ihre theoretischen Aussagen in notationelle Formen herkömmlicher Programmiersprachen zu verkleiden und zu verdunkeln.

Die Wahl der Rektions- und Bindungstheorie als theoretische Basis bietet folgende Vorteile:

1. Die Rektions- und Bindungstheorie ist die wohl am besten ausgearbeitete und eine an sehr vielen Sprachen überprüfte sprachwissenschaftliche Theorie.

2. Die Aussagen der Rektions- und Bindungstheorie sind in hohem Maße abstrakt und folglich kompakt. Es handelt sich um die Formulierung von Prinzipien. Abstrakt und kompakt formulierte Prinzipien sind sehr viel besser überprüfbar als Mengen von Einzelaussagen zu konkreten Kleinproblemen.

3. Die Rektions- und Bindungstheorie wurde nicht im Hinblick auf mögliche Implementierbarkeit auf informationsverarbeitenden Systemen formuliert. Dies mag zwar die Implementation erschweren, demonstriert aber die Orientierung dieser Theorie als Theorie der Sprachkompetenz.

4. Unabhängig von der Rektions- und Bindungstheorie ergab sich auch für informationsverarbeitende Systeme eine konvergente Entwicklung zu modularen Systemen, zunächst in der Hardware, dann in der Software. Diese unabhängige, aber konvergente Entwicklung erleichtert die Implementation der Rektions- und Bindungstheorie.

LPS ist jedoch nicht nur ein heuristisches, sondern auch ein praktisches Instrument. LPS wird für sprachliche Analyse, Synthese, maschinelle Übersetzung und Mensch-Maschine-Kommunikation eingesetzt.

Eine gesicherte theoretische Fundierung ist eine notwendige, aber keinesfalls hinreichende Voraussetzung für erfolgreiches computerlinguistisches Arbeiten. Sie ist deshalb nicht hinreichend, weil

1. sprachwissenschaftliche Theorien sprachliches Wissen ausdrücken, nicht aber Sprachverwendungswissen. Sprachverwendungswissen gibt an, wie sprachliches Wissen - Wissen über sprachliche Systeme - in der Rede [parole] anzuwenden ist.

2. gut ausgearbeitete sprachwissenschaftliche Theorien sind im Hinblick auf ein Ziel, z.B. Beschreibung von Sprachkompetenz, nicht aber im Hinblick auf Anwendung formuliert, wie

unter 1. beschrieben. Anwendung aber erzwingt die Formulierung beispielsweise morphologischer oder orthographischer Prozesse, die Definition eines Lexikonformats und die Erstellung eines Lexikons, im Hinblick auf automatische Übersetzung die Formulierung von Transferregeln für die Übersetzung aus einer natürlichen oder formalen Quellsprache in eine natürliche oder formale Zielsprache (bei formalen Sprachen ist z.B. an Datenbankabfragesprachen zu denken).

LPS ist daher aus folgenden Bausteinen aufgebaut:

GB
Morphophonologie
Orthographie
Transfer
Lexikon
Semantik

(Abb. 1)

Oben wurde bereits darauf hingewiesen, daß Modularisierung und Deklarativität sowohl für die Rektions- und Bindungstheorie als auch für moderne informationsverarbeitende Systeme bestimmend sind. Dies gilt gleichermaßen für LPS. Modularisierung und Deklarativität sind auch bestimmend für den morphologischen, den orthographischen, den Transfer- und den Lexikonmodul. Der semantische Modul wird - als neuronales Netz - zukünftig entwickelt.

LPS unterscheidet sich in folgenden Punkten wesentlich von anderen GB-orientierten sprachverarbeitenden Systemen (der Workshop on GB-Parsing der Universität Genf vom 15. und 16.6.1990 vermittelt den momentan wohl aktuellsten Stand der Forschung).

1. Als deklarative Programmiersprache ist LPS nicht auf Parsing beschränkt. Vielmehr ermöglicht LPS auch die Generierung von natürlicher Sprache.

2. Sprachwissenschaftliche Aussagen werden in LPS in vergleichsweise direkter linguistischer Notation gemacht und nicht durch die meist eingeschränkten Möglichkeiten einer Programmiersprache gefiltert.

3. LPS spiegelt die Struktur von Prinzipien der GB-Theorie auch deshalb genauer wider, weil zwischen sprachlichem Wissen und Sprachverwendungswissen getrennt wird. Letzteres Wissen wird weitgehend vom LPS-Interpreter verwertet. Folglich kann ersteres sehr deutlich repräsentiert werden.

Damit sind GB-Prinzipien nicht in einem Programmcode eingegossen (wie etwa in den Regelpaketen des Marcus-Parsers (Marcus (1980))), sondern stehen explizit zur Verfügung.

Der Vorteil des hier gewählten Verfahrens liegt auch darin, daß LPS-Beschreibungen für konkrete Sprachen sehr rasch erstellt werden können. Ausgehend von der Beschreibung einer Sprache werden die einer weiteren durch Setzen spezifischer Parameter erzeugt.

Bei der Entwicklung von LPS richtete sich das Hauptaugenmerk auf die Entwicklung eines für Sprachwissenschaftler einfach zu verwendeten Werkzeugs zur maschinellen Sprachverarbeitung auf GB-Basis. In naher Zukunft werden die jüngsten Entwicklungen der GB-Theorie in diesen vorgegebenen Rahmen eingearbeitet.

LPS ist jedoch mehr als nur eine GB-Implementationssprache; vielmehr eignet sich LPS - wie in diesem Beitrag ausgeführt wird - für Aufgaben der maschinellen Übersetzung. Dabei zeigt sich, daß sich Prinzipien der GB-Theorie sinnvoll auf diese Aufgaben übertragen lassen.

2. GB-Bausteine in LPS: Moduln sprachlichen Wissens

2.0. Einführung

Innerhalb von LPS (vgl. Abb.1) setzt sich die GB-Komponente aus folgenden Bausteinen zusammen:

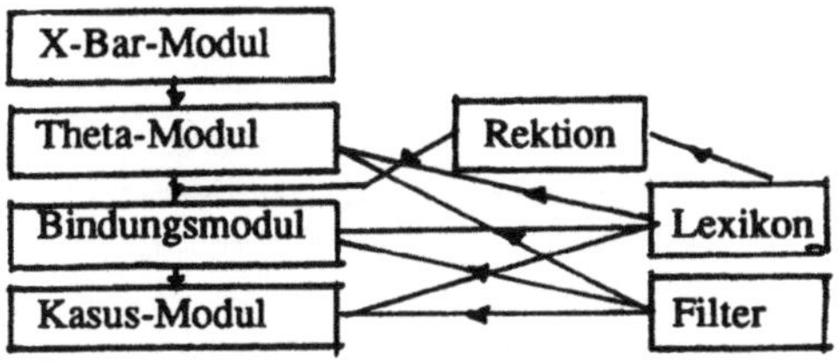

(Abb. 2)

Der X-Bar-Modul erzeugt für die syntaktische Analyse oder Generierung syntaktische Strukturen, die durch den Theta-Modul, den Bindungsmodul und den Kasusmodul im Zusammenspiel mit dem Lexikon durch Merkmale angereichert werden. Der Bindungsmodul, der Kettenmodul und der Kasusmodul hängen von dem Rektionsmodul ab, der seinerseits auch Informationen des Lexikons verarbeiten kann.

Der Filtermodul hat die Aufgabe, nicht korrekt angereicherte syntaktische Strukturen auszufiltern. Positiv ausgedrückt lizensiert er die Strukturen als korrekt, die die Filterung überleben. Abb.2 verdeutlicht die Modulhierarchie und den Informationsfluß in LPS.

Die einzelnen Moduln dienen dazu, X-Bar Strukturen zu erzeugen, die Knoten dieser Strukturen mit Attributen und mit Werten anzureichern und diese Strukturen durch Filtermoduln auf Zulässigkeit hin zu überprüfen.

Die aufgebauten Strukturen werden - Werkzeugen an einem Montageband vergleichbar - zyklisch durch eine Serie von Verarbeitungs- und Kontrollstationen gereicht; der Zugriff einer Verarbeitungs- und Kontrollstation hängt von der stets zu prüfenden strukturellen Beschaffenheit der gerade bearbeiteten Struktur ab.

Das Bild des Montagebandes ist dahingehend zu präzisieren, daß Informationen über die zu verarbeitenden Strukturen nicht direkt zwischen den einzelnen Verarbeitungsstationen - den Moduln - ausgetauscht werden, sondern in den Strukturen selbst abgelegt werden und dort jeweils lokal in jedem Modul abgelesen werden können.

Diese Strategie ist vorteilhaft, weil damit auf einen gerade bei Parallelverarbeitung von Strukturen schwierig zu synchronisierenden Informationsaustausch zwischen Moduln verzichtet und somit eine einfachere Implementation dank einer wohldefinierten Schnittstelle - der Strukturen selbst - realisiert werden kann. Zukünftig könnte LPS auf einer Mehrprozessormaschine implementiert werden, wo jedem Modul ein Prozessor zugewiesen werden kann, der Zugriff auf einen gemeinsamen Speicher hat. Die LPS-Implementation bedient sich hier eines Blackboardmodells zum Austausch von Nachrichten. In diesem Modell ist der gemeinsame Speicher - blackboard - sozusagen die Agorá, auf der die Moduln oder Prozessoren ihre Nachrichten anbieten und empfangen. Jeder Modul darf stets Nachrichten aussenden und nachschauen, ob er passende Nachrichten annehmen kann. Dies verdeutlicht folgende Skizze:

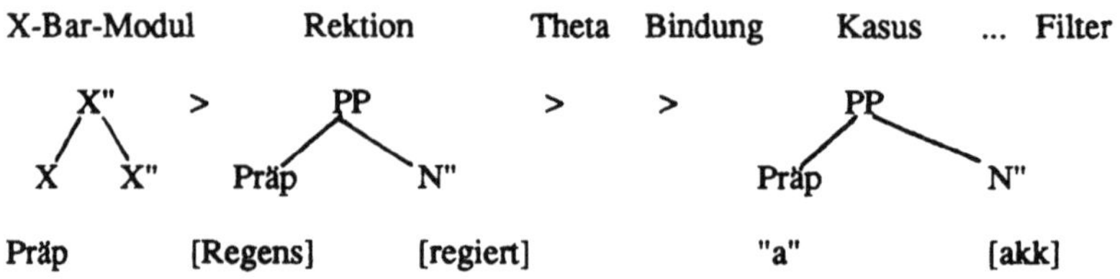

2.1. Der X-Bar-Modul

Der X-Bar-Modul dient dazu, mit Hilfe von X-Bar-Regeln Strukturen zu erzeugen. Im Laufe der Entwicklung von LPS wandelte sich dieser Modul von der Verarbeitung attribuierter Phrasenstrukturregeln schrittweise zur Verarbeitung echter X-Bar-Regeln; der letzte Schritt ist dabei die Ersetzung von Kategorienkonstanten wie CP, N, etc. durch eine Kategorienvariable wie X, welche durch Unifikationsregeln mit entsprechenden Werten versehen wird.

In diesem X-Bar-Schema kann das Bar-Attribut drei Werte erhalten, nämlich 2, 1 oder 0. In LPS dienen folgende Produktionsregeln der Erzeugung von X-Bar-Strukturen:

$$X'' \text{ ---->} \begin{Bmatrix} \text{(SpecComp) } X' \\ X' \text{ (SpecComp)} \end{Bmatrix}$$

$$X' \text{ ---->} \begin{Bmatrix} \begin{Bmatrix} \text{(Adj) } X' \\ X' \text{ (Adj)} \end{Bmatrix} \\ \begin{Bmatrix} \text{(Kompl) } X^{\circ} \\ X^{\circ} \text{ (Kompl)} \end{Bmatrix} \end{Bmatrix}$$

Produktionsregeln des obigen Typs, die der Beschreibung der Syntax natürlicher Sprachen dienen, sind ihrerseits nach syntaktischen Regeln aufgebaut. LPS formt diese Regeln in Datenstrukturen um, die mit dem Parser bzw. dem Generator kooperieren (diese Verarbeitung der Regeln ist in Rolshoven (1987) beschrieben worden). Das Regelformat der X-Bar-Regeln ist von den Regeln der anderen Moduln syntaktisch sehr zu unterscheiden, oder anders ausgedrückt, die Metagrammatiken für X-Bar-Regeln und die anderen Moduln sind unähnlich. Sie sind jedoch beide gleichermaßen syntaktisch beschreibbar, und folglich verarbeitet in LPS ein (meta)grammatischer Modul sowohl Produktionsregeln als auch die prädikatenlogischen Klauseln der anderen Moduln; darüberhinaus verarbeitet dieser Modul noch die Lexikoneinträge.

Das X-Bar-Schema generiert virtuelle kanonische Strukturen, die von den anderen Moduln mit Attributen angereichert oder deren Attribute mit Werten versehen werden. Auf die virtuellen kanonischen Strukturen (kanonische Struktur bezieht sich auf die Terminologie von Vergnaud (1985)) bezieht sich die Theta-Komponente, deren Informationen über semantisch-syntaktische Thetarollen an wohldefinierte Positionen gereicht werden.

Die Beschränkung der Produktivität von X-Bar-Strukturen erhöht die Effizienz des sprachverarbeitenden Systems. Die in obigen X-Bar-Regeln fakultativ markierten Positionen (Ausdrücke in runden Klammern wie Spec) sind z.B. Kandidaten für Landeplätze bei Bewegungen in Nicht-Argument Positionen (z.B. wh-move).

Die Expansion dieser Positionen hängt von drei Faktoren ab:

1. der X-Bar-Struktur
2. sprachspezifischen Bedingungen
3. ob ein Satz zu parsen oder zu generieren ist.

Im Deutschen ist beispielsweise im Hauptsatz SpecComp - die Specifier-Position der CP -Landeplatz für alle syntaktischen Kategorien vom Typ X", während romanische Sprachen sehr viel restriktiver sind.

2.2. Der Theta-Modul

In der GB-Theorie werden häufig Aussagen in der folgenden Form gemacht:

X hat die Eigenschaft A, wenn Y die Eigenschaft B und Z die Eigenschaft C haben.

Oft nehmen diese Aussagen Bezug auf strukturelle Eigenschaften syntaktischer Konfigurationen.

Im Hinblick auf die Entwurfsprinzipien von LPS ist es wichtig, die Form obiger Aussagen möglichst zu bewahren. Dies gewährleistet die Umformung obiger Aussagen in prädikatenlogische Klauseln, wie sie in der Progammiersprache PROLOG verwendet werden.

In dem Theta-, dem Rektions-, dem Bindungs-, dem Kasus- und dem Filtermodul wird Prolog als Ausdruck der Aussagen der GB-Theorie verwendet. Prolog wird in LPS von einem dafür geschriebenen Prolog-Interpreter ausgeführt.

Aufgabe des Theta-Moduls ist es, Thetarollen an Argumentpositionen zu vergeben. Argumentpositionen sind wohldefinierte Positionen in syntaktischen Strukturbäumen, meist Komplementpositionen oder, im Falle von Verben, als externes Argument die IP-Specifier-Position. Außerdem können Verben weitere Thetarollen vergeben, z.B. an ein Adjunkt. Folgender Strukturbaum zeigt das externe Argument in der IP-Specifier-Position, ein Argument in der Adjunktposition des Verbs und ein Argument in der Komplementposition des Verbs:

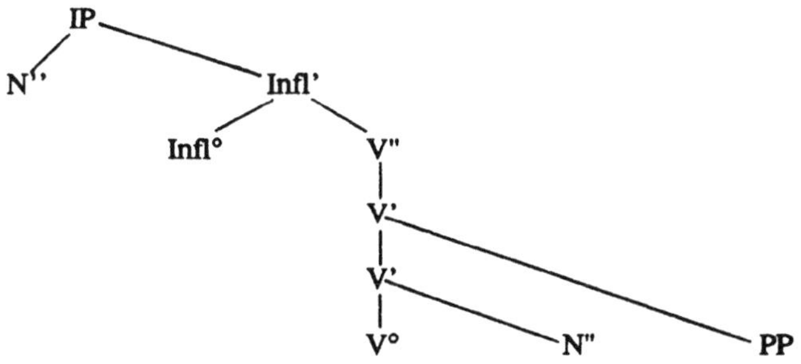

Pietro da il libro a Giovanni.

[externes Argument] [Komplement] [Adjunkt]

Somit sind die Argumentpositionen bestimmt. Freilich erlaubt das X-Bar-Schema, Adjunkte und Komplemente sowohl rechts als auch links eines Kopfes in einem syntaktischen Strukturbaum anzulegen. Es ist Aufgabe sprachspezifischer Parameter, die Erzeugung von Komplementen und Adjunkten rechts oder links eines Kopfes zu steuern. Als Kopf wird hier das syntaktische Element bezeichnet, dessen Projektionen die Phrase bestimmen (vgl. Fanselow, Felix (1987:46)).

Diese beiden Möglichkeiten sind bei dem Aufbau syntaktischer Strukturen zu berücksichtigen. Steht das Komplement rechts des Kopfes - z.B. in frz.

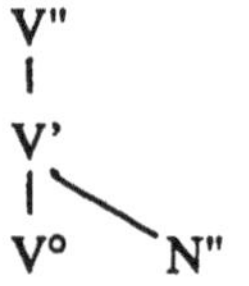

(il) lit le livre

- so ist die Thetarolle von dem zuletzt beim Aufbau der X-Bar-Struktur adjungierten Komplement N" aus dem lexikalischen Kopf V zu holen. Genau dies drücken in LPS folgende Klauseln aus:

```
% hole Thetarolle nach rechts,
% z. B. für das Objekt des Verbs in romanischen Sprachen

holeThetarolle(Empfaenger) :-
    hatEineDerEigenschaften(Empfaenger,'2-bar','CP'),
    holeFuerNullBar(Empfaenger);
    hatEineDerEigenschaften(Empfaenger,'2-bar','PP'),
    holeFuerEinsBar(Empfaenger).
```

Die Klausel holeThetarolle gelingt für Komplemente (erste Alternative) oder für Adjunkte (zweite Alternative). Adjunkte und Komplemente müssen maximale Projektionen sein; dies überprüft das in LPS-Prolog eingebaute Prädikat hatEineDerEigenschaften. Adjunkte und Komplemente stehen rechts des lexikalischen Kopfes. Daher suchen die Prädikate holeFuerNullBar oder holeFuerEinsBar links im Strukturbaum im Lexikoneintrag des Kopfes die Thetarollen des Empfängers. Im Falle der romanischen Sprachen suchen also die Komplemente oder Adjunkte ihre Thetarollen nach links. Darin spiegelt sich der Aufbau der Strukturbäume wider.

Geht das Komplement dem Kopf voran, so muß die Thetarolle von dem Kopf aus nach links an das Komplement vergeben werden. Dies verdeutlicht der folgende deutsche Nebensatz:

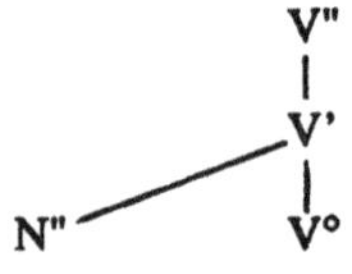

(weil er) das Buch liest

Daher sorgt für die Zuweisung nach links folgende Klausel in LPS-Prolog:

```
weiseThetarollenZu(Zuweiser) :-
hatEigenschaft(Zuweiser,'0-bar'),
weiseZu(Zuweiser).
```

Der Zuweiser muß ein lexikalischer Kopf sein, um Thetarollen nach links mit Hilfe des Prädikats weiseZu zuzuweisen. Die Thetarollen werden dem Lexikon entnommen und über den Strukturbaum den Argumenten, Komplementen, Adjunkten oder dem externen Argument zugewiesen.

Die GB-Theorie fordert, daß jede Argumentposition eine Thetarolle tragen muß; einschränkend gilt für die Position des externen Arguments, daß diese zumindest über eine Bindung mit einer Argumentposition verbunden sein muß.

Erfüllen Strukturen diese Bedingungen nicht, so sind sie als ungrammatisch durch den Filtermodul auszufiltern. Externe Argumente ohne Thetarollen finden sich z.B. bei raising verbs und bei Passivverben: « Giovanni sembra venire. » (s. dazu 2.4.)

Durch Bindung ist das Subjekt des übergeordneten Satzes mit dem (leeren) Subjekt des abhängigen Infinitivsatzes verbunden.

In folgendem Passivsatz bindet die Subjektposition das Objekt und somit dessen Thetarolle: « La macchina viene lavata.»

2.3. Rektionsmodul

Rektion ist in der GB-Theorie ein abstraktes Prinzip, das Voraussetzung für unterschiedliche Erscheinungen wie Kasusvergabe und Bewegung ist (s. 2.4. - 2.6.). Rektion liegt dann vor, wenn in einem Strukturbaum ein Knoten α einen Knoten ß regiert. α regiert ß genau dann, wenn α ß m-kommandiert und α 0 Bars, ß jedoch zwei Bars im Sinne der X-Bar-Theorie aufweist.

Aussagen dieser Art sind typisch für die GB-Theorie. Sie haben für die Konstruktion sprachverarbeitender Systeme den Vorteil, leicht als prädikatenlogische Klauseln ausdrückbar zu sein. Einfache prädikatenlogische Klauseln sind auch für in Prädikatenlogik nicht geübte Leser unschwer zu interpretieren. Dies zeigt die folgende Klausel, die Rektion ausdrückt:

Regiert(α, ß) genau dann, wenn m-kommandiert(α,ß), istRegens(α), istRegierbar(ß).

In LPS-Prolog überführt lautet die Klausel:

```
regiert(α,ß) :- m-kommandiert(α,ß), istRegens(α), istRegierbar(ß).
```

Die Klausel spiegelt die Eigenschaft von LPS wider, ein sprachverarbeitendes System in einer sprachwissenschaftlichen Aussagen möglichst nahen Form zu programmieren. In 3. werden bezüglich Rektion einige Zusätze formuliert, die sich aus der Nutzung des Sprachverwendungswissens ergeben.

Nun sind die Prädikate m-kommandiert, istRegens und istRegiert zu definieren. Ein Knoten α m-kommandiert einen Knoten ß genau dann, wenn jede maximale Projektion Γ, die α dominiert, auch ß dominiert, und wenn weder α ß noch ß α dominiert (vgl. Fanselow, Felix (1987:106)).

m-Kommando liegt beispielsweise in folgenden Konfigurationen vor:

1)

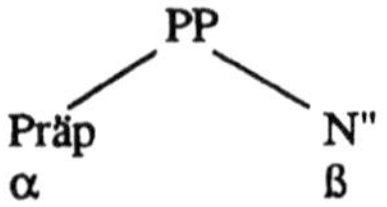

2)

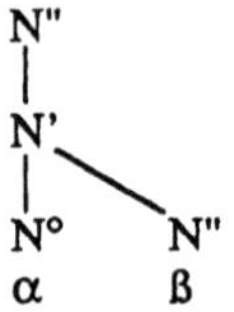

3)

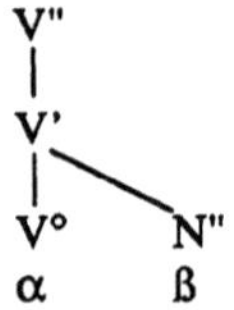

4)

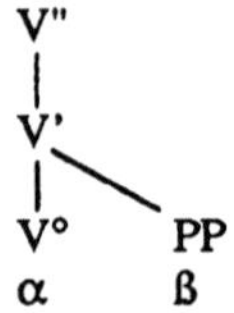

5)

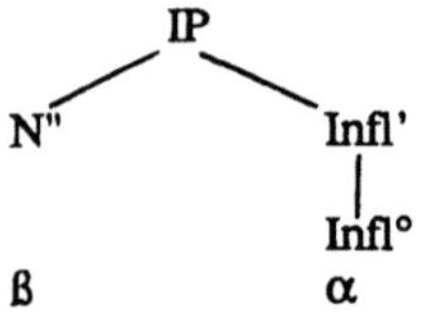

6)

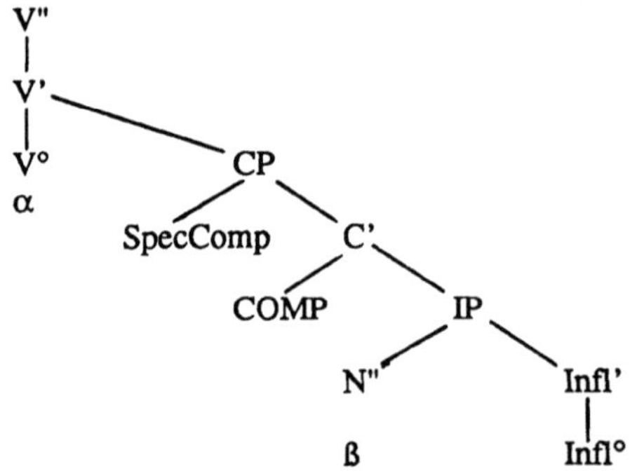

Es ist zu berücksichtigen, daß gemäß der m-kommand-Definition jedoch in 1) auch N" die Präposition m-kommandiert, daß in 2) N" N° kommandiert, daß in 3) N" V° m-kommandiert, daß in 4) PP V° m-kommandiert, daß in 5) N" Infl' und Infl°, und Infl' N" m-kommandiert, und daß in 6) IP Comp, C' SpecComp etc. m-kommandiert.

Aus dieser Menge möglicher m-kommand-Beziehungen wird nun bei der Rektion eine Teilmenge gebildet, in der einschränkend gefordert wird, daß α ein Regens und ß eine maximale Projektion sein müssen.

Regentes sind die Knoten, die in flektierenden Sprachen Kasus zuweisen können. Dies sind das definierte Infl° (es weist dem Subjekt Nominativ zu), Präp, V° und im Deutschen - im Gegensatz zu den meisten romanischen Sprachen - N°. Regentes haben also die Eigenschaft, in der X-Bar-Theorie mit 0 Bars ausgezeichnet zu sein. Regentes werden für das Italienische (Französische, Spanische) wie folgt definiert:

```
istRegens(Alpha) :- hatEigenschaft(Alpha, 0-bar),
(hatEigenschaft(Alpha, 'Infl'),
 hatEigenschaft(Alpha, 'definit');
 hatEigenschaft(Alpha, V);
 hatEigenschaft(Alpha, Präp)).
```

hatEigenschaft ist ein builtIn-Prädikat in LPS-Prolog.

Regierbare Knoten müssen maximale Projektionen sein. Sie müssen also die Eigenschaft haben, zwei Bars zu tragen:

```
istRegierbar(Beta) :- hatEigenschaft(Beta, '2-bar')
```

Die hier aufgeführten Klauseln werden von der LPS-Inferenzmaschine ausgeführt (vgl. 6). In Beispielen 1-6 sind zur Erklärung des m-Kommandos die Knoten mit α und ß versehen, die tatsächlich durch eine Rektionsbeziehung verbunden sind.

2.4. Bindung

In der klassischen GB-Theorie beschreiben drei Bindungsprinzipien die Distributionsmöglichkeiten koreferenter und nicht koreferenter sprachlicher Elemente.

Koferente Elemente sind Spuren und Reflexivpronomina in Argumentpositionen. Spuren sind Positionen in syntaktischen Strukturen, deren Elemente beim Übergang von der Tiefenstruktur zur Oberflächenstruktur an andere Positionen geschoben worden sind.

Drei Fälle der Bewegung treten dabei auf:

1. Anhebungsverben
2. Passivverben
3. sogenannte ergative Verben.

Standardbeispiel für Anhebungsverben ist das Verb <u>scheinen</u>, ital. <u>sembrare</u>:

Pietro sembra bere il vino

aus einer Tiefenstruktur:

e sembra Pietro bere il vino. (e von engl. empty markiert eine leere Position in der Tiefenstruktur.)

Die syntaktische Struktur veranschaulicht die Bewegung:

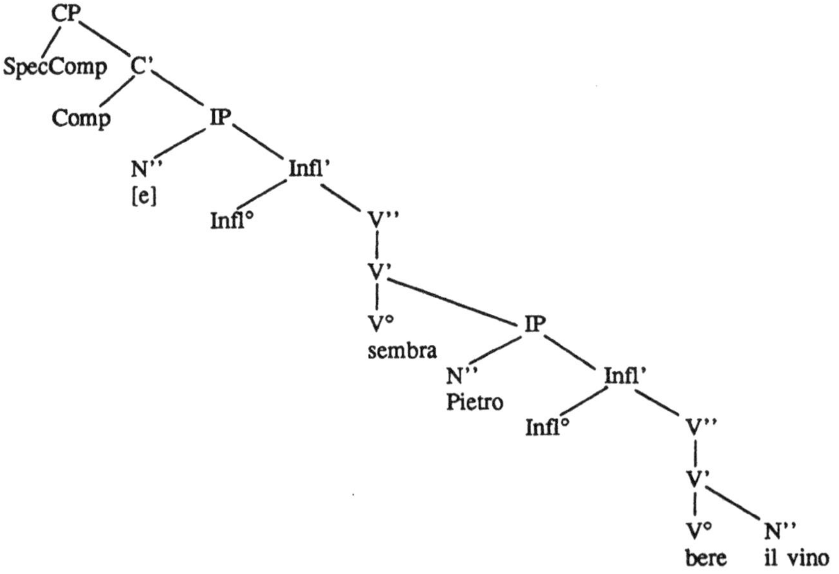

In dieser Struktur vermag die mit [e] gekennzeichnete Position die N'' Pietro zu binden. Voraussetzung für Bindung ist Rektion; nur regierte Elemente können gebunden werden. Hier zeigt sich die Interaktion verschiedener GB-Moduln, des Rektionsmoduls und des Bindungsmoduls. Tatsächlich wird die N'' Pietro der D-Struktur durch das Regens sembra regiert.

Das bindende Element und das Regens des gebundenen Elements müssen in einem gewissen Bereich oder einer Domäne stehen. Diese Domäne wird durch die IP bestimmt, die das bindende Element und den Regens des gebundenen Elements enthält. In LPS-Prolog drückt sich Bindung wie folgt aus:

```
bindet(Alpha,Gamma) :-
G(Gamma,'kategorie','regiert','2-bar'),
hatEineDerEigenschaften(Gamma,'reflexiv','trace'),
GA(Alpha,'kategorie','2-bar','argument'),
gleicheMerkmale(Alpha,Gamma,'Kategorie','Bar'),
holeRegens(Beta,Gamma),
not(equal(Alpha,Gamma)),
not(equal(Alpha,Beta)),
holeKnoten(CFC,Alpha,'mutter'),
istCFC(CFC),
holeCFCFuerRegens(CFC,CFCRegens,Beta),
setzeBindung(Alpha,Gamma).
```

G und GA sind builtIn-Prädikate in LPS-Prolog; G holt dann erfolgreich den obersten Knoten Gamma aus einem Stack namens 'kategorie', wenn dieser Knoten die Merkmale 'regiert' und '2-bar' für maximale Projektionen trägt. GA durchmustert den gesamten Stack und sucht Knoten mit den aufgeführten Werten '2-bar' und 'argument'. Der Knoten Gamma muß entweder reflexivisch (lexikalisch anaphorisch) oder leer (anaphorisch) sein. Bezüglich der Attribute 'Kategorie' und 'Bar' müssen der Binder Alpha und das gebundene Element Gamma wegen des Strukturerhaltungsprinzips mit gleichen Werten versehen sein. Für den gebundenen Knoten Gamma ist das Regens Beta zu holen, das, wie die folgenden Prädikate zeigen, im gleichen CFC (in der gleichen Domäne) wie der Binder Alpha zu stehen hat. Können diese Prädikate bewiesen werden, so werden Alpha und Beta durch das letzte Prädikat gebunden.

Landeplatz einer Bewegung ist die IP-Specifier-Position. Die Bewegung von Anhebungsverben ist aus folgenden Gründen notwendig: Anhebungsverben vergeben ihrem externen Argument - der IP-Specifier- oder Subjektposition - keine Thetarolle. Somit handelt es sich um eine Argumentposition ohne Thetarolle. Nun bedarf aber jede Argumentposition einer solchen Rolle, anderenfalls ist die syntaktische Struktur, in der sie sich befindet, ungrammatisch. Allerdings kann die Thetarolle auch über eine Bindung erreicht werden. Die Bindung vermittelt den Zugang zu der Thetarolle des externen Arguments des eingebetteten Satzes. Es handelt sich um die Thetarolle des Verbums bere.

Übrigens ist das Subjekt des eingebetteten Satzes kasuslos, da der eingebettete Satz infinitivisch ist. Infinitivisch eingebettete Sätze können ihrem Subjekt keinen Kasus zuweisen (vgl. 2.6 Kasus).

Kasuslose N'' sind aber grammatisch unzulässig und auszufiltern (sogenannter Kasusfilter).

Der übergeordnete Satz jedoch enthält ein finites Verb. Daher kann dem Subjekt dieses Satzes der Kasus Nominativ zugeordnet werden. Somit sorgt die den Übergang von der D- zur S-Struktur vermittelnde Bewegung dafür, daß die tiefenstrukturelle Theta-Position mit einer nicht Theta-Position verbunden wird. Dank der Bewegung entgeht die N'' Pietro dem Kasusfilter der S-Struktur, denn dem Landeplatz der Bewegung kann Kasus zugewiesen werden.

Eine ähnliche Situation liegt bei Passivverben vor. Passivverben vergeben an ihr tiefenstrukturelles Objekt eine Thetarolle, aber keinen Kasus, an ihr tiefenstrukturelles Subjekt keine Thetarolle. Durch Bewegung entgeht das tiefenstrukturelle Objekt dem Kasusfilter. Das oberflächenstrukturelle Subjekt erhält Kasus (Nominativ) und ist dank der Bindung mit einer Thetaposition verbunden:

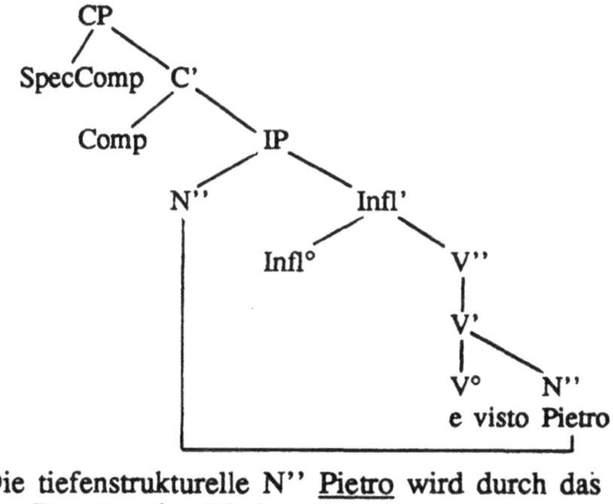

Die tiefenstrukturelle N'' Pietro wird durch das Regens visto regiert. Das Regens liegt in der Domäne des Binders.

Ähnlich ist die Situation bei ergativen Verben:

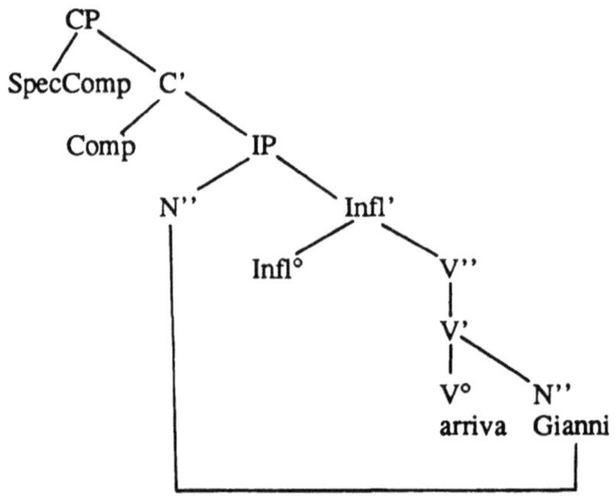

Indirekter Hinweis auf Bewegungen bei Passiv und ergativen Verben ist die Klitisierbarkeit durch ne (vgl. Burzio (1986)).

Reflexivpronomina stehen in strukturell ähnlichen Konfigurationen wie die Spuren von Bewegungen und können daher ebenfalls durch Bindungsprinzipien beschrieben werden. Allerdings unterscheiden sie sich von den Spuren, die nie Kasus erhalten, dadurch, daß ihnen Kasus zugewiesen werden muß:

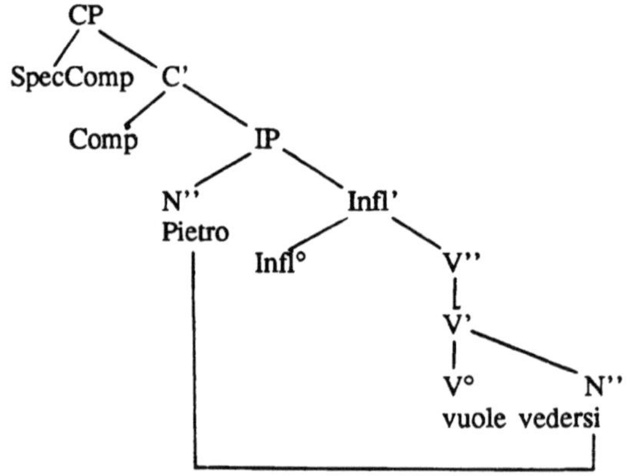

Das gebundene Reflexivpronomen si wird durch das Regens vuole veder regiert. Das Regens befindet sich in der Domäne des Binders, der N'' Pietro.

Kombinationen von Bewegungen sind möglich:

Pietro [e] sembra [e] [t] esserre stato visto [t]

wo [e] eine in der D-Struktur leere Position (Landeplatz einer Bewegung), [t] auf eine Spur (trace), den Startplatz einer Bewegung, und [e] [t] einen Zwischenlandeplatz markieren. Auf diese Weise entstehen Ketten von Bewegungen.

2.5. wh-Move

Während Bewegung bislang von Startpositionen ausging, die nicht kasusmarkiert werden, und in thetarollenfähige, aber nicht thetarollenmarkierte Positionen (Argumentpositionen) führten, gibt es eine zweite Form der Bewegung, bei der Kasus aus der tiefenstrukturellen Position an den Landeplatz vererbt werden kann. Aus der Kasusvererbung folgt, daß der Landeplatz nicht kasusmarkiert werden darf, da, würde dies zutreffen, Kasuskonflikte aufträten.

Landeplatz für Bewegungen dieser Art ist daher die CP-Specifier-Position, die nicht kasusmarkiert werden kann. Da in vielen Sprachen zumindest Fragewörter in diese Position bewegt werden können, spricht man von "wh-Move" (wh in den englischen Fragewörtern who, where, etc.).

Die Startplätze von wh-Bewegung müssen nicht nur regiert sein, sondern streng regiert. Eine Position ist streng regiert, wenn sie entweder lexikalisch regiert oder antezedensregiert ist. Lexikalische Rektion üben im Italienischen wie im Deutschen Verben aus, nicht jedoch, im Gegensatz zum Englischen, Präpositionen.

Die Forderung nach strenger Rektion von Startplätzen von wh-Bewegung drückt das empty category principle (ECP) aus.

Lexikalisch leere Knoten wie definites Infl° sind *keine* strengen Regentes.

Bsp.:

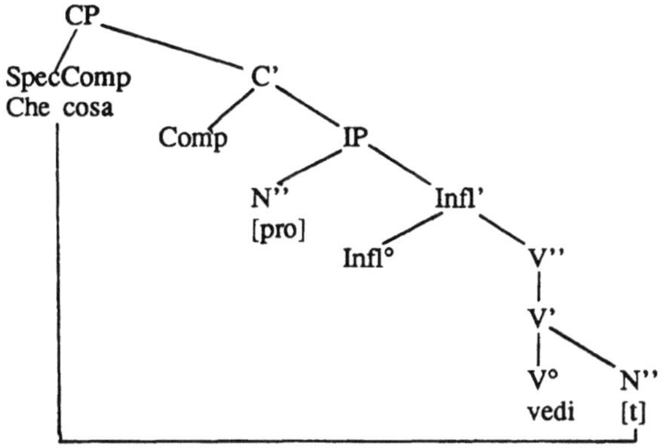

Im aufgeführten Beispiel ist die Startposition der Bewegung, N'', durch das Regens vedi streng regiert. Das Regens weist N'' auch Kasus zu. Durch die Bewegung wird der Kasus in die SpecComp-Position vererbt. Der Landeplatz bindet die strengregierte N''.

Allerdings sind die Bindungsmöglichkeiten begrenzt. Wie bei den im vorigen Abschnitt beschriebenen Bindungen müssen auch bei wh-Bewegung Binder und gebundenes Element kategorial identisch sein. Dies fordert das Strukturerhaltungsprinzip. Außerdem müssen bei wh-Bewegung Binder und gebundenes Element in einer gewissen Domäne stehen. Diese Domäne wird durch das Subjazenzprinzip festgelegt. Das Subjazenzprinzip bestimmt, daß sich auf dem Weg vom Binder zum gebundenen Knoten nicht mehr als ein Grenzknoten befinden darf. Grenzknoten sind sprachspezifisch festgelegt, z.B. IP und N'' im Französischen und Deutschen, CP und N'' im Italienischen.

In LPS-Prolog wird wh-Move wie folgt ausgedrückt:

```
whMove(Knoten) :-
    G(Knoten,'kategorie','ecp','trace'),
    holeKnoten(Binder,Knoten,'subjazentVon'),
    vererbeMerkmale(Binder,Knoten),
    setzeBindung(Binder,Knoten).
```

Ähnlich wie bei der Bindung unter 2.4. kommunizieren die LPS-Prolog-Prädikate auch hier über die Attribut-Wert-Paare in den Knoten der syntaktischen Strukturbäume. Subjazenz und das empty-categorie-principle (leere Knoten müssen streng regiert sein) werden hier durch Merkmale ausgedrückt. Der Vorteil dieses Vorgehens wird in 3. beschrieben.

Einzelsprachliche Unterschiede treten bei Elementen auf, die wh-Bewegung unterliegen. Im Deutschen kann beispielsweise jede maximale Projektion nach SpecComp bewegt werden. Romanische Sprachen erlauben die Bewegung von IP-Specifiern oft nur dann, wenn diese Fragewörter sind.

2.6. Kasus

Nominalphrasen erhalten von ihren Regentes Kasus zugewiesen. Strukturen, die lexikalische N'' ohne Kasus enthalten, sind ungrammatisch und verfallen dem Kasusfilter. Drei Fälle der Kasuszuweisung sind zu unterscheiden:

1. Zuweisung durch definites Infl°
2. Zuweisung von strukturellem Kasus
3. Zuweisung von lexikalischem Kasus

Ersterer Fall führt meist zu der Vergabe von Nominativ an den IP-Specifier durch Infl° in definiten Sätzen.

Zweiterer Fall drückt sich morphologisch meist durch Vergabe von Akkusativ durch Verben und Präpositionen aus.

Andere Kasusmarkierung vermerkt das Lexikon (s. 2.8) gesondert (vgl. auch Konfigurationen in Abschnitt 2.3).

2.7. Filter

In LPS treten verschiedene Typen von Filtern auf: die einen ergeben sich aus Prinzipien der GB-Theorie, z.B. der Kasusfilter, der Strukturen als ungrammatisch charakterisiert, in denen lexikalische N'' auftreten, denen kein Kasus zugewiesen worden ist. Dieser Filter kann jedoch erst dann wirksam werden, wenn es entweder für die N'' ein Regens gibt, durch das Kasus eigentlich zugewiesen werden müßte, oder aber, wenn feststeht, daß ein solches Regens nicht existiert. Somit ist der Kasusfilter eng an den Aufbau von Konfigurationen gebunden. Um die Zahl der aufzubauenden Strukturen stets zu reduzieren, sollte der Kasusfilter so früh wie möglich in Aktion treten. Die Anwendung des Kasusfilters gehört somit nicht zum sprachlichen Wissen, sondern zum Sprachverwendungswissen. Aus dem Kasusfilter folgt umgekehrt, daß nichtlexikalische N'' - PRO und Spuren, die in Argumentpositionen gebunden sind - keinen Kasus tragen dürfen.

2.8. Lexikon

Das Lexikon enthält die Informationen, die zum Aufbau und zur Anreicherung syntaktischer Strukturen beim Parsen und beim Generieren von den Bausteinen grammatischen Wissens benötigt werden. Diese Informationen enthalten morphologisches und syntaktisches Wissen. Das syntaktische Wissen beinhaltet für den Thetamodul den Thetaraster und für den Kasusmodul die strukturellen oder syntaktischen Kasusrahmen, darüberhinaus Informationen zur Kontrolle und zum Bereich der Kasusvergabe, z.B. bei ECM-Verben.

Jeder Lexikoneintrag ist syntaktisch gegliedert. Er besteht aus zwei Teilen, einem quell- und - fakultativ - einem zielsprachlichen Teil. Die beiden Teile trennt ein Doppelpunkt (vgl. Kommentar im Bsp.. Kommentare sind im Lexikon zugelassen. Sie beginnen mit einer linken runden Klammer, der ein Stern folgt ("(*") und enden mit einem Stern, dem eine rechte runde Klammer folgt ("*)"). Der beispielhafte Lexikoneintrag macht von einer reichlichen Kommentierung Gebrauch.). Beide Teile sind syntaktisch nahezu identisch aufgebaut. Jeder Teil beginnt mit dem eigentlichen Lemma, meist einem Morphem in orthographischer Form. Der zielsprachliche Teil unterscheidet sich hier vom quellsprachlichen manchmal insofern, als er alle Allomorphe eines Morphs in orthographischer Form aufführt, wobei grammatische und fakultativ morphophonologische oder morphophonographische Angaben folgen (vgl. Kommentar des Beispiels). Die grammatischen Angaben beschreiben die Morphemkategorie, z.B. Vstm für einen Verbstamm.

Diesen Angaben folgen fakultativ Subkategorisierungsangaben. Zwei Formen der Subkategorisierung sind zu unterscheiden:

1. syntaktische Subkategorisierung
2. morphologische Subkategorisierung

Subkategorisierungsangaben beginnen mit dem Symbol "<" und enden mit ">".
Die syntaktische Subkategorisierung enthält den Thetaraster, Angaben zu Kasus, zu Kontextpropositionen, zur Kontrolle, zu ECM-Verben und v.a.m..

Jeder dieser möglichen Abschnitte beginnt mit einer Art Identifikationsprädikat, z.B. mit dem nullstelligen Prädikat theta, das auf Thetarollen verweist, die das Verb vergibt. Dank des Identifikationsprädikats ist die Reihenfolge der syntaktischen Subkategorisierungsinformationen frei. Der LPS-Interpreter erkennt die von ihm benötigte Subkategorisierungsinformation dank des Subkategorisierungsprädikats. Dem Subkategorisierungsprädikat folgen Prädikate, die angeben, wohin die Subkategorisierungsinformation eines Lexikoneintrags in der D-Struktur zu schicken ist. Die Argumente dieser Prädikate enthalten die zu verschickenden Informationen. Daher bedeutet in unserem Beispieleintrag ip-Specifier(agens), daß der IP-Specifier die Thetarolle agens erhält.

Komplement(proposition) bedeutet, daß die Schwester von V°, N'' oder CP die Thetarolle proposition erhält. Hier ist darauf hinzuweisen, daß die Syntax der Lexikoneinträge der Syntax von Prolog-Prädikaten weitgehend entspricht. Daher wird auch von Prädikaten gesprochen. Semantisch jedoch gibt es Unterschiede. Die Prädikate des Lexikons steuern keine Inferenzmaschine, sondern enthalten zu verarbeitende Informationen.

Der nächste Teil der syntaktischen Subkategorisierung beschreibt die Kasusvergabe. Kasusvergabe verläuft ähnlich wie Thetarollenvergabe.

Die Interaktion des Lexikons und der Moduln sprachlichen Wissens, hier speziell Theta- und Kasusmodul, führt zu der Anreicherung aufzubauender syntaktischer Strukturbäume mit den Merkmalen, die die Argumente der Subkategorisierungsprädikate zur Verfügung stellen.

Der syntaktischen Subkategorisierung folgt die morphologische Subkategorisierung. Sie bildet Teilbäume ab; dabei stellt z.B. eine Struktur V [0-bar] :- Vstm Tmps [e-konj] folgenden Strukturbaum dar:

Das Zeichen ":-" hier ist zu lesen als "Mutter von". V [0-bar] ist die Mutter der Töchter Vstm und Tmps in einem syntaktischen Strukturbaum. Obige Struktur drückt aus, daß das Verb der e-Konjugation angehört. Das dem Verbstamm folgende Tempusmorphem muß der Klasse der e-Konjugationsmorpheme angehören. Als Beispiel sei folgendes Lemma aus dem LPS-Lexikon aufgeführt:

```
ved, Vstm

(* die Reihenfolge der Subkategorisierungseinträge wie Thetarolle, Kontrolle
etc. ist dank der Identifikationsprädikate theta etc. beliebig *)

(* Thetarollen für das externe Argument und das Komplement *)
< theta, ip-Specifier(agens), komplement(proposition).

(* Kasus für das Komplement, falls dies N ist *)
kasus, komplement(akk).

(* Morphologie *)
V :- Vstm Tmps [e-konj] >

(* Übersetzung *)

:
seh, Vstm [-umlaut],
sieh, Vstm [+umlaut],
sah, Vstm [+imperf],
säh, Vstm [+konj,+imperf],
< theta,ip-Specifier(agens),komplement(proposition).
kasus, komplement(akk)>.
```

3. Sprachverwendungswissen in LPS

3.1. Modularität des Sprachverwendungswissens

Ein sprachverarbeitendes System zu entwerfen und zu implementieren ist ein Unterfangen größerer Komplexität. Dies in Gänze zu beschreiben würde den Umfang dieses Beitrags allzusehr anschwellen lassen. Daher unterliegen auch die folgenden Ausführungen einer rigorosen Beschränkung. Sie bringt es mit sich, daß nicht nur all das ausgeblendet wird, was nicht unmittelbar zu den Prinzipien des GB-Modells gehört, sondern daß selbst innerhalb der Prinzipien nur einige prägnante Beispiele ausgewählt werden.

Ein zentraler Gedanke der GB-Theorie ist der der Modularität sprachlichen Wissens. Der vorige Abschnitt führte die wichtigsten dieser Moduln ein und zeigte, wie die Aussagen dieser Moduln sprachwissenschaftlich und prädikatenlogisch formuliert werden.

Die prädikatenlogische Formulierung kam LPS schon sehr nahe (sie wurde ja schon als LPS-Formulierung dargestellt). Der Modularisierung deklarativen sprachlichen Wissens entspricht oft nicht die Modularisierung des Sprachverwendungswissens. Der Widerspruch ergibt sich daraus, daß in den Moduln sprachlichen Wissens Aussagen über vollständige X-Bar-Strukturen gemacht werden, während diese (im Hinblick auf das Sprachverwendungswissen) ja gerade im Zusammenspiel der Moduln beim Parsen oder Generieren erst aufgebaut werden müssen. Hier sei an die Ausführungen aus 2. erinnert. Rektion ist Voraussetzung für unterschiedliche Phänomene wie Bindung (bezogen auf die Bindungsprinzipien), wh-Move und Kasus.

Ein gebundenes Element muß regiert sein, ein in wh-Move involviertes Element muß streng (d.h. lexikalisch) regiert sein, und nur ein Regens kann einer regierten N'' Kasus zuweisen.

Der Binder darf für wh-Move kein Argument sein, das gebundene Element muß neben strenger Rektion auch Subjazenz zu dem Binder aufweisen. Dies prädikatenlogisch oder in Prolog auszudrücken erfordert längere Folgen von Klauseln. Diese prädikatenlogische Notation wird - mag man sie auch als deklarativ betrachten - doch prozedural abgearbeitet. Dabei kommt jedoch immer wieder vor, daß der Teil der Klauseln bis zum Prädikat 'regiert' einschließlich bewiesen werden kann, in der Folge aber die Inferenzmaschine scheitert. Auf diese Weise scheitert auch das Prädikat 'regiert'. Dies ist bedauerlich, da die Rektionsbeziehung häufig ja zutrifft und das bewiesene Wissen über diese Beziehung beim Backtracken verloren geht, obwohl es in anderen Klauseln, in welchen das Prädikat 'regiert' zunächst bewiesen werden muß, gebraucht wird.

Die skizzierte Vorgehensweise zieht also kaum Vorteile aus der Modularisierung sprachlichen Wissens, und folglich ist sie reichlich ineffizient. Ihre Ineffizienz beruht darauf, daß sprachliche Prinzipienfolgen nur in langen Reihungen abgearbeitet werden können, daß Zwischenergebnisse jedoch kaum gesichert werden.

Sehr viel sinnvoller ist es, im Sinne einer Modularisierung Zwischenergebnisse zu sichern. Diese Zwischenergebnisse stehen allen interessierten Moduln zur Verfügung. Die Moduln kommunizieren über einen gemeinsam zugänglichen Bereich. Der gemeinsam zugängliche Bereich ist jedoch nichts anderes als die durch die Moduln erzeugten und mit Attribut-Wert-Paaren angereicherten Strukturen. In wohldefinierten Domänen vererben sich Attribut-Wert-Paare durch Unifikation (vgl. blackboard-Modell in 2.0).

Die Zugangsberechtigung der Moduln braucht nun gar nicht explizit geregelt zu werden. Den Moduln ist es stets dann gestattet, auf die sprachlichen Strukturen zuzugreifen, wenn die strukturellen Voraussetzungen, die die Moduln bei den Strukturen überprüfen, zutreffen. Mit anderen Worten: Die syntaktischen Strukturen müssen zu den Moduln passen. Dies kann nun im Zusammenhang von Bindung, Bewegung und Kasus einerseits und Rektion andererseits gezeigt werden.

Wird zwischen zwei Knoten eines Baumes eine Rektionsbeziehung festgestellt, so erhält die regierte Kategorie das Merkmal 'regiert' und einen Verweis auf das Regens, das Regens wird als solches (als Regens) markiert und erhält einen Verweis auf das regierte Element. Regensfähige und regierbare Knoten werden in getrennten Stacks untergebracht, und wenn immer Knoten einem Strukturbaum adjungiert worden sind, dann versuchen die Moduln sprachlichen Wissens, auf die Stacks zuzugreifen, Elemente zu suchen, die die Rektionsbeziehung erfüllen und dann mit Hilfe dieser durch Merkmale ausgezeichneten Elemente in unserem Falle Bindungsbeziehungen, wh-Move oder Kasuszuweisung zu etablieren. Für diese drei Moduln können passende Strukturen jedoch nur dann gefunden werden, wenn die Stackelemente mit den geforderten Merkmalen versehen sind.

Rektionsbeziehungen aber werden nur einmal festgestellt und dann festgehalten, so daß das hier skizzierte Verfahren die Modularitätsforderung der Theorie auch in die Modularisierung des Sprachverwendungswissens umsetzt.

Es ist gerade die Kommunikation über die gemeinsam zugänglichen Strukturen, die die hochgradige Modularität von LPS ausmacht. Hier wird keine Sequenz von Modulnanwendungen festgelegt, vielmehr ist es den Moduln jederzeit erlaubt, auf Strukturen zuzugreifen. Diese Strategie vereinfacht das LPS-System beträchtlich; das System ist davon befreit zu bestimmen, wann welcher Modul eingesetzt wird. Eine direkte Kommunikation zwischen Moduln ist überflüssig.

Dieses Konzept wird durch eingebaute Prädikate in LPS-Prolog unterstützt. Diese Prädikate ermöglichen den Zugriff auf die Stacks beispielsweise für virtuelle Regentes und für regierbare Knoten.

Das erste dieser Prädikate ermöglicht nur den Zugriff auf das oberste Element des Stacks, das zweite erlaubt den Zugriff auf alle Stackelemente. Die beiden Prädikate sind G(get) und GA(get all). G und GA suchen im Regens- bzw. im regierte-Knoten-Stack die Knoten, die mit den Merkmalen übereinstimmen, die als Argumente G und GA folgen.

Die Stacks für Regentes und regierbare Knoten werden für jede CP angelegt, die nicht dominiert wird (dadurch werden eingebettete CPs ausgeschlossen). Jeder Knoten eines Baumes enthält einen Verweis auf die beiden Stacks. Weitere Stacks könnten bei Bedarf eingerichtet werden. So realisiert LPS also durch Modularisierung auch des Sprachverwendungswissens das in 2.0. skizzierte Bild des Montagebandes, auf dessen Werkstücke zuzugreifen den Modulnrobotern gestattet ist.[1]

3.2. Deklaratives Wissen bei sprachlicher Analyse und Synthese

Analyse und Synthese sind bei sprachverarbeitenden Systemen wesentliche Aufgaben. LPS verarbeitet deklaratives sprachliches Wissen. Dieses Wissen ist daher von der prozeduralen Tätigkeit von LPS freizuhalten. Dies ist relativ einfach möglich, da im Sinne der GB-Theorie bei Analyse und Synthese ein recht einfach zu beschreibendes komplementäres Verhalten von Parser und Generator zu beobachten ist.

Bei Analyse und Synthese sind lexikalische Knoten stets zu expandieren (z.B. N'', V''), Zwischenspuren stets leer zu halten. Bei der Analyse sind Landeplätze stets zu expandieren (es werden ja S-Strukturen analysiert), Startplätze (Spuren) sind leer. Bei der Synthese sind Landeplätze leer, Startplätze stets zu expandieren (es werden D-Strukturen mit leeren Landeplätzen erzeugt).

Aus einer solchen D-Struktur ist nun sehr einfach eine S-Struktur zu erstellen: wann immer ein Landeplatz beim Ausbuchstabieren einer zu generierenden Struktur angetroffen wird, dann muß sich das System über die Bindung zu dem Startplatz durchhangeln, mit dem der Landeplatz verbunden ist, und diesen ausbuchstabieren, um dann mit dem Ausbuchsta-

[1] Anmerkung: Ähnlich verlaufen übrigens biochemische Vorgänge, bei denen spezialisierte Strukturen Oberflächen anderer Strukturen abtasten und - falls die Struktur paßt - verarbeiten. Stellen wir die Dezentralität des Zugriffs sprachlicher Moduln auf sprachliche Strukturen in den Mittelpunkt, so ist vorstellbar, daß in Gehirnen von Sprechern Moduln erst dann aktiviert werden, wenn passende Erregungsmuster vorliegen.

bieren der terminalen Knoten fortzufahren, die dem Startplatz folgen. Zwischenspuren werden beim Ausbuchstabieren stets übersprungen. Daher wird die Struktur im Beispiel wie folgt ausbuchstabiert:

Bsp.: Pietro sembra bere birra

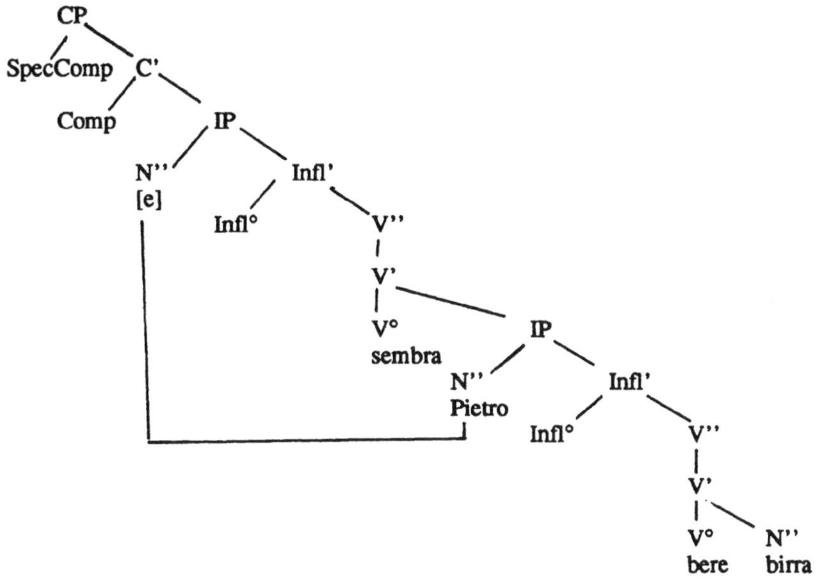

4. Bausteine der Transferkomponente

4.1. Prinzipien des Transfers

Die Attraktivität des GB-Modells beruht auf der Betonung von Prinzipien. Ein Prinzipienmodell ermöglicht es, eine Vielzahl von sprachlichen Erscheinungen in einzelnen Sprachen aus einer geringen Zahl abstrakter Prinzipien abzuleiten. Prinzipien haben großen heuristischen Wert: sie sind leicht kontrollierbar bzw. falsifizierbar.

Daher ist es sinnvoll, auch für die Transferkomponente Prinzipien zu formulieren. Aus theoretischer Sicht ist es darüberhinaus wünschenswert, diese Prinzipien mit denen der GB-Theorie harmonisch zu verbinden. Dadurch wird der Anwendungsbereich von Prinzipien erweitert.

Prinzipielle Aussagen werden auch bei der Transferkomponente wieder in Moduln zusammengefaßt. Die Kommunikation der Moduln verläuft wiederum über die bereits aus den vorigen Abschnitten bekannte Schnittstelle: über syntaktische, durch Attribut-Wert-Paare angereicherte Strukturbäume, auf die passende (d.h. matchende) Strukturen zugreifen dürfen.

4.1.1. Strukturerhaltungsprinzip

Für den Transfer bei automatischer Übersetzung aus einer Quell- in eine Zielsprache (bei der Quell- oder bei der Zielsprache kann es sich auch um eine formale Sprache, z.B. eine Datenbankabfragesprache, handeln) bieten sich zwei Möglichkeiten an:

1. Transfer durch Tranformation
2. Transfer durch Assoziation

Im ersteren Fall wird eine quellsprachliche Struktur schrittweise in eine zielsprachliche transformiert, z.B. frz.:

1.

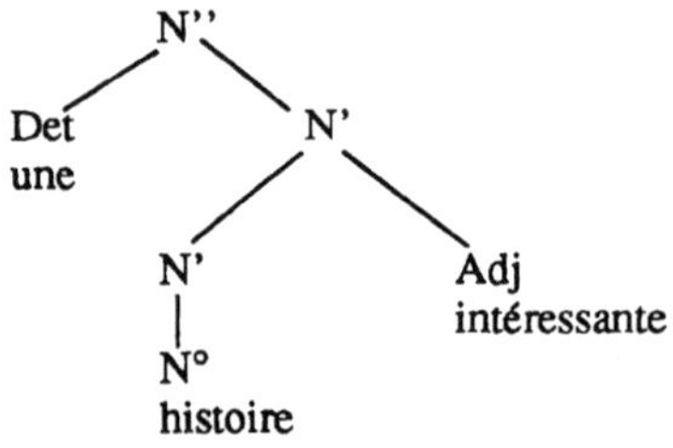

2.

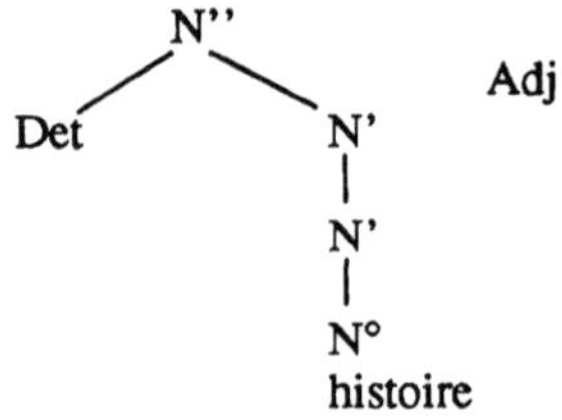

3.

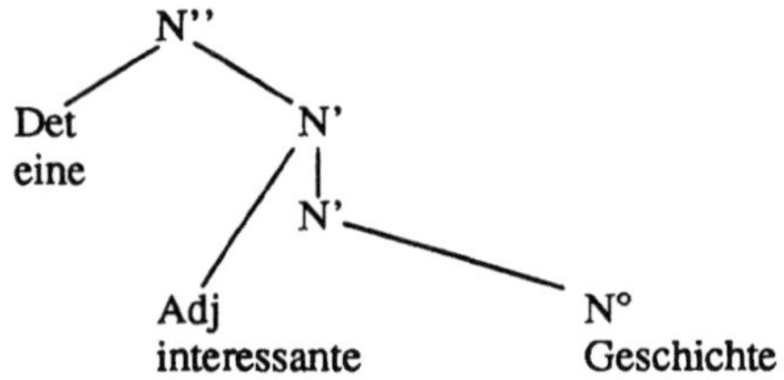

Vor dem Hintergrund der GB-Theorie ist dieser Ansatz aus verschiedenen Gründen problematisch.

1. Er transformiert syntaktische Strukturen. Er verstößt damit gegen das Strukturerhaltungsprinzip der GB-Theorie. Transformationen sind formal nur sehr schwer beherrschbar. Dies wird unmittelbar aus dem Beispiel einleuchtend. Über die zeitliche Veränderung der Struktur bei der Transformation muß Buch geführt werden, um Zugriffe auf nicht mehr existierende Äste des Baumes zu verhindern. Diese zeitkritische Buchführung ist jedoch recht kompliziert. Auch drohen wegen der Transformationen Informationen verloren zu gehen.

2. Die während des Transformationsvorganges entstehenden Strukturen müssen den in 2. beschriebenen Bausteinen sprachlichen Wissens zur Anreicherung durch Merkmale oder zur Filterung zur Verfügung stehen. Hier jedoch entsteht wiederum das Problem zeitlicher Abhängigkeiten: Während des Transformierens entstehen Strukturen, die mit den Moduln nicht matchen oder ungrammatisch sind. Die Moduln auf die transformierten zielsprachlichen Strukturen anzusetzen, ist aus zwei Gründen wenig empfehlenswert:

1. Schon während der Transformation wird Wissen der Moduln benötigt.
2. Ohne das sprachliche Wissen der Moduln und ohne Filter wird eine große Zahl paralleler Strukturen transformierend abgeleitet, die anschließend weitgehend weggefiltert werden.

Damit scheidet das Verfahren wegen übergroßer Ineffizienz aus.

4.1.2. Transfer durch Assoziation

Transfer durch Assoziation beruht darauf, mit Hilfe wohldefinierter Assoziationsregeln zu einer quellsprachlichen Struktur eine zielsprachliche zu erzeugen. Die quellsprachliche Struktur bleibt dabei im Sinne eines Strukturerhaltungsprinzips vollkommen unverändert erhalten. Assoziationsregeln bilden eine Schnittstelle bestehender quellsprachlicher und zu erzeugender zielsprachlicher Strukturen und treiben die Generierung einer zielsprachlichen D-Struktur vorwärts. Die D-Struktur ist, wie beim Aufbau eines Parsebaumes, den Moduln sprachlichen Wissens in der in 2. beschriebenen Art zugänglich.

Assoziationsregeln teilen mit X-Bar-Regeln die Aufgabe, Strukturbäume aufzubauen. Sie unterscheiden sich jedoch von X-Bar-Regeln durch ihre ungleich höhere Spezialisierung.

Zur Illustration von Assoziationsregeln greifen wir auf das Beispiel des vorigen Abschnitts zurück:

Quellsprachliche Struktur:

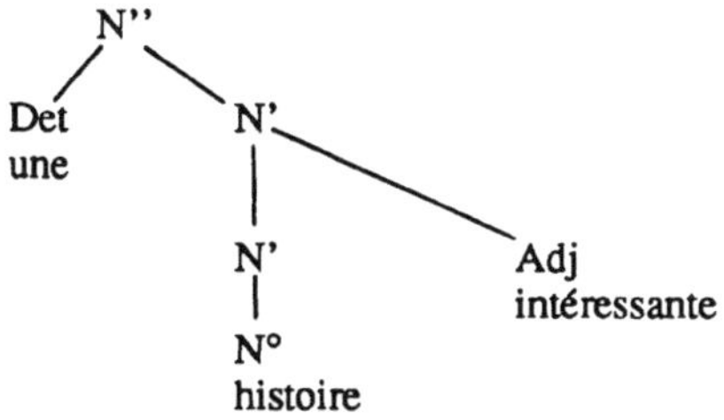

Assoziationsregel:

zu generierende zielsprachliche Struktur:

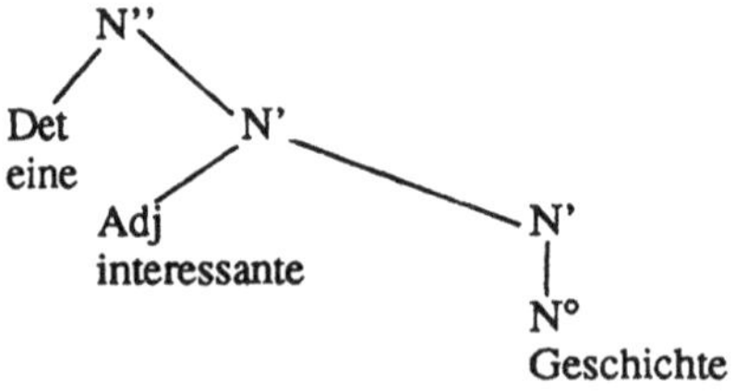

Assoziationsregeln bestehen aus zwei Teilbäumen. Matcht der erste Teilbaum die quellsprachliche Struktur, so treibt der zweite Teilbaum die Erzeugung des zielsprachlichen Strukturbaums. Im obigen Beispiel ist bereits zielsprachlich die Struktur

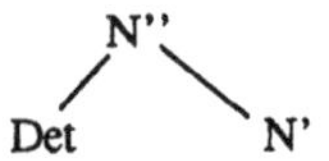

erzeugt. N' kann nun mit Hilfe der matchenden Assoziationsregel zu

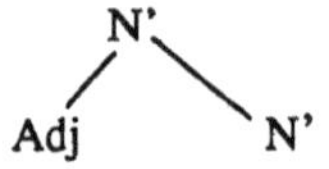

expandiert werden.

Der quellsprachliche Strukturbaum dient hier lediglich als Gegenstand des Matchens, bleibt aber ansonsten vollkommen unverändert. Jedoch muß darauf hingewiesen werden, daß hier lediglich Prinzipien des Transfers charakterisiert werden. Bei der Implementation (s. 4.2.) sind noch weitere, wichtige Präzisierungen vorzunehmen.

4.1.3. Präferenz des D-Strukturtransfers

D-Strukturen sind im syntaktischen Sinne kanonische Formen für natürliche Sprachen (vgl. Vergnaud (1985)). Folglich sind D-Strukturen von größerer Einheitlichkeit als S-Strukturen. Allerdings ist zu berücksichtigen, daß D-Strukturen Informationen beinhalten, die beim Übergang zu S-Strukturen zu Bewegungen führen. Dies heißt aber, daß diese Informationen sich oberflächlich in der Wortstellung manifestieren. Dies ist leicht anhand der Topikalisierung in SpecComp im deutschen Hauptsatz oder an der Bindung von Klitika in den meisten romanischen Sprachen zu zeigen (falls Klitika nicht basisgeneriert sind).

Für den Transfer ist nun die Zahl der Assoziationsregeln drastisch einschränkbar, wenn D-Strukturen einander assoziiert werden. Dies aber bedeutet, daß - falls nicht explizit anders vermerkt - Landeplätze und Zwischenlandeplätze der quellsprachlichen Oberflächenstruktur übersprungen werden, Startplätze jedoch zu übersetzen sind.

Freilich wurde schon unter 3. darauf verwiesen, daß beim Parsen einer Quellsprache Startplätze lexikalisch leer sind, so daß sich das System über die Bindung des Startplatzes durchhangelt und diese Struktur mit Hilfe der Assoziationsregeln übersetzt.

4.2. Implementation der Transferkomponente

4.2.1. Regelformat

Assoziationsregeln bestehen aus zwei Teilen (vgl. Rolshoven (1987), (1988), (1989)); der erste Teil bildet die quellsprachliche Teilstruktur ab, die zu matchen ist, der zweite dient der Erzeugung der zielsprachlichen Struktur, wenn der Match der quellsprachlichen Struktur gelingt. Strukturbäume können nun nicht direkt maschinenlesbar abgebildet werden. Daher wird die Baumstruktur des obigen Beispiels wie folgt abgebildet: N' :- N' Adj.

Der Operator ':-' ist hier zu lesen als 'Mutter von'. N' ist also Mutter von N' und Adjektiv. Hier ist zu bemerken, daß auf diese Weise Bäume beliebiger Komplexität abzutasten sind, da die Symbole rechts des Operators ':-' ihrerseits in einer weiteren Regel links des Operators stehen können.

Die Darstellung eines quellsprachlichen Baums wird durch den Operator >= abgeschlossen. Für die obige Assoziation gilt also: N' :- N' (Adj) >= N'[1] --> (Adj[3]) N[2].

Rechts des Operators '>=' steht eine Produktionsregel, die zielsprachliche Strukturen erzeugt. Jede der dort aufgeführten Kategorien verweist auf Kategorien der linken Seite. Die [1] hinter dem N' verweist auf das erste Symbol des quellsprachlichen Teilbaumes, das N', die [3] hinter Adj. auf das dritte Symbol (Adj), die [2] hinter N' auf das quellsprachliche N'. Damit wird der Bezug von Quell- und Zielsprache hergestellt. Verweise sind fakultativ. Folglich erfaßt das hier vorgeführte Regelformat auch recht gut nicht isomorphe sprachliche Strukturen bei der Übersetzung.

4.2.2. Implementation

Bei der Implementation der Transferkomponente sind einige diffizile Probleme zu lösen. Betrachten wir dazu folgendes (vereinfachtes) Beispiel. Zu übersetzen sei der Teilbaum

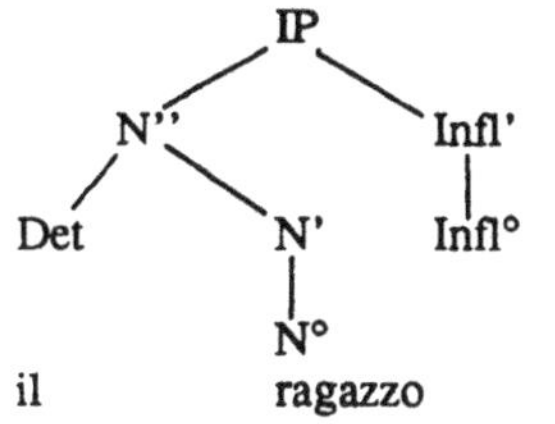

Die Transferkomponente umfasse folgende Assoziationsregeln:

(1) IP :- N'' Infl' >= IP[1] --> N''[2] Infl'[3];
(2) N'' :- Det N' >= N''[1] --> Det[2] N'[3];
(3) N' :- N'(Adj) >= N'[1] --> (Adj[3]) N'[2];
(4) Infl' :- ...

Da die erste Hälfte von (1) mit dem quellsprachlichen Teilbaum matcht, kann die zielsprachliche Struktur:

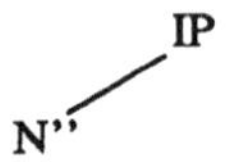

generiert werden.

Das Infl' kann jedoch noch nicht dem zielsprachlichen Baum adjungiert werden, da die Erzeugung von Bäumen dem Prinzip *depth first, bredth second* unterliegt. Das System muß sich merken, daß Infl' noch zu expandieren ist. Zunächst ist jedoch ein Teilbaum unter N'' zu matchen und zu übersetzen. Dies besorgt Regel (3). Ist dies geschehen, so kann Infl' übertragen werden.

Die Situation gestaltet sich jedoch noch komplizierter. Zum einen ist es möglich, daß unterschiedliche Assoziationsregeln parallel auf gleiche quellsprachliche Teilbäume zugreifen, zum anderen kann es sein, daß zielsprachlich parallele Strukturen aufgebaut werden müssen, da beispielsweise eine Struktur sowohl lexikalisch als auch Landeplatz sein könnte.
Um diese Situation und das *depth first, bredth second* -Prinzip bewältigen zu können, ist es zweckmäßig, bei jedem Knoten einer quellsprachlichen Struktur einen Stack vorzusehen, auf den die Knoten des matchenden Teiles einer Assoziationsregel gepoppt werden. Dieser Vorgang vollzieht sich unter zwei Bedingungen:

1. beim Matchen einer Regel
2. bei der Erzeugung alternativer zielsprachlicher Strukturen (vgl. oben: ist ein Knoten lexikalisch oder Landeplatz?).

Ist die in der Assoziationsregel korrespondierende zielsprachliche Struktur erzeugt worden, so wird der Verweis auf die matchende quellsprachliche Kategorie der Assoziationsregel im Stack des quellsprachlichen Strukturbaums gepusht. Zeigt es sich, daß alternative zielsprachliche Strukturen aufzubauen sind (für den Fall, daß ein Knoten sowohl lexikalisch als auch Landeplatz sein kann), so ist beginnend mit dem gerade in Frage stehenden quellsprachlichen Knoten der Match mit dem verbleibenden Teil der quellsprachlichen Assoziationsregel zu wiederholen, um entsprechende Verweise auf den Assoziationsstack zu poppen.

Auch wenn sich hier die Beschreibung der Implementation der Transferkomponente auf die wichtigsten Aspekte beschränkt, mag der Aufwand hoch erscheinen. Die Vorteile jedoch sind unbestreitbar.

1. Auch der Transfer läßt sich mit Hilfe deklarativer Regeln beschreiben.
2. Auch beim Transfer erfolgt der Zugriff auf sprachliche Strukturen über eine wohldefinierte Schnittstelle.
3. Die Transferkomponente generiert Strukturen, auf die die Moduln sprachlichen Wissens in gewohnter Weise zugreifen können.

5. Implementation

Das LPS-System besteht aus einer Sammlung von Moduln, die in der Programmiersprache Modula-2 realisiert sind. Die wichtigsten Moduln sind:

1. Ein Regelcompiler, der Produktionsregeln (in unserem Fall X-Bar-Regeln) und syntaktischen Produktionsregeln ähnliche Regeln (morphologische, morphophonologische,

orthographische (hier nicht weiter ausgeführt) und Übersetzungsregeln) in Datenstrukturen überführt, die den Parsing- und Generierungsprozeß steuern, und der Prologklauseln ebenfalls in Datenstrukturen umsetzt.

2. Ein Lexikoncompiler, der lexikalische Informationen in geeignete Datenstrukturen überführt.

3. Ein Parser/Generator, der auf einem modifizierten active-chart-parser (Winograd 1983) beruht, und der im Falle von Ambiguitäten parallele Strukturen aufbauen und verwalten kann. Hier jedoch besteht die Strategie zur Effizienzsteigerung darin, möglichst frühzeitig aus den Bausteinen sprachlichen Wissens Informationen zu gewinnen, die das Ausfiltern paralleler Strukturen ermöglichen.

4. Eine Inferenzmaschine, die die aus den Prologklauseln erzeugten Datenstrukturen interpretiert und das Wissen der Klauseln der grammatischen Moduln abarbeitet.

Der LPS-Interpreter ist dank der gewählten Programmiersprache hochgradig portabel, im Vergleich zu Prologsystemen effizient und für weitere Ansätze (s. u. 6.) leicht erweiterbar. LPS ist jedoch nicht nur im Hinblick auf die Zielmaschinen, die LPS verarbeiten, hochgradig portabel, sondern auch im Hinblick auf die zu verarbeitenden Sprachen. Es brauchen bei einem Austausch von Sprachen lediglich einige Parameter in den Moduln sprachlichen Wissens, einige Assoziationsregeln und eine gewisse Zahl von Zeichenketten im Lexikon verändert zu werden.

6. Erweiterungen

Zur Zeit sind für LPS folgende Erweiterungen geplant:

1. Die Bausteine sprachlichen Wissens werden weiter im Hinblick auf jüngste Entwicklungen der GB-Theorie präzisiert.

2. Beginnend mit lexikalischer Semantik soll semantische Variabilität durch neuronale Netze erfaßt werden. Hier zeigt sich ein besonderer Vorteil der gewählten Programmiersprache, die dank Prozeduralität dieser Aufgabe durch Schnelligkeit gewachsen sein dürfte. Ein ehrgeizigeres Unterfangen dürfte in Zukunft die Kombination der Inferenzmaschine mit einem neuronalen Netzsimulator werden. Die Aussichten, sprachliche Informationsverarbeitung mit einer Art 'Neuolog' (Neuronale Netze und Prolog) zu betreiben, sind verlockend.

Literatur

Aho, A.V., J.D. Ullman (1972): The Theory of Parsing, Translation and Compiling. Englewood Cliffs, N.J.

Burzio, L. (1986): Italian Syntax. A Government-Binding Approach. Dordrecht.

Chomsky, N. (1981): Lectures on Government and Binding. Dordrecht.

- (1986a): Knowledge of Language. New York.

- (1986b): Barriers. Cambridge, Mass.

Davis, L. (ed.) (1987): Genetic Algorithms and Simulated Annealing. Los Altos, California.

Fanselow, Gisbert, Sascha W. Felix (1987): Sprachtheorie. Eine Einführung in die Generative Grammatik. Bd.2: Die Rektions- und Bindungstheorie. Tübingen.

Marcus, Mitchell P. (1980): A Theory of Syntactic Recognition for Natural Language, MIT Press, Cambridge, Mass.

Pollock, Jean-Yves (1989): "Verb Movement, Universal Grammar and the Structure of IP" - In: Linguistic Inquiry 20, S. 365-424.

Reyle, U., C. Rohrer (eds.) (1987): Language Parsing and Linguistic Theories. Dordrecht.

Rolshoven, Jürgen (1987): "LPS. Eine linguistische Programmiersprache." - In: Computerlinguistik und philologische Datenverarbeitung, hg. von U. Klenk, P.Scherber und M. Thaller, 115-129. Hildesheim.

- (1988): "Entwurf und Implementation einer Government-and-Binding orientierten linguistischen Programmiersprache." - In: Angewandte Linguistik und Computer. Kongreßbeiträge der 18. Jahrestagung der Gesellschaft für Angewandte Linguistik, GAL e.V., hg. von Bernd Spillner, 73-74. Tübingen.

- (1989): "Algorithmen und Datenstrukturen in einem Parser für fachsprachliche romanische Nominalphrasen" - In: Technische Sprache und Technolekte in der Romania. Romanistisches Kolloquium II, hg. W. Dahmen, G. Holtus, J.Kramer, M. Metzeltin, 348-362. Tübingen.

Stechow, Arnim von, W. Sternefeld (1988): Bausteine syntaktischen Wissens. Ein Lehrbuch der generativen Grammatik. Opladen.

Touretzky, D.S., G.E. Hinton (1987): "Pattern matching and variable binding in a stochastic neural network." - In: L. Davis (ed.), Genetic Algorithms and Simulated Annealing. Los Altos, California.

Vergnaud, Jean-Roger (1985): Dépendances et niveaux de représentation en syntaxe. John Benjamins Publishing Company, Amsterdam/Philadelphia.

Wehrli, Eric (1988): "Parsing with a GB-Grammar" - In: Reyle, U., C. Rohrer (eds.), 1987.

Winograd, Terry (1983): Language as a Cognitive Process. Vol. I: Syntax, Addison-Wesley Publishing Company, Mass.

Dieter Seelbach

Nominale Mehrwortausdrücke und prädikative Nomina im Französischen

1. Grobe Charakterisierung von Mehrwortausdrücken

Die Rolle von Mehrwortausdrücken ("*mots composés* ") für die maschinelle Analyse vor dem Hintergrund der Lexicon Grammar wurde von *M. Gross* 1986 bekannt gemacht. Das Lexikon muß neben den Funktionswörtern ("*mots grammaticaux* "), Invariablen ("*mots invariables*") und einfachen Wörtern ("*mots simples* ") zusammengesetzte Verben, Adverben, Nomina und Adjektive enthalten, die wir hier als Mehrwortausdrücke bezeichnen.

prendre la fuite	die Flucht ergreifen
donner un avertissement	eine Verwarnung erteilen
prendre le large	das Weite suchen
donner le ton	den Ton angeben
en premier lieu	in erster Linie
dans le courant de la semaine	im Verlauf der Woche
chutes de neige	Schneefälle
températures maximales	(Tages-) Höchsttemperatur
(être) à la mode	in Mode sein
(être) en marge	außen vor sein

Im Bereich der *Verben* handelt es sich größtenteils um Stützverbkonstruktionen, die aus einem Stützverb ("*verbe support* ") und einem prädikativen Nomen ("*nom prédicatif* ") bestehen. Mithilfe der im Französischen relativ kleinen Menge von Stützverben, wie *être* (*Prep*), *faire*, *avoir*, *donner* etc. kann die Syntax und Semantik von einigen Nomina und komplexen Nominalgruppen auf einigermaßen originelle und befriedigende Weise beschrieben werden, wie wir in Abschnitt 3 sehen werden. Ein weiterer Typ von verbalen Mehrwortausdrücken sind feste Verbindungen ("*verbes figés* ") wie *prendre le large* und *donner le ton* etc. Im Bereich der Adverben handelt es sich um mehr oder weniger feste Wendungen, adverbiale Mehrwortausdrücke ("*adverbes composés et figés* "), die oft ganz bestimmte Präpositionen verlangen in Abhängigkeit vom Rest und nur selten irgendwelche Einschübe zulassen (vgl. Seelbach (1991)):

en premier lieu	in erster Linie
*au premier lieu	*an erster Linie
*en un premier lieu	*in der ersten Linie
au cours de la semaine	im Lauf der Woche
dans le courant de lundi	im Lauf des Montags
vers la fin de l'année	gegen Jahresende
aux premières heures de la matinée	in den frühen Vormittagsstunden

Im Bereich der *Nomina* geht es um das traditionell im Schnittbereich der Wortbildung und der Nominalgruppensyntax anzusiedelnde Phänomen der nominalen Mehrwortausdrücke ("*noms composés* "), denen im Deutschen häufig Nominalkomposita entsprechen. Während die beiden Sprachen hier für eine maschinelle Analyse zunächst unterschiedliche Schwierigkeiten bereiten - im Deutschen haben wir in erster Linie das Problem der Segmentierung[1], im Französischen, wie bei den verbalen und adverbialen Mehrwortausdrücken das Problem der Identifizierung -, stellt sich vor allem die Frage nach der Definition von Mehrwortausdrücken und nach deren Abgrenzung von Verbindungen zwischen freien Nomina und Adjektiven in der Nominalgruppe, es geht also um die unterschiedliche Behandlung von:

(a) les températures agréables	(b) les températures matinales
le sud des Alpes	le massif des Pyrénées

Die Syntagmen (a) sind freie Kombinationen, sie werden über die Grammatikregeln für Nominalgruppen analysiert, wobei die Nomina (und Adjektive) getrennte Lexikoneinträge haben. Die Syntagmen (b) können zwar mithilfe von getrennten Lexikoneinträgen geparst werden, sie bilden aber <u>auch</u> eigenständige Lexikoneinträge als nominale Mehrwortausdrücke und können so als Einheiten identifiziert werden:

une table ronde	(a) ein runder Tisch
	(b) ein Gespräch am runden Tisch
le bras droit	(a) der rechte Arm
	(b) die rechte Hand (vom Chef)
une boîte noire	(a) eine schwarze Kiste
	(b) ein Flug- oder Fahrtenschreiber (schwarze Box)

Die Häufigkeit von Mehrwortausdrücken in Fachtexten sei am Wetterbericht vom 9.4.1985 aus "Le Monde" gezeigt:

> *EVOLUTION PROBABLE* du temps en France entre *LE MARDI 9 AVRIL A 0 HEURE* et *LE MERCREDI 10 AVRIL A 24 HEURES*
>
> Le *TEMPS PERTURBE* s'évacue lentement vers l'Est, ***LAISSANT LA PLACE A*** un *TEMPS VARIABLE* et plus frais.
>
> Mercredi: *LE MATIN*, le ciel sera encore très nuageux à couvert sur la *MOITIE SUD-EST*, avec des averses fréquentes, donnant de la neige AU-DESSUS DE 1500 mètres sur les Pyrénées. Sur les *AUTRES REGIONS*, le ciel sera *un peu moins* nuageux, MAIS DEJA quelques averses se produiront. *AU COURS DE LA JOURNEE*, la *ZONE DE MAUVAIS TEMPS* se restreindra aux régions de Sud-Est, ***EN PRENANT UN CARACTERE ORAGEUX***.

---

[1] Auch im Deutschen gibt es nominale Mehrwortausdrücke, die als Einheiten erkannt werden müßten:

ein Wechselbad der Gefühle	une douche écossaise
Frankfurter Würstchen	des saucisses de Francfort
ein freudiges Ereignis	un heureux événement
rote Karte	carton rouge
grüne Minna	panier à salade

Ailleurs, le temps instable prédominera, avec des éclaircies MAIS AUSSI des averses et des *CHUTES DE NEIGE* AU DESSUS DE 1000 mètres.

Sur les *AUTRES REGIONS* de la Vendée à la Bretagne et à la Normandie, le temps sera *un peu plus* clément, les éclaircies ***PRENANT*** souvent ***LE DESSUS SUR*** les averses.

Les *TEMPERATURES MATINALES*, DE L'ORDRE DE 4 à 6 degrés sur la *MOITIE NORD-OUEST*, avoisineront 6 à 8 degrés sur la *MOITIE SUD-EST. AU COURS DE LA JOURNEE*, il fera plus frais que *CES DERNIERS JOURS*, avec des températures, *DANS L'APRES MIDI*, étagées de 10 à 15 degrés du Nord au Sud.
Enfin, il faut noter que le mistral et la tramontane se lèveront pour souffler *DE MODERE A ASSEZ FORT.*

SENS D'EVOLUTION pour la *FIN DE SEMAINE.*
Le *COURANT PERTURBE D'OUEST* intéressera la *MAJEURE PARTIE* de notre pays. Les régions de la *MOITIE NORD* seront les plus touchées, ALORS QUE les *REGIONS MERIDIONALES* RESTERONT *LE PLUS SOUVENT* EN MARGE.

Samedi, aggravation sur la *MOITIE SUD* du pays avec passage d'une *ZONE PLUVIEUSE*, suivie d'éclaircies et de mistral sur le Sud-Est *EN SOIREE.*
Sur toutes les *AUTRES REGIONS*, ciel nuageux avec éclaircies, *MAIS EGALEMENT* des averses. Eclaircies plus larges sur les régions proches de l'Atlantique *L'APRES-MIDI, EN PARTICULIER* sur le sud-ouest. Les vents, d'abord forts de *SECTEUR OUEST*, faibliront *EN COURS DE JOURNEE.* Les températures ***RESTERONT SANS*** grand ***CHANGEMENT***, sauf une légère baisse possible de la Bretagne au Nord.
La *PRESSION ATMOSPHERIQUE REDUITE AU NIVEAU DE LA MER*, était, à Paris, le mardi 9 avril, à 8 heures, de 999,6 millibars, soit 749,8 *MILLIMETRES DE MERCURE.*

Hervorgehoben sind die

(a) verbalen Mehrwortausdrücke

laisser la place à	den Platz freimachen für
prendre un caractère *Adj*	*Adj* werden
prendre le dessus sur	die Oberhand gewinnen über
rester sans changement	unverändert bleiben

(b) adverbialen Mehrwortausdrücke

le matin	vormittags, am Morgen
un peu moins	etwas weniger (Adj + Komparativ)
un peu plus	etwas mehr (Adj + Komparativ)
au cours de la journée	im Laufe des Tages
ces derniers jours	die letzten Tage
dans l'après-midi	am Nachmittag
de modéré à assez fort	mäßig bis ziemlich stark
le plus souvent	meist
l'après-midi	nachmittags
en particulier	besonders
en cours de journée	im Tagesverlauf

(c) adjektivalen Mehrwortausdrücke

(rester) en marge	auβen vor (bleiben)

(d) nominalen Mehrwortausdrücke

évolution probable	vorherzusehende Entwicklung
temps perturbé	unbeständiges Wetter
temps variable	wechselhaftes Wetter
moitié sud-est	Südosthälfte
les autres régions	die restlichen Gebiete
chutes de neige	Schneefälle
températures matinales	Vormittagstemperaturen
moitié nord-ouest	Nordwesthälfte
sens d'évolution	Entwicklungstendenz
fin de semaine	Wochenende
courant perturbé	mit Störungen angereicherte Strömung
majeure partie	Groβteil
moitié nord	nördliche Hälfte
régions méridionales	südliche Gebiete
moitié sud	südliche Hälfte
zone pluvieuse	Regengebiet
secteur ouest	westlicher Bereich
pression atmosphérique	Luftdruck
niveau de la mer	Meereshöhe
millimètres de mercure	Millimeter Quecksilbersäule

sowie

(e) die zusammengesetzten Präpositionen

au-dessus de	oberhalb von
de l'ordre de	in der Höhe von

und

(f) die zusammengesetzten Konnektoren

mais déjà, mais aussi, alors que, mais également (cf. Seelbach 1988)

Auβerdem haben wir hier drei komplexe Einheiten, die jeweils "einfache" nominale Mehrwortausdrücke als Komponenten haben, sog. "composés de composés" oder Expansionen

(g)

zone de mauvais temps	Schlechtwetterzone
courant perturbé d'ouest	mit Störungen angereicherte Westströmung
pression atmosphérique réduite au niveau de la mer	(der dem Druck auf Meereshöhe entsprechende) Luftdruck

2. Definition und Klassifizierung von nominalen Mehrwortausdrücken

Nominale Mehrwortausdrücke sind (zweigliedrige) Syntagmen, vor allem vom Typ N Prep N und Adj N, die nicht nur in Fachtexten signifikant häufig auftreten , und bei deren Analyse oft voreilige Verallgemeinerungen vorgenommen wurden, die einer Überprüfung an größeren Datenmengen nicht standhalten. Betrachten wir zunächst einige weitere gemeinsprachliche Beispiele:

foie gras	Gänseleberpastete
pied noir	Nordafrikafranzose
vin nouveau	neuer Wein
coup de téléphone	(telephonischer) Anruf
fil de fer	Eisendraht
mur de Berlin	Berliner Mauer
chirurgien de service	diensthabender Chirurg
service après vente	Kundendienst
faux jeton	falscher Fuffziger

Viele traditionelle Sprachwissenschaftler (*Marouzeau, Darmesteter, Bréal, Grevisse*) sind sich darin einig, daß "noms composés" *semantisch* definierbar seien, und zwar als (aus (zwei) Komponenten aufgebaute) *neue* Bedeutungseinheiten: "Le nom composé évoque dans l'esprit, non les images distinctes répondant à chacun des mots correspondants, mais une image univoque." (Grevisse 1969:65). *Darmesteter* spricht von der "*unité de l'image* " als dem entscheidenden Kriterium.

Obwohl, wie das klassische Beispiel "pomme de terre" (Erdapfel, Kartoffel) zu zeigen scheint, hier etwas Charakteristisches, für uns intuitiv nachvollziehbar, erfasst zu sein scheint, kann diese Definition nur zur Ausgrenzung der relativ wenig zahlreichen *idiomatischen* "noms composés et figés" herangezogen werden, bei denen keines der Elemente auswechselbar ist, wie *cerf volant* (Drachen), *marais salant* (Meersaline), *cercle vicieux* (circulus vitiosus) etc.

Zahlreiche Derivationen und nichtabgeleitete einfache Nomina sind semantisch ebenfalls als (neue) Einheit von (zwei) Bedeutungskomponenten zu definieren:

maisonnette "petite maison"	kleines Haus
pédiatre "médecin pour enfants"	Kinderarzt
écouteur	Kopfhörer
verger	Obstgarten
potager	Gemüsegarten
gaucher	Linksfüßler, -händer

Sie würden der semantischen Definition von zusammengetzten Nomina entsprechen, wie *petite cuiller* oder *chaussures pour enfants* beispielsweise. - Durch die Synonymie von *maître d'école* und *instituteur* verliert die traditionelle Definition ebenfalls an Interesse.

Auch die eher *syntaktische* Definition der "noms composés" von *Martinet* als "synthèmes", deren zweites Element nicht determiniert (oder modifiziert) sein darf ("ne pouvant recevoir de détermination particulière"), ist voreilig:

milieux bien informés	gut unterrichtete Kreise
lutte des classes	Klassenkampf
mur du son	Schallmauer
uranium faiblement enrichi	schwach angereichertes Uranium

Sicher abzulehnen ist auch die generativ-transformationelle Position, nach der *chaise longue* von einem "?la chaise qui est longue" abzuleiten wäre. *Passage nuageux* ist nicht mit "?un passage qui est nuageux" in Verbindung zu bringen, sondern mit "les nuages font leur passage". *Einige* nominale Mehrwortausdrücke eignen sich ganz gut für eine Analyse über die Syntax:

des reins artificiels	≡	des reins qui sont artificiels
une prise de bec	≡	on se prend de bec avec qn
la pêche à la ligne	≡	qn pêche à la ligne
une vente par correspondance	≡	qn vend par correspondance
le ramassage d'ordures	≡	qn ramassse les ordures
une augmentation de prix	≡	qn augmente les prix

aber:

une revue de presse	≢	*?qn revoit la presse

Für die maschinelle Übersetzung und im Hinblick auf die Erstellung von bilingualen Mehrwortlexika allgemein müssen zwei- und mehrgliedrige nominale Ausdrücke zunächst einmal als Einheiten erkannt und aufgelistet werden . Sinnvoll ist es, von unterschiedlichen syntaktischen Klassen auszugehen und für jede Klasse mithilfe einer größeren Menge von syntaktischen Tests Kandidaten für Mehrwortausdrücke zu ermitteln, um sie ins (Transfer-) Lexikon mit ihren deutschen Entsprechungen aufnehmen zu können. Es bieten sich, ausgehend vom Französischen, Klassen an wie *N de (Det) N*, *Adj N*, *N Adj*, *N Prep (Det) N (Prep ≢ de)*, *N N* etc.

N de (Det) N	juge de touche	Linienrichter
	coup d'envoi	Anstoß
Adj N	premier poteau	kurzer Pfosten
	deuxième poteau	langer Pfosten
N Adj	carton jaune	gelbe Karte
	coup franc	Freistoß
N Prep N (Prep ≢ de)	mise en jeu	Einwurf
	passe en profondeur	Steilpaß
N N	pause thé	Teepause
	match retour	Rückspiel

Die Frage ist, nach welchen Kriterien können wir - intersubjektiv überprüfbar - solche Ausdrücke finden ? Am Beispiel der Klasse *N Adj* wollen wir zeigen, mit welchen Tests man hier arbeiten kann. Wichtig: Es gibt nicht nur *einen* Test.

(1) "freies" Adjektiv in der Gruppe *N Adj*

Bsp: températures douces

a) Prädikativität (+)	les températures sont douces

b) Nominalisierung (+)	la douceur des températures
c) Kein Bruch im Paradigma (-) ("freie Distribution")	températures agréables, hautes, basses, variables, modérées, élévées, fraîches, tropicales, polaires etc.
d) Veränderlicher Numerus (+)	une/des température(s) douce(s)
e) Adverbeinschub (+)	températures extrêmement douces
f) Koordinierbarkeit(+)	températures douces et agréables
g) keine Weglaßbarkeit des Nomens (-)	*les douces
h) Austauschbarkeit mit *(N) de un Modif N* (+)	*températures de douceur *températures de la douceur températures d'une certaine douceur
i) keine Paraphrase mit Adj-n[2] als Argument = relationales Adjektiv (-)	*températures régnant à un moment donné de la douceur
j) Kein Einzelwort als Synonym (-)	

(2) Adjektiv im "nom composé" vom Typ *N Adj*

Bsp.: températures maximales
températures matinales

a) keine Prädikativität (-)	*les températures sont maximales/matinales
b) keine Nominalisierung (-)	*la maximalité des températures *la matinalité des températures
c) Bruch im Paradigma (+)	températures diurnes, nocturnes; minimales
d) kein veränderlicher Numerus (-)	*la/les températures maximales/matinales *aber*: la température matinale à Paris
e) kein Adverbeinschub (-)	*températures extrêmement matinales/maximales
f) keine Koordinierbarkeit mit "freien" Adjektiven (-)	*températures maximales/matinales et douces

[2] Adj-n ist ein mit einem Adjektiv morphologisch in Verbindung zu bringendes Nomen wie *beauté (beau)*.

g) Weglaßbarkeit des Nomens (+)	les maximales, les matinales
h) keine Austauschbarkeit mit *(N) de un Modif N (-)*, aber Austauschbarkeit mit *(N) de (Det) Adj-n*	températures du matin
i) Paraphrase mit Adj-n als Argument = relationales Adjektiv (+)	températures régnant le matin/ à un moment donné de la matinée
j) synonymes Einzelwort (+)	les maximas

Besonders stark sind die Kriterien c), h), und i). Einige dieser Kriterien sind bei der Analyse von Syntagmen des Typs *N Adj* aus der Wetterberichtsprache im folgenden Matrixausschnitt festgehalten und machen die Vorgehensweise deutlich.

Abb. 1

	de N	de le N	de un Modif N	"Bruch" im Paradigma	Adverbial-einschub	etc.
temp. matinales	-	+	-	+	-	
temp. douces	-	-	+	-	+	
temp. saisonnières	+	-	-	+	-	
temp. clémentes	-	-	+	-	+	

Nur in Ausnahmefällen stimmen zwei nominale Mehrwortausdrücke in der Menge ihrer Plus- und Minuszeichen überein.

Es gibt unterschiedliche Grade der Idiomatizität ('degrés de figement'):

idiomatisch ('figé')	halbidiomatisch ('semi-figé')	frei ('ordinaire')
gelées blanches *gelées roses	gelées nocturnes matinales gelées locales généralisées	gelées dangereuses intenses importantes faibles fortes rares inquiétantes etc.

________V________/
nominale Mehrwortausdrücke

Es bietet sich an, auch *komplexe "noms composés "* als Einheiten ins Lexikon aufzunehmen, wenn mehr als zwei Nomina oder Adjektive im Spiel sind. Hier sind neue Klassen und Subklassen zu bilden, die größtenteils als *Expansionen* der Klassen *Adj N*, *N Adj*, *N de N*, *N N* etc. anzusehen sind. Man kann hier *feste Verbindungen* ("syntagmes figés"), denen keine einfachen nominalen Mehrwortausdrücke zugrunde liegen, antreffen:

le bon vieux temps	*le vieux temps

und, viel häufiger, aus zweigliedrigen "noms composés" gebildete "composés de composés" (Expansionen):

Haut Moyen Age	Moyen Age
station de sports d'hiver	sports d'hiver

Expansionen von N A:

1. A N / A

une jeune fille prolongée	eine alte Jungfer
les hautes pressions méditerranéennes	das Hoch über dem Mittelmeer

2. N A / A

la politique agricole commune	die gemeinsame Agrarpolitik
des passages nuageux matinaux	Durchzug von Wolken am Vormittag

3. N de N / A

du fil de fer barbelé	Stacheldraht
le régime d'ouest perturbé	die unbeständige Westströmung

4. N / A de N

un chapeau haut de forme	ein Zylinderhut

5. N / A A A

le salaire minimum interprofessionnel garanti (SMIG)	gesetzlich garantiertes Mindesteinkommen

6. N / A de N A

une moyenne corrigée des variations saisonnières	ein jahreszeitlicher Durchschnittswert

Expansionen von N de N:

1. A N / de N

la première dame de France	die First Lady von Frankreich
la grande partie du pays	der Großteil des Landes

2. N A / de N

un complément circonstanciel de temps	eine adverbiale Bestimmung der Zeit
les températures normales de saison	die jahreszeitliche Normaltemperatur

3. N / de A N

une heure de grande écoute	eine hohe Einschaltzeit
un axe de hautes pressions	eine Hochdruckachse

4. N / de N A

un incendie d'origine criminelle	eine Brandstiftung
un risque de pluies verglaçantes	Gefahr von gefrierendem Regen

5. N / de N de N

une station de sports d'hiver	ein Wintersportort
un risque de chutes de neige	Schneefallgefahr

6. N de N / de N

de l'eau de vie de Danzig	Danziger Feuerwasser

7. N de N / de N de N

un système de gestion de bases de données	ein Datenbankverwaltungssystem

Expansionen von N N:

1. N / A N

un restaurant libre service	ein Selbstbedienungsrestaurant

2. N A / N

du café décaféiné filtre	ein entkoffeinierter Filterkaffee

3. N / N A

le français langue étrangère	Französisch als Fremdsprache

4. N / N N

un plan épargne logement	ein Bausparplan

Expansionen von N à N:

1. N / à A N

un magasin à grande surface	ein Groβmarkt

2. N / à N A

un emprunt à taux variable	eine Anleihe mit veränderlichem Zins

3. N A / à N

un outrage public à la pudeur	eine Erregung öffentlichen Ärgernisses

4. N / à N N

une cigarette à bout filtre	eine Filterzigarette

5. N / à N de N

un four au feu de bois	ein Backofen mit Holzfeuerung

6. N de N / à N

une tête de veau à la vinaigrette	ein Kalbskopf in Essigsoβe

7. N de N / à N A

le courrier d'entreprise à distribution exceptionnelle (CEDEX)	Geschäftspost mit eigener Zustellung

Expansionen von N en N:

1. N / en A N

un enfant en bas âge	ein Kleinkind

2. N / en N A

un médicament en vente libre	ein freiverkäufliches Medikament

3. N A / en N

la course transatlantique en solitaire	die Ein-Mann-Überquerung des Atlantiks

4. N / en N de N

un pays en voie de développement	ein Entwicklungsland

5. N /en N à N

une table en fer à cheval	ein Hufeisentisch

6. N de N / en N de N

des pommes de terres en robe des champs	Pellkartoffeln mit Schale

Es können Fälle von Ambiguität auftauchen wie in:

des petites pluies locales (A / N A oder A N / A) (Expansionen von A N oder von N A)
des chutes de pluies verglaçantes (N/de N A oder N de N/A)
une maitresse de gymnastique amoureuse (N/de N A oder N de N/A)
une selle de cheval arabe (N/de N A oder N de N/A)

Notiert man die "einfachen" Ausdrücke mit CN ("compound noun") und die ambigen Expansionen dann mit NP ("noun phrase"), ergeben sich die folgenden "höheren" Syntaxbäume, aus denen diese Ambiguitäten ebenfalls ersichtlich werden: (vgl. Abb. 2)

Abb. 2

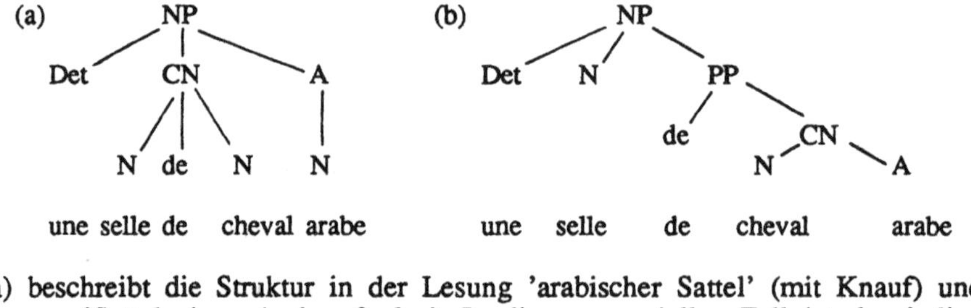

(a) beschreibt die Struktur in der Lesung 'arabischer Sattel' (mit Knauf) und (b) in der Lesung 'Sattel eines Araberpferdes'. In diesem speziellen Fall ist das 'adjectif épicène' *arabe* verantwortlich für die Ambiguität.

In der Wetterberichtsprache wurden bisher etwa 250 nominale Mehrwortausdrücke vor allem vom Typ *Adj N*, *N Adj* und *N de N* sowie etwa 100 Expansionen (dreigliedrig) unterschiedlicher Subklassen ermittelt. In Anlage 1 finden Sie die Syntaxbäume für einige Wetterberichtsätze in denen nominale Mehrwortausdrücke vorkommen. Die Analysen wurden im Rahmen einer in *Seelbach* 1988 entworfenen 'Definite Clause Grammar' vorgenommen, an deren Implementierung z. Zt. gearbeitet wird.

Es seien noch einige Beispiele für Übersetzungsprobleme mit zweigliedrigen nominalen Mehrwortausdrücken angeführt, von denen es etwa 15000 im französischen Lexikon gibt (pers. Mitteilung G. Gross). (Dabei sind die für einige Fachtexte charakteristischen

Neologismen im Bereich der Terminologie, die gerade in diesen Strukturen gebildet werden, nicht berücksichtigt, und außerdem ist damit nichts über die Häufigkeit des Vorkommens derartiger Ausdrücke in Texten gesagt):

l'extrême onction	letzte Ölung
l'extrême nord	der äußerste Norden
l'Extrême Orient	der Ferne Osten
carton jaune	gelbe Karte
premier poteau	kurzer Pfosten
pied noir	Nordafrikafranzose
boîte noir	Fahrt- oder Flugschreiber
petit matin	früher Morgen
petit printemps	Vorfrühling
fromage blanc	Quark

Derartige Äquivalente können natürlich, zumal wenn es um drei- und mehrgliedrige Ausdrücke geht, nur in kleinen deutsch-französischen Forschergruppen erarbeitet und fixiert werden. Zwei- und mehrsprachige Terminologiedatenbanken sind höchst selten, solche die sich für einen Einsatz ohne computerlinguistische und kontrastiv-linguistische Überarbeitung in MÜ- Systeme oder CAT-Systeme eignen, gibt es nicht.

3. Prädikative Nomina und Stützverben

Einfache Wörter (Verben, Nomina, Adjektive, Adverben (Invariable)) können nicht die minimalen (semantisch-) lexikalischen Einheiten der Sprache bilden, vielmehr werden in der Lexicon Grammar *einfache Sätze in kanonischer Form* als die elementaren Einheiten und als Lexikoneinträge angesehen. Ein einfaches prädikatives Nomen wie 'service' bekäme folgende Lexikoneinträge:

Max a un bon service	gut aufschlagen (Tennis)
le service	den Aufschlag haben
Max fait le service	1. bedienen
	2. aufschlagen (Tennis)
Max est de service	Dienst haben, machen
Max fait son service	1. Wehrdienst leisten
	2. bedienen
	3. aufschlagen (Tennis)
Max rend service	gefällig sein
Max rend (un) service à Marie	einen (Liebes-) Dienst erweisen
Cette machine est en service	in Betrieb sein
Max est au service de Luc	in Diensten (Arbeit) stehen bei

Prädikative Mehrwortausdrücke oder zusammengesetzte prädikative Nomina mit 'coup' werden beispielsweise folgendermaßen beschrieben:

Max donne un coup de pied à Luc	einen Fußtritt geben
un coup de fil	anrufen
Luc reçoit un coup de pied de Max	einen Tritt bekommen
un coup de fil	Anruf

Max a le coup de foudre pour Marie	Hals über Kopf verliebt sein
on a un coup de pompe	einen Schwächeanfall haben
on a un coup de soleil	einen Sonnenbrand haben
on prend un coup de soleil	einen Sonnenbrand bekommen
qn donne le coup de grâce à qn	jemandem den Gnadenstoß versetzen
on donne un coup d'accélérateur	beschleunigen, Gas geben
de frein	bremsen
on fait un coup d'Etat	einen Staatsstreich machen
coup d'essai	Probelauf
X donne le coup d'envoi de Y	den Startschuß geben für
X donne un coup d'accélérateur à Y	X bringt Y voran
X a pris un coup de vieux	X ist alt geworden
etc.	

Wir haben es hier jeweils mit prädikativen nominalen Mehrwortausdrücken zu tun, die durch die Stützverben "gestützt" werden. Diese haben allein die Aufgabe der temporalen (und aktionsartenspezifischen) Aktualisierung; sie sind in ihrer Funktion vergleichbar mit der Kopula (bei prädikativen Adjektiven) und den Suffixen bzw. den Hilfsverben *avoir* und *être* (bei Vollverben).

Bevor wir einen Vorschlag zur maschinellen Identifizierung und das Parsing von Sätzen machen, die Stützverbkonstruktionen enthalten, sollen die Gründe und die Entwicklung, die zur Stützverbanalyse und zur Annahme von prädikativen Nomina im Rahmen der Lexicon Grammar geführt haben, zusammengefaßt werden. Dabei können vor allem die Vorteile herausgearbeitet werden, die sich auf dieser Grundlage für die Beschreibung komplexer Nominalgruppen mit prädikativen Nomina als Köpfen ergeben und für den fremdsprachlichen Unterricht im Bereich von Lexikon und Grammatik allgemein.

Ausgangspunkt war eine von *Giry-Schneider* (1978) vorgeschlagene Transformationsregel für die Ableitung von Stützverbkonstruktionen mit *faire* aus Vollverben, die durchaus auf andere Stützverben übertragbar ist:

(1) N0 V (Prep) N1 --> N0 Vsup V-n Prep N1

V-n = ein mit einem Verb morphologisch in Verbindung zu bringendes Nomen (deverbales Nomen)
Vsup = Stützverb; faire, avoir, être Prep, donner etc.

Luc décrit le tableau	-->	Luc fait la description du tableau
Pol voyage en Italie	-->	Pol fait un voyage en Italie
Luc admire l'Italie	-->	Luc a de l'admiration pour l'Italie
Max répond à Marie	-->	Max donne une réponse à Marie
Luc gifle Marie	-->	Max donne une gifle à Marie
Max a agressé Marie	-->	Max a fait / commis une agression contre Marie

Im Sinne von *Harris*, für den in seinen jüngeren Arbeiten Transformationsregeln *Äquivalenzbeziehungen* sind, die nicht gerichtet sein müssen, hat man dann zunächst den Pfeil in beide Richtungen gemacht und ihn später durch das Gleichheitszeichen ersetzt[3]:

(2) N0 V (Prep) N1 <--> N0 Vsup V-n Prep N1

Dabei fiel auf, daß nicht nur die von Verben abzuleitenden Nomina eine prädikative Funktion haben, sondern auch andere, nicht ableitbare und nicht mit Verben in Verbindung zu bringende (autonome) Nomina prädikativ sein können, daß diese ebenso zahlreich sind wie die mit Verben in Verbindung stehenden, und daß eine reguläre Äquivalenzbeziehung gar nicht in erster Linie zwischen dem Verb und der Verbnominalisierung (Nominaliserungs-transformation) besteht, sondern vielmehr zwischen der Stützverbkonstruktion, bestehend aus Stützverb + prädikativem Nomen, und der Nominalgruppe, die das prädikative Nomen zum Kopf hat. Im Fall von unterschiedlichen Präpositionen bei Vollverb und Stützverbkonstruktionen hat die Nominalgruppe dieselbe Präposition wie die Stützverbkonstruktion:

Luc s'intéresse	à	les mathématiques
	*pour	
Luc a de l'intérêt	*à	les mathématiques
	pour	
L'intérêt de Luc	pour	les mathématiques
	*à	

Einige von Verben morphologisch ableitbare Nomina stehen überhaupt nicht mit dem Verb semantisch in Verbindung, sondern behalten in der komplexen Nominalgruppe diejenige Lesung bei, die sie in der Stützverbkonstruktion aufweisen:

Luc a instruit Max	(unterrichten)
≠ Luc a donné des instructions à Max	(Instruktonen geben)
= Les instructions de Luc à Max	(Instruktionen)
Pierre a averti Pol	(benachrichtigen)
≠ Pierre a donné un avertissement à Pol	(warnen)
= L'avertissement de Pierre à Pol	(Warnung)

Die komplexe Nominalgruppe entsteht demzufolge über die *Tilgung des Stützverbs*, und nicht über Verbnominalisierung, und zwar unabhängig von der Tatsache, ob V-n oder N im Spiel ist:

(3) $\text{N0 Vsup} \begin{Bmatrix} \text{V-n} \\ \text{N} \end{Bmatrix} \text{Prep1 N1}$ <--> Npred de N0 Prep1 N1

Npred = prädikatives Nomen
N = autonomes Nomen
V-n = ein mit einem Verb morphologisch *und semantisch* verbindbares Nomen

---

[3] Der Pfeil "<-->" und das Gleichheitszeichen "=" drücken im folgenden eine semantische Äquivalenzbeziehung zwischen Formen aus, die syntaktisch verbindbar sind.

Pol fait un voyage en Italie V-n	<-->	Le voyage de Pol en Italie
Pol fait un tour en Italie N (≠ Pol tourne en Italie)	<-->	Le tour de Pol en Italie
Max a de l'admiration pour l'Italie V-n	<-->	L'admiration de Max pour l'Italie
Max a un faible pour l'Italie N (*Max faible pour l'Italie *Max faiblit pour l'Italie)	<-->	Le faible de Max pour l'Italie
Luc est en admiration devant ce tableau V-n	<-->	L'admiration de Luc devant ce tableau
Pol donne une gifle à Marie réponse V-n	<-->	La gifle de Pol à Marie réponse
Pol donne une chiquenaude à Marie un coup de fil N	<-->	La chiquenaude de Pol à Marie Le coup de fil
un mot Luc fait une confidence à Julie N	<-->	Le mot La confidence de Luc à Julie

Durch das Ansetzen von Stützverben ist nun der Typ der Präposition in der komplexen Nominalgruppe erklärbar: das *à*, das *en* sowie *pour* gegenüber *devant*. Aber auch *contre* gegenüber *par* in den folgenden Beispielen:

(Luc a agressé Marie)
Luc a commis une agression contre Marie
= L'agression de Luc contre Marie
Marie a subi une agression par Max
= L'agression de Marie par Max

Über (3) sind schließlich auch idiomatische Verben ("verbes figés") von Funktionsverbkonstruktionen mit prädikativen Nomina zu trennen:

Max prend la fuite	Max prend le large
La fuite de Max	*Le large de Max

Es ergeben sich darüber hinaus weitreichende Konsequenzen für die semantische Analyse und damit für ein semantisch orientiertes Parsing (vgl. Abb. 3):

Abb. 3

	T(a1, a2)	(T = semantisches Prädikat)
Verb	V(N0, N1)	gifler, intéresser
prädikatives Nomen	V-n(N0, N1)	gifle, intérêt, compliment, voyage
	N-n(N0, N1)	confidence, confiance, parole, lettre, tour
prädikatives Adjektiv	Adj(N0, N1)	intéressant

Verb (Flexionsmorphem)	Ce livre intéress*era* Luc
Nomen (Stützverb)	Ce livre *aura* de l'intérêt pour Luc
Adjektiv (être) ↑ Aktualisierung	Ce livre *sera* intéressant pour Luc

Parallel zu den Verben gibt es auch prädikative Nomina mit einer unterschiedlichen Anzahl von Argumentstellen und diese sind noch zahlreicher als jene.

Es gibt Stützverbvarianten (X avoir de l'admiration pour Y
X être en admiration devant Y),
Aktionsartenunterschiede zwischen Stützverben (X avoir/prendre/perdre confiance en Y) (vgl. Vivès 1983) und konverse Stützverben (X fait un affront à Y; Y subit un affront de X) (vgl G. Gross 1987). Stützverbvarianten und konverse Stützverben, untersucht im Zusammenhang mit vielen Tausend einfachen und zusammengesetzten prädikativen Nomina, werden die Grundlage für neue Übungen im Schnittbereich von Grammatik, Lexikon, Semantik und Stilistik abgeben. Besonders bemerkenswert ist in diesem Zusammenhang die Tragweite von konversen Stützverbpaaren wie

donner - recevoir	gifle, avis, carte blanche
faire - recevoir	compliment, confidence, coup bas
faire - subir	agression, affront, anesthésie générale
infliger - subir	torture, sanction, échec
exercer - subir	attrait ...

Prädikative Nomina können mithilfe von entsprechenden konversen Stützverben gewissermaßen "ins Passiv gesetzt" werden:

Luc a donné carte blanche à Max <--> Max a reçu carte blanche de Luc
Pol a fait une agression contre Marie <--> Marie a subi une agression par Pol
(Pol a agressé Marie <--> Marie a été agressée par Pol)

Prädikative Nomina bilden in gleicher Weise das Zentrum des Satzes wie Vollverben. Es gibt annähernd 4000 prädikative Nomina, die das "Passiv" auf diese Weise zulassen, fast ebensoviele wie transitive Verben, die das Passiv erlauben. Insgesamt übersteigt die Zahl der prädikativen Nomina des Französischen deutlich die Zahl der Verben (etwa 12000 bis 13000).

Fremdsprachendidaktischer Aspekt

Eine systematische Untersuchung von Stützverb*varianten* ermöglicht Umsetzungen in *Stilübungen* vom Typ ("le mot juste"):

gifle (passer, donner, flanquer, lancer, coller <-> reçevoir, prendre) gegenüber

félicitations (faire, donner, apporter, accorder, adresser <-> reçevoir, obtenir, avoir)

Die folgenden Stützverbvarianten von *donner* bilden mit den in Klammern stehenden prädikativen Nomina Stützverbkonstruktionen (vgl. G. Gross 1988):

accorder(autorisation, gratification, félicitations)
apporter(démenti, concours, félicitations)
administrer(claque, bénédiction)
appliquer(torture, punition)
asséner(coup)
attribuer(affectation, aide, cotation)
adresser(encouragements, réplique, semonce)
allonger(claque, paye)
consentir(dégrèvement, détaxe)
coller(gifle, punition)
conférer(baptême, charge)
céder(augmentation, renseignement)
décerner(diplôme, décoration)
dresser(procès verbal, procuration)
dire(encouragements, ordre)
décocher(coup, direct du gauche)
envoyer(coup, claque)
exprimer(acceptation, approbation)
émettre(convocation, instruction)
fournir(preuve, assistance)
flanquer(gifle, blâme)
foutre(claque, correction)
fixer(rendez-vous, garantie)
faire(lecture, invitation, preuve)
ficher(fessée, pile)
formuler(ordre, définition)
infliger(châtiment, punition)
imposer(charge, indoctrinement)
intimer(ordre)
jeter(blâme, discrédit)
lancer(gifle, défi)
marquer(approbation, assentiment)
notifier(inculpation, assignation)

offrir(aide, appui, assistance)
opposer(démenti, refus)
octroyer(avantage, augmentation)
passer(coup de téléphone, savon, gifle)
payer(dot, éducation)
prêter(assistance, appui)
prononcer(châtiment)
porter(estocade, remède)
présenter(compliment, démenti)
prodiguer(conseil, encouragements)
rendre(service)
remettre(convocation)
signifier(congé)
verser(dédommagement, allocation)

Ähnlich wie Verben für Französischlerner mit ihren Subjekten und unterschiedlichen Objekttypen zu lernen sind (z. B. *de-* oder *à* - Anschluß bei nominalen Objekten und Infinitivkonstruktionen) sind prädikative Nomina mit ihren Stützverben und Operatorverben und den von ihnen geforderten Präpositionen und unterschiedlichen Ergänzungstypen zu lernen. (Dies sind natürlich zugleich zentrale Informationen für den Transferlexikonaufbau im Hinblick auf die maschinelle Übersetzung). *Übersetzungsvorschläge*:

X fait une chute	(hin)fallen (Person)
X est en chute (libre)	abfallen (Dollar, Temperatur)
X rend visite à Y	einen Besuch machen bei, besuchen
X fait la visite de Y	besichtigen
Y a la visite de X	Besuch bekommen von
X a de l'interêt pour Y	Interesse haben an
X prend la fuite devant Y	die Flucht ergreifen vor
X porte un jugement sur Y	ein Urteil fällen über
X est en admiration devant Y	bewundern
X a de l'admiration pour Y	bewundern
X donne une réponse à Y	antworten, eine Antwort geben
X donne une revanche à Y	(eine) Revanche geben
X donne une gifle à Y	ohrfeigen, eine Ohrfeige geben
X donne une chiquenaude à Y	einen Nasenstüber geben
X fait une agression contre Y	angreifen
X fait un affront à Y	öffentlich beleidigen
X fait affront à Y de travailler	dem Y zum Vorwurf machen (etwas zu tun)
X a l'intention de travailler	beabsichtigen
X a l'impression de travailler	den Eindruck haben
X donne l'impression de travailler	den Eindruck erwecken
X a l'idée de travailler	auf den Gedanken kommen
X donne l'idée à Y de travailler	Y auf den Gedanken bringen (zu arbeiten)
X donne l'autorisation à Y de travailler	Y die Erlaubnis geben (zu arbeiten)
X fait le déplacement de A à Z	sich bewegen von A nach Z
X fait la traversée de Y de A à Z	Y durchqueren von A nach Z
etc.	

In einigen Fällen sind es lediglich die unterschiedlichen Determinierer, die unterschiedliche Lesarten und Äquivalente mit sich bringen. Einige äquivalente Stützverbkonstruktionen des

Deutschen und Französischen zeichnen sich gerade dadurch aus, daβ die Determinierer nicht übereinstimmen.

Einige prädikative Nomina werden im Deutschen mit *geben* gestützt, im Französischen aber mit *faire*:

faire un rabais	einen Rabatt geben
faire une passe	eine Vorlage geben
faire un mot	eine kurze Nachricht geben
etc.	

Oft entsprechen französischen Stützverbkonstruktionen im Deutschen Vollverben (und umgekehrt):

faire une chute	hinfallen
être en chute	abfallen (Dollar)
donner un coup de main à	helfen
faire ses excuses à	sich entschuldigen bei

Es seien zum Abschluβ noch die folgenden zusammengesetzten prädikativen Nomina angeführt, die durch das Stützverb *donner* "konjugiert" werden, und bei denen nicht allein die Übersetzung selbst, sondern zum Teil auch *die Wahl des Determinierers (und des deutschen Stützverbs)* Schwierigkeiten machen:

Der Schiedsrichter hat Platini die gelbe Karte gezeigt
L'arbitre a donné un carton jaune à Platini

Luc hat Max freie Hand gegeben
Luc a donné carte blanche à Max

Luc ist Max mit schlechtem Beispiel vorangegangen
Luc a donné le mauvais exemple à Max

Luc hat Max grünes Licht gegeben
Luc a donné le feu vert à Max
son

Luc hat Max erste Hilfe geleistet
Luc a donné les premiers soins à Max

Luc hat Max ein Zeichen mit dem Kopf gegeben
Luc a donné une signe de la tête à Max

Luc hat Max ein Lebenszeichen gegeben
Luc a donné signe de vie à Max

Luc hat Max (die) Vollmacht erteilt, für ihn zu stimmen
Luc a donné les pleins pouvoirs à Max de voter pour lui

Computerlinguistische Aspekte

Natürlich sind sämtliche aus kontrastiver und fremdsprachendidaktischer Sicht anfallenden Probleme bei der Beschreibung von Stützverbkonstruktionen erst recht aus der Sicht der Computerlinguistik, speziell der Maschinellen Übersetzung, relevant. Wir haben in einem ersten Schritt im Hinblick auf die *französische Analyse* ein Grammatikfragment entworfen, mit dem Sätze, die Stützverbkonstruktionen enthalten, geparst werden können. Es handelt sich dabei um eine in PROLOG implementierbare Definite Clause Grammar (Anlage 3), die aus den in Anlage 2 beschriebenen linguistischen Fakten entwickelt, und mit der die in Anlage 4 aufgeführten Analyseergebnisse erzielt wurden.. Wesentlich ist, daß die für Identifizierung, Analyse (und Übersetzung) von Stützverbkonstruktionen wichtigen Informationen *in den Lexikoneinträgen für die prädikativen Nomina* kodiert sind. Anlage 5 zeigt einige Analysen von komplexen Nominalgruppen aus der Wetterberichtsprache, die prädikative Nomina als "Köpfe" haben. Es wurde über eine um die in diesem Abschnitt vorgestellten Resultate erweiterte Grammatik analysiert, die auf der "Wetterberichte-grammatik" aus *Seelbach* 1988 aufbaut, und mit der nominale Mehrwortausdrücke ('compound nouns') als Einheiten erkannt werden können. Die im Rahmen der Lexicon Grammar gefundenen linguistischen Beschreibungsergebnisse, theoretisch und empirisch wohlfundiert, sind also unmittelbar für die maschinelle Analyse (und Übersetzung) zu verwenden.

4. Schluß

Linguisten an mehreren Universitäten Frankreichs und der Bundesrepublik arbeiten an der Entwicklung bilingualer Lexika von nominalen Mehrwortausdrücken und prädikativen Nomina des Französischen und Deutschen, die einige zehntausend Einträge haben werden, und ohne die an eine automatische Übersetzung nicht zu denken ist. Derartige Mehrwort-lexika werden auch für die übrigen Mehrwortausdrücke des Deutschen und Französischen aufzubauen sein, also auch für adverbiale Ausdrücke ("adverbes composés et figés") (vgl. Seelbach (1991)), feste verbale Verbindungen ("verbes figés") , zusammengesetzte prädikative und relationale Adjektive, nominale Konnektoren usw.. Dabei werden höchst nützliche Ergebnisse, wie hier angedeutet, gewissermaßen als Nebenprodukte für computerlinguistische und fremdsprachendidaktische Anwendungen herauskommen.

Literaturangaben

Danlos, L. (1980): Représentations d'informations linguistiques: constructions "N être Prep X". Thèse de 3ème cycle, Université Paris VII et L.A.D.L. Paris.

Giry-Schneider, J. (1978): Les nominalisations en français. L'opérateur FAIRE dans le lexique. Genève.

Gross, M. (1981): "Les bases empiriques de la notion de prédicat sémantique." - In: Langages 63, 8-52.

- (1986): "Lexicon Grammar. The Representation of Compound Words." - In: COLING Proceedings, 1-6.

Gross, G., R. Vivès (1986): "Les constructions nominales et l'élaboration d'un lexique-grammaire." In: Langue Française 69, 5-27.

Gross, G. (1987): Etude syntaxique de constructions converses. Thèse de Doctorat d'Etat. Université Paris VII et L.A.D.L. Paris.

- (1988): "La linguistique dans l'enseignement du français langue maternelle." - In: Etudes de Linguistique Appliquée, 72, 43 -55.

Seelbach, D. (1988): "Zum Fachtextverstehen mithilfe des Computers - Voruntersuchungen zur maschinellen Analyse französischer Wetterberichte." - In: W. Dahmen et al. (Hrsg.): Sprache und Technolekte. Tübingen.

- (1991): "Zur Entwicklung von bilingualen Mehrwortlexika Frz.- Dtsch.: Stützverbkonstruktionen und adverbiale Ausdrücke." - In: Rieger/Schaeder: Lexikon und Lexikographie, erscheint bei Olms in der Reihe Linguistische Datenverarbeitung.

Vivès, R. (1983): Avoir, prendre, perdre: constructions à verbes supports et extensions aspectuelles. Thèse de 3ème cycle. Université Paris VII et L.A.D.L. Paris.

Anlage 1

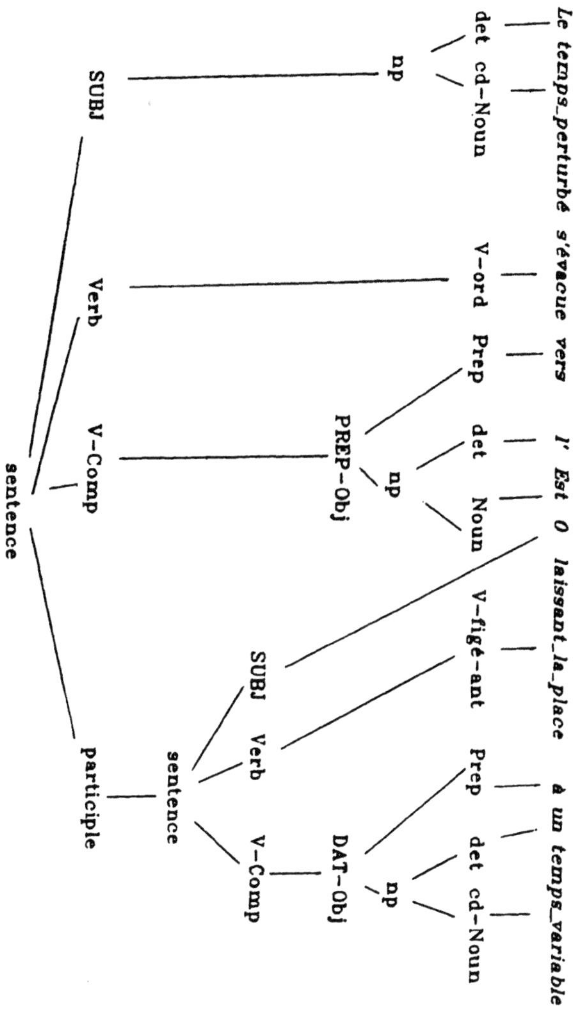
Le temps_perturbé s'évacue vers l' Est 0 laissant_la_place à un temps_variable
det cd-Noun V-ord Prep det Noun V-figé-ant Prep det cd-Noun
np np np
PREP-Obj DAT-Obj
SUBJ Verb V-Comp
SUBJ Verb V-Comp
sentence
participle
sentence

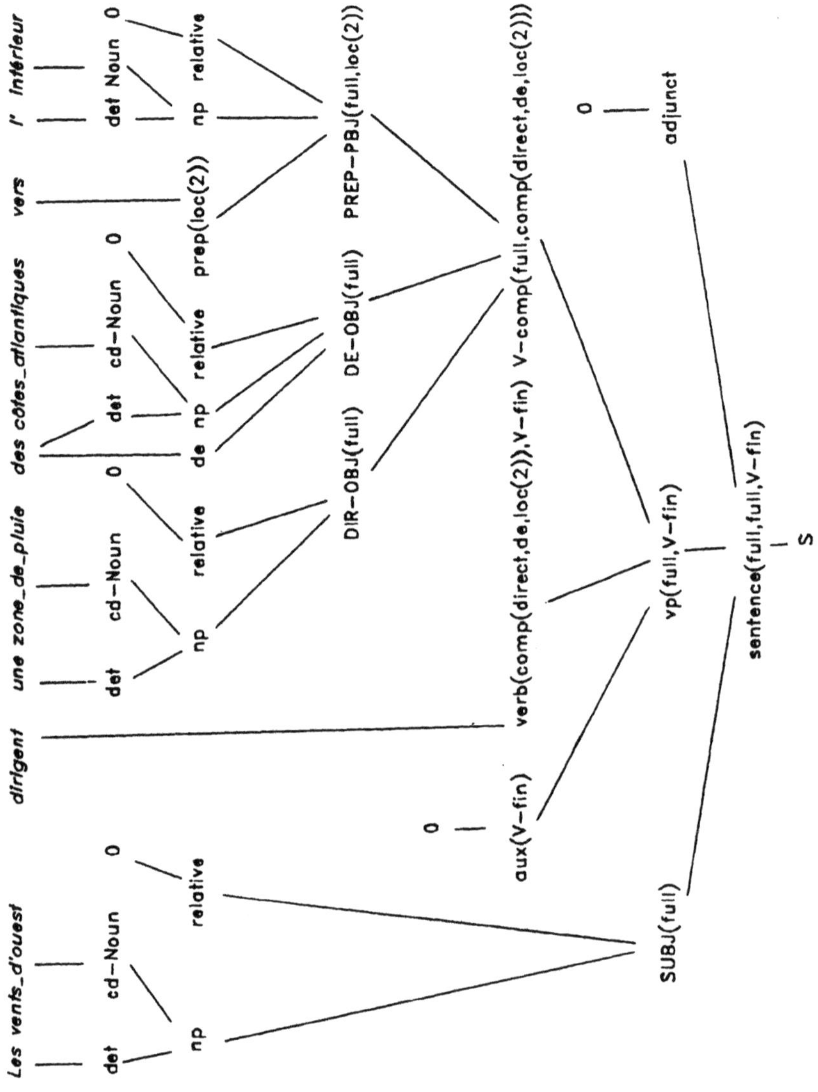
Les vents_d'ouest
dirigent
une zone_de_pluie
des côtes_atlantiques
vers
l' intérieur
det
cd-Noun
0
det
cd-Noun
0
det
cd-Noun
0
det Noun 0
np
relative
np
relative
de
np
relative
prep(loc(2))
np
relative
DIR-OBJ(full)
DE-OBJ(full)
PREP-PBJ(full,loc(2))
0
aux(V-fin)
verb(comp(direct,de,loc(2)),V-fin)
V-comp(full,comp(direct,de,loc(2)))
0
adjunct
SUBJ(full)
vp(full,V-fin)
sentence(full,full,V-fin)
S

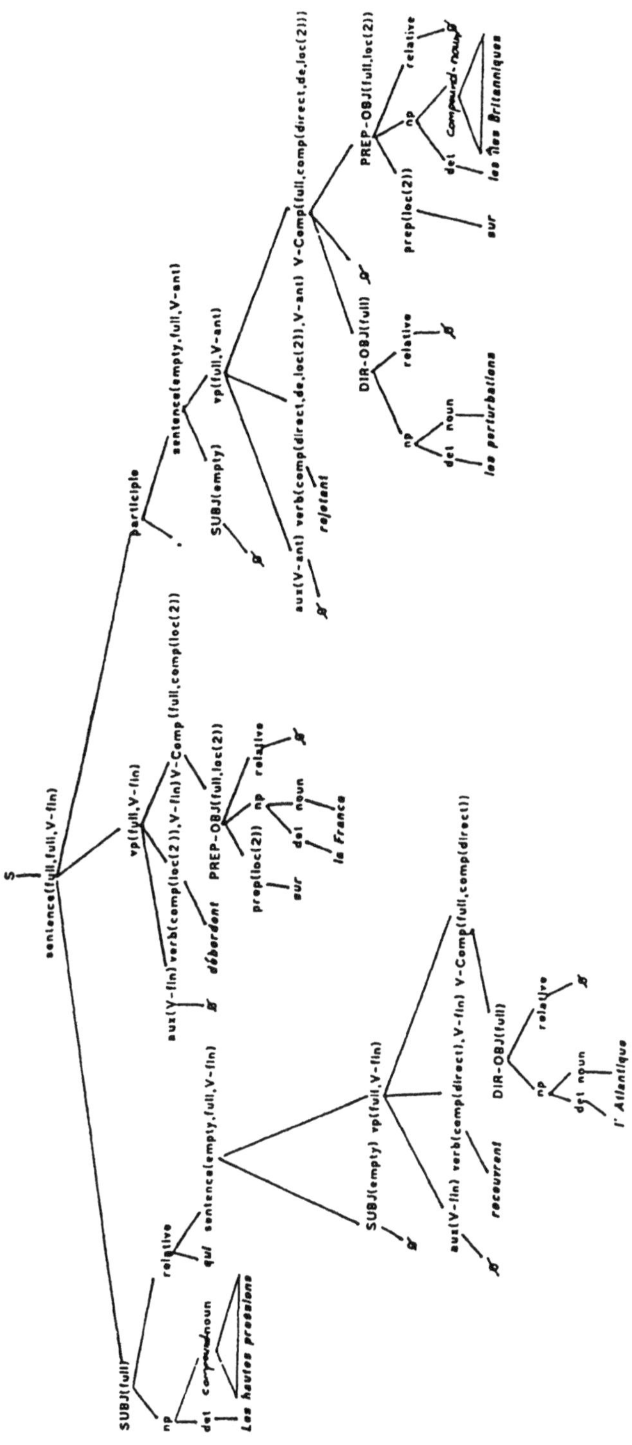
S
sentence(full,full,V-fin)
SUBJ(full)
np
det
compound-noun
relative
Les hautes pressions
qui
sentence(empty,full,V-fin)
SUBJ(empty)
ø
vp(full,V-fin)
aux(V-fin)
ø
verb(comp(direct),V-fin)
recouvrent
V-Comp(full,comp(direct))
DIR-OBJ(full)
np
det
noun
relative
ø
l' Atlantique
vp(full,V-fin)
aux(V-fin)
ø
verb(comp(loc(2)),V-fin)
débordent
V-Comp(full,comp(loc(2)))
PREP-OBJ(full,loc(2))
prep(loc(2))
sur
np
det
noun
la France
relative
ø
participle
,
sentence(empty,full,V-ant)
SUBJ(empty)
ø
vp(full,V-ant)
aux(V-ant)
ø
verb(comp(direct,de,loc(2)),V-ant)
rejetant
V-Comp(full,comp(direct,de,loc(2)))
ø
DIR-OBJ(full)
np
det
noun
les perturbations
relative
ø
PREP-OBJ(full,loc(2))
prep(loc(2))
sur
np
det
compound-noun
les îles Britanniques
relative
ø

Anlage 2

Verbe support						Déterminant					Nom prédicatif	$Prep_1$	$Prep_2$	Construction converse		
avoir	prendre	perdre	faire	donner	être + Prep	figé	un	du	des	POSS				recevoir	subir	avoir
-	-	-	+	-	-	-	+				visite	à	-	+	-	-
-	-	-	+	-	-	le					visite	de	-	-	-	-
-	-	-	+	-	-	-	+				chute	-	-	-	-	-
-	-	-	-	-	être en	E					chute (libre)	-	-	-	-	-
-	-	-	-	+	-	-	-	-	+	-	satisfactions	à	-	+	-	-
+	+	+	-	-	-	E					confiance	en	-	-	-	-
-	-	-	+	-	-	E					confiance	à	-	-	-	-
-	-	-	-	+	-	-	-	-	-	+	confiance	à	-	+	-	+
-	-	-	+	-	-	-	+				agression	contre	-	-	+	-
+	(+)	-	-	-	-	-	-	+	-	-	intérêt	{pour (à)}	-	-	-	+
-	-	+	-	-	-	tout					intérêt	pour	-	-	-	+
+	-	-	-	-	-	-	-	+	-	-	admiration	pour	-	-	-	+
-	-	-	-	-	être en	E					admiration	devant	-	-	-	+
-	-	-	-	+	-	-	+				coup de fil	à	-	+	-	-
-	-	-	-	+	-	-	+				coup de main	à	-	+	-	-
+	-	-	-	-	-	-	+				coup de pompe	-	-	-	-	-
+	-	-	-	-	-	le					coup de foudre	pour	-	-	-	-
-	-	-	+	-	-	-	+				erreur	-	-	-	-	-
-	-	-	+	-	-	-	+				faux pas	-	-	-	-	-
-	-	-	-	+	-	-	+				appui	à	-	+	-	-

Verbe support						Déterminant					Nom prédicatif	Prep1	Prep2	Construction converse		
avoir	prendre	perdre	faire	donner	être +Prep	figé	un	du	des	POSS				recevoir	subir	avoir
-	-	-	-	+	-	-	+				gifle	à	-	+	-	-
-	(+)	-	-	-	être en	E,(le)					fuite	devant	-	-	-	-
-	-	-	-	+	-	le					exemple	à	-	+	-	-
-	-	-	-	+	-	le					bon exemple	à	-	+	-	-
-	-	-	-	+	-	le					pleins pouvoirs	à	-	+	-	+
-	-	-	-	+	-	le					feu vert	à	pour	+	-	+
-	-	-	-	+	-	-	+				carton jaune	à	-	+	-	-
-	-	-	-	+	-	E					signe de vie	à	-	+	-	+
-	-	-	-	+	-	le					premiers soins	à	-	+	-	-
-	-	-	-	-	être dans	le					embarras	-	-	-	-	-
-	-	-	-	-	être en	E					conflit	avec	-	-	-	-
-	-	-	-	-	être en	E					alternance	avec	-	-	-	-
-	-	-	+	-	-	-	-	-	-	+	apparition	(local)	-	-	-	-
-	-	-	+	-	-	-	+				déplacement	de	à	-	-	-
-	-	-	+	-	-	le					traversée	de	de + à (2 arg.)	-	-	-
-	-	-	+	-	-	-	+				affront	à	-	-	+	-
-	-	-	+	-	-	-	+				mensonge	à	-	-	-	-
-	-	-	+	-	-	-	-	-	+	-	vacheries	à	-	-	+	-
-	-	-	+	-	-	-	-	-	-	+	amitiés	à	-	+	-	-
-	-	-	(+)	+	-	-	-	-	+	(+)	félicitations	à	-	+	-	+
-	-	-	+	-	-	-	+				compte rendu	de	-	-	-	-

Anlage 3

```
sentence =>
  subj(N-um)
  verb(N-um,C-type)
  vb-comp(C-type);

subj(N-um) =>
  np(N-um);

np(sn) =>
  pn(sn);

np(N-um) =>
  det(D-type,G-ender,N-um,B-egin)
  noun(G-ender,N-um,B-egin);

verb(N-um,C-type) =>
  ord-verb(N-um,C-type);

verb(N-um,C-type) =>
  sup-verb(S-upport,N-um,A-spect)
  pred-noun(S-upport,no-det,G-ender,X-num,B-egin,C-type);

verb(N-um,C-type) =>
  sup-verb(S-upport,N-um,A-spect)
  pred-cdn(S-upport,no-det,G-ender,X-num,B-egin,C-type);

verb(N-um,C-type) =>
  sup-verb(S-upport,N-um,A-spect)
  det(D-type,G-ender,X-num,B-egin)
  pred-noun(S-upport,D-type,G-ender,X-num,B-egin,C-type);

verb(N-um,C-type) =>
  sup-verb(S-upport,N-um,A-spect)
  det(D-type,G-ender,X-num,B-egin)
  pred-cdn(S-upport,D-type,G-ender,X-num,B-egin,C-type);

verb(N-um,C-type) =>
  sup-verb(S-upport,N-um,A-spect)
  prep(P-rep)
  pred-noun(S-upport,spec(P-rep,no-det),G-ender,X-num,B-egin,C-type);

verb(N-um,C-type) =>
  sup-verb(S-upport,N-um,A-spect)
  prep(P-rep)
  det(D-type,G-ender,X-num,B-egin)
  pred-noun(S-upport,spec(P-rep,D-type),G-ender,X-num,B-egin,C-type);

vb-comp(no-comp) =>;
vb-comp(dir-obj) => dir-obj;
vb-comp(dat-obj) => dat-obj;
vb-comp(dir-dat-obj) => dir-obj dat-obj;
vb-comp(de-obj) => de-obj;
vb-comp(ad-obj) => ad-obj;
vb-comp(pour-obj) => pour-obj;
```

```
vb-comp(devant-obj) => devant-obj;
vb-comp(contre-obj)=> contre-obj;
vb-comp(en-obj) => en-obj;
vb-comp(par-obj) => par-obj;

dir-obj =>
  np(N-um);

dat-obj =>
  #"à"
  pn(sn);

dat-obj =>
  #"au"
  determiner(le,amal)
  noun(ma,sn,cons);

dat-obj =>
  #"à"
  det(le,G-ender,sn,voc)
  noun(G-ender,sn,voc);

dat-obj =>
  #"à"
  det(le,fe,sn,cons)
  noun(fe,sn,cons);

dat-obj =>
  #"à"
  det(D-type,G-ender,N-um,B-egin)
  {dif(D-type,le)}
  noun(G-ender,N-um,B-egin);

de-obj =>
  #"de"
  pn(sn);

de-obj =>
  #"de"
  det(D-type,G-ender,N-um,B-egin)
  {dif(D-type,du)}
  {dif(D-type,le)}
  {dif(D-type,un)}
  noun(G-ender,N-um,B-egin);

de-obj =>
  #"de"
  det(le,fe,sn,cons)
  noun(fe,sn,cons);

de-obj =>
  #"de"
  det(le,G-ender,sn,voc)
  noun(G-ender,sn,voc);
```

```
de–obj =>
  #"du"
  determiner(le,amal)
  noun(ma,sn,cons);

pour–obj =>
  #"pour"
  np(N–um);

devant–obj =>
  #"devant"
  np(N–um);

contre–obj =>
  #"contre"
  np(N–um);

en–obj =>
  #"en"
  pn(sn);

par–obj =>
  #"par"
  np(N–um);

determiner(le,amal) =>;

pn(sn) => #"Max";
pn(sn) => #"Luc";
pn(sn) => #"Marie";
pn(sn) => #"Paul";

prep(en) => #"en";
prep(dans) => #"dans";

det(le,ma,sn,cons) => #"le";
det(le,fe,sn,cons) => #"la";
det(le,X–gender,sn,voc) => #"l" #"'";
det(le,X–gender,pl,X–begin) => #"les";
det(un,ma,sn,X–begin) => #"un";
det(un,fe,sn,X–begin) => #"une";
det(ce,ma,sn,cons) => #"ce";
det(ce,ma,sn,voc) => #"cet";
det(ce,fe,sn,X–begin) => #"cette";
det(son,ma,sn,X–begin) => #"son";
det(son,fe,sn,voc) => #"son";
det(son,fe,sn,cons) => #"sa";
det(son,X–gender,sn,X–begin) => #"ses";
det(du,ma,sn,cons) => #"du";
det(du,fe,sn,cons) => #"de" #"la";
det(du,X–gender,sn,voc) => #"de" #"l" #"'";
det(du,X–gender,pl,X–begin) => #"des";
```

Anlage 4

```
>analyse(sentence);

  - A analyser : Max gifle Luc.

   Analyse :

<sentence,<subj(sn),<np(sn),<pn(sn),"Max">>>,<verb(sn,dir-obj),<ord-verb(sn,
  dir-obj),"gifle">>,<vb-comp(dir-obj),<dir-obj,<np(sn),<pn(sn),"Luc">>>>>

sentence _ subj(sn) _ np(sn) _ pn(sn) _ "Max"
        |
        |_ verb(sn,dir-obj) _ ord-verb(sn,dir-obj) _ "gifle"
        |
        |_ vb-comp(dir-obj) _ dir-obj _ np(sn) _ pn(sn) _ "Luc"
{}
```

```
>analyse(sentence);

  - A analyser : Max donne une gifle à Luc.

   Analyse :

<sentence,<subj(sn),<np(sn),<pn(sn),"Max">>>,<verb(sn,dat-obj),<sup-verb(donner,
  sn,x132),"donne">,<det(un,fe,sn,cons),"une">,<pred-noun(donner,un,fe,sn,cons,
  dat-obj),"gifle">>,<vb-comp(dat-obj),<dat-obj,"à",<pn(sn),"Luc">>>>

sentence _ subj(sn) _ np(sn) _ pn(sn) _ "Max"
        |
        |_ verb(sn,dat-obj) _ sup-verb(donner,sn,x132) _ "donne"
        |                 |
        |                 |_ det(un,fe,sn,cons) _ "une"
        |                 |
        |                 |_ pred-noun(donner,un,fe,sn,cons,dat-obj) _ "gifle"
        |
        |_ vb-comp(dat-obj) _ dat-obj _ "à"
                          |
                          |_ pn(sn) _ "Luc"
{}
```

```
>analyse(sentence);

  – A analyser : Max donne un livre à Luc.

    Analyse :

<sentence,<subj(sn),<np(sn),<pn(sn),"Max">>>,<verb(sn,dir–dat–obj),<ord–verb(sn,
  dir–dat–obj),"donne">>,<vb–comp(dir–dat–obj),<dir–obj,<np(sn),<det(un,ma,sn,
  cons),"un">,<noun(ma,sn,cons),"livre">>>,<dat–obj,"à",<pn(sn),"Luc">>>>

sentence _ subj(sn) _ np(sn) _ pn(sn) _ "Max"
      |
      |_ verb(sn,dir–dat–obj) _ ord–verb(sn,dir–dat–obj) _ "donne"
      |
      |_ vb–comp(dir–dat–obj) _ dir–obj _ np(sn) _ det(un,ma,sn,cons) _ "un"
                            |              |
                            |              |_ noun(ma,sn,cons) _ "livre"
                            |
                            |_ dat–obj _ "à"
                                  |
                                  |_ pn(sn) _ "Luc"
{}
```

```
>analyse(sentence);

  – A analyser : Luc reçoit une gifle de Max.

    Analyse :

<sentence,<subj(sn),<np(sn),<pn(sn),"Luc">>>,<verb(sn,de–obj),<sup–verb(recevoir
  ,sn,x132),"reçoit">,<det(un,fe,sn,cons),"une">,<pred–noun(recevoir,un,fe,sn,
  cons,de–obj),"gifle">>,<vb–comp(de–obj),<de–obj,"de",<pn(sn),"Max">>>>

sentence _ subj(sn) _ np(sn) _ pn(sn) _ "Luc"
      |
      |_ verb(sn,de–obj) _ sup–verb(recevoir,sn,x132) _ "reçoit"
      |                |
      |                |_ det(un,fe,sn,cons) _ "une"
      |                |
      |                |_ pred–noun(recevoir,un,fe,sn,cons,de–obj) _ "gifle"
      |
      |_ vb–comp(de–obj) _ de–obj _ "de"
                       |
                       |_ pn(sn) _ "Max"
{}
```

```
>analyse(sentence);

   – A analyser : Max donne un coup de fil à Marie.

     Analyse :

<sentence,<subj(sn),<np(sn),<pn(sn),"Max">>>,<verb(sn,dat–obj),<sup–verb(donner,
  sn,x158),"donne">,<det(un,ma,sn,cons),"un">,<pred–cdn(donner,un,ma,sn,cons,
  dat–obj),"coup","de","fil">>,<vb–comp(dat–obj),<dat–obj,"à",<pn(sn),"Marie">>
  >>

sentence _ subj(sn) _ np(sn) _ pn(sn) _ "Max"
        |
        |_ verb(sn,dat–obj) _ sup–verb(donner,sn,x158) _ "donne"
        |                   |
        |                   |_ det(un,ma,sn,cons) _ "un"
        |                   |
        |                   |_ pred–cdn(donner,un,ma,sn,cons,dat–obj) _ "coup"
        |                                                            |
        |                                                            |_ "de"
        |                                                            |
        |                                                            |_ "fil"
        |
        |_ vb–comp(dat–obj) _ dat–obj _ "à"
                            |
                            |_ pn(sn) _ "Marie"
{}
```

```
>analyse(pred-np(n));

   - A analyser : le coup de foudre de Max pour Marie.

     Analyse :

<pred-np(sn),<det(le,ma,sn,cons),"le">,<pred-cdn(<avoir,empty>,x503,ma,sn,cons,mod(prep-obj,pour)),"coup",
"de","foudre">,<MODIF(mod(prep-obj,pour),fil(full,full)),<DE-MOD(subj,full),"de",pn("Max")>,
<PREP-MOD(prep-obj,pour,full),<prep( pour),"pour">,<np(sn),pn("Marie")>>>>

pred-np(sn) _ det(le,ma,sn,cons) _ "le"
           :
           :_ pred-cdn(<avoir,empty>,x503,ma,sn,cons,mod(prep-obj,pour)) _ "coup"
           :                                                            :
           :                                                            :_ "de"
           :                                                            :
           :                                                            :_ "foudre"
           :
           :_ MODIF(mod(prep-obj,pour),fil(full,full)) _ DE-MOD(subj,full) _ "de"
                                                     :                    :
                                                     :                    :_ pn _ "Max"
                                                     :
                                                     :_ PREP-MOD(prep-obj,pour,full) _ prep(pour) _ "pour"
                                                                                    :
                                                                                    :_ np(sn) _ pn _ "Marie"

{n=sn}
```

Anlage 5

```
>analyse( pred-np(c,g,n,s));

  – A analyser : la chute des températures.

    Analyse :

<pred-np(complex,fe,sn,s),<det(le,fe,sn,cons),"la">,<pred-noun(<etre,empty>,
  x325,fe,sn,cons,mod(only-subj),selc(event,x328,x329)),"chute">,<MODIF(mod(
  only-subj),fil(full,x332,x333),selc(event,x328,x329)),<DE-MOD(subj,full,event
  ),"des",<def-art(le,amal),nil>,<noun(fe,pl,event,cons),"températures">>>>
```

```
>analyse( pred-np(c,g,n,s));

  – A analyser : l'apparition de la neige sur les Alpes.

    Analyse :

<pred-np(complex,fe,sn,s),<det(le,fe,sn,voc),"l","">,<pred-noun(<faire,empty>,
  x509,fe,sn,voc,mod(subj,prep-obj(1)),selc(event,area,x513)),"apparition">,<
  MODIF(mod(subj,prep-obj(1)),fil(full,full,x513),selc(event,area,x513)),<
  DE-MOD(subj,full,event),"de",<det(le,fe,sn,cons),"la">,<noun(fe,sn,event,cons
  ),"neige">>,<PREP-MOD(prep-obj(1),full,area),<prep(loc(1)),"sur">,<np(simple,
  fe,pl,area),<det(le,fe,pl,voc),"les">,<noun(fe,pl,area,voc),"Alpes">>>>>
```

```
>analyse(pred–np(c,g,n,s));
```

– A analyser : le déplacement de l'anticyclone des îles Britanniques au Danemark.

Analyse :

```
<pred–np(complex,ma,sn,s),<det(le,ma,sn,cons),"le">,<pred–noun(<faire,empty>,
  x746,ma,sn,cons,mod(subj,de–obj,prep–obj(ad)),selc(event,area,area)),
  "déplacement">,<MODIF(mod(subj,de–obj,prep–obj(ad)),fil(full,full,full),selc(
  event,area,area)),<DE–MOD(subj,full,event),"de",<det(le,ma,sn,voc),"l","'">,<
  noun(ma,sn,event,voc),"anticyclone">>,<DE–MOD(de–obj,full,area),"des",<
  def–art(le,amal),nil>,<cd–noun(fe,pl,area,voc),"iles","Britanniques">>,<
  PREP–MOD(prep–obj(ad),full,area),"au",<def–art(le,amal),nil>,<noun(ma,sn,area
  ,cons),"Danemark">>>>
```

```
>analyse(pred–np(c,g,n,s));
```

– A analyser : le conflit des masses d'air froid avec l'air chaud méditerranéen.

Analyse :

```
<pred–np(complex,ma,sn,s),<det(le,ma,sn,cons),"le">,<pred–noun(<etre,empty>,
  x778,ma,sn,cons,mod(subj,prep–obj(avec)),selc(event,event,x782)),"conflit">,<
  MODIF(mod(subj,prep–obj(avec)),fil(full,full,x782),selc(event,event,
  x782)),<DE–MOD(subj,full,event),"des",<def–art(le,amal),nil>,<cd–noun(fe,pl,
  event,cons),"masses","d","'","air","froid">>,<PREP–MOD(prep–obj(avec),full,
  event),<prep(avec),"avec">,<np(simple,ma,sn,event),<det(le,ma,sn,voc),"l","'"
  >,<cd–noun(ma,sn,event,voc),"air","chaud","méditerranéen">>>>>
```

MORPHOLOGISCHE FORMALISMEN UND IMPLEMENTATIONEN

Ursula Klenk

Verfahren der Segmentierung von Wörtern in Morphe. Mit einer Untersuchung zum Spanischen

1. Das Problem der Festlegung von Morphgrenzen

Ein Problem der Morphsegmentierung ist die eindeutige Festlegung der Morphgrenzen. Ist z.B. deutsch *heute* als ein Morph anzusehen, oder sind es zwei (*heut/e*)? Ist span. *pensar* gemäß *pens/ar*, *pensa/r*, *pens/a/r* oder *pen/sar* aufzuteilen? Um solche Fragen zu beantworten, bedient man sich gern der traditionellen Systematisierungen in normativen Grammatiken mit ihren Flexions- und Derivationsparadigmen, die Segmentierungsentscheidungen ermöglichen. Diese Systematiken spiegeln Erfahrungen wieder, daß bestimmte Segmentierungen "handliche" Paradigmata ergeben, d.h. solche, die klein, überschaubar oder leicht erlernbar sind oder andere gewünschte Eigenschaften haben. In der strukturalistischen Linguistik bemühte man sich, diese Vorstellungen durch Anwendung von Kommutationsproben wissenschaftlich zu untermauern, um dabei die Morphe als kleinste bedeutungstragende Elemente der *parole* zu ermitteln. Aus dieser Sicht könnte man bei *heute* für die Morph-struktur *heut/e* plädieren, weil es auch die semantisch verwandten Wörter *heutig* und *heutzutage* gibt. *heut* als längstem gemeinsamen Anfangsstück der drei Wörter, das nicht weiter aufgespalten wird, ist dann die Bedeutung "heute" zuzuordnen, die Endung *e* ist als Wortbildungselement anzusehen ähnlich wie bei *Seit/e* vs. *-seit/ig*, *Lag/e* vs. *-lag/ig* u.a.

Hat die Kommutationsprobe zunächst etwas Bestechendes an sich, so hat sie aber auch ihre Probleme, die letztlich verhindert haben, daß sie jemals durchgehend operationalisiert wurde. Da Morphe definitionsgemäß bedeutungstragende Elemente sind, muß bei der Segmentierung Wortteilen Bedeutung zugeordnet werden. Diese Zuordnung erfolgt aber letztlich intuitiv. So kann die Bedeutung "denken" von *pensar* theoretisch den Teilstücken *p*, *pe*, *pen*, *pens*, *pensa*, *pensar* mit jeweils verschiedenen Flexionsparadigmen zukommen, welche Möglichkeit die geeignetste ist, läßt sich allein durch die Bedeutung nicht entscheiden. Dies ist eine Konsequenz des *arbitraire du signifiant*. Um zu eindeutigen Segmentierungen zu kommen, sind daher formale Kriterien erforderlich, wie Substitution bestimmter Wortteile durch Teile anderer Wörter, wodurch sich neue Wörter ergeben. Ferner ist zu fragen, was durch die Segmentierung erreicht werden soll. Für die lexikographische Erfassung mag es z.B. wünschenswert sein, daß das resultierende Morph - und dementsprechend das Morpheminventar - möglichst klein ist. Um dies in Gänze zu erreichen, müßten alle Wortformen einer Sprache miteinander verglichen und so segmentiert werden, daß ein minimales Inventar resultiert.

Das Problem, strikte Regeln für die Kommutation aufzustellen, wurde von Greenberg (1957) aufgegriffen. Seine "Virecks-Methode" zielt, wenn auch unausgesprochen, ebenfalls darauf, zu einem minimalen Morphinventar zu kommen. Nach Greenberg kann man Phonemfolgen A, B, C und D als Morphe ansehen, wenn sie sich zu den Wörtern AC, BC, AD und BD, einem sog. *Viereck*, kombinieren lassen, wie es z.B. für engl. *eating* : *walking*, *eats* : *walks* mit A = *eat*, B = *walk*, C = *ing*, D = *s* gilt. Die Bedeutung wird dabei als Test benutzt, um Fälle, in denen eine Phonemfolge in verschiedenen Vorkommen verschiedene Bedeutung hat, auszuschließen. Abgesehen von defekten Vierecken, für die besondere Regelungen angenommen werden, ist die Vierecks-Methode zu modifizieren, da sie in der einfachen Form nicht immer zu eindeutigen Ergebnissen führt. So kommt man bei span. *pensa* : *pasa*, *pensé* : *pasé* zu den Segmentierungen A = *pens*, B = *pas*, C = *a*, D = *é* und A = *pen*, B = *pa*, C = *sa*, D = *sé*. Eine Entscheidung zugunsten einer Lösung kann erst durch weitere Vergleiche getroffen werden (*canta* und *canté* würden hier für die erste Lösung sprechen). Ein weiteres Problem entsteht durch diskontinuierliche Morphe, wie sie z.B. in den semitischen Sprachen in Form von konsonantischen Wurzeln und vokalischen Ablautreihen vorliegen.

Es bleibt dahingestellt, ob Greenbergs Kommutationsregeln theoretisch operationalisierbar sind und durch ein Computerprogramm ausgeführt werden können. Ein Morphinventar auf dieser Basis zu erstellen, wäre aber auf jeden Fall eine ungeheuer komplexe Aufgabe, da alle Wortformen einer Sprache miteinander verglichen werden müßten, und stößt von daher an praktische Grenzen.

2. Morphsegmentierung aufgrund von Phonem-/Graphemdistributionen

Im folgenden stelle ich andere Wege vor, wie man zu einer Morphsegmentierung kommen und diese auch automatisieren kann. Dabei werden die Resultate der traditionellen Grammatik und der strukturalistischen Linguistik insofern verwendet, als sie auf wiederholte Erfahrung gegründete Anhaltspunkte für geeignete Segmentierungen bieten. Man kann nun fragen, ob sich die "Richtigkeit" dieser Entscheidungen aus anderen Blickwinkeln wissenschaftlich weiter bestätigen läßt. Dabei spielen die Elemente der untersten Ebene, je nach Repräsentation die Phoneme oder Grapheme, eine Rolle. In einigen Arbeiten konnte gezeigt werden, daß sie an Morphgrenzen und innerhalb von Morphen in verschiedenen Verteilungen auftreten, wobei Folgen dieser Elemente und Häufigkeiten betrachtet wurden, und daß diese Verteilungen zur Auffindung von Morphgrenzen benutzt werden können.

Z. Harris (1955) geht vom Gedanken aus, daß die phonologische Struktur im Innern von Morphen stärker determiniert ist als die von Morphketten, da ein auf ein Morph direkt folgendes Morph im allgemeinen aus einem größeren Inventar ausgewählt ist. Hieraus wird abgeleitet, daß Phonemfolgen, die direkt vor einer Morphgrenze stehen, mehr direkte Nachfolgerphoneme haben können als Folgen, die innerhalb eines Morphs enden. Um einen Ausdruck A mit n Phonemvorkommen, z.B. einen Satz, in seine Morphe zu segmentieren, geht man vom ersten Phonem aus und ermittelt die Anzahl seiner möglichen direkten Nachfolger in beliebigen Ausdrücken, nimmt dann die ersten beiden Phoneme in A und ermittelt die Anzahl der möglichen direkten Nachfolger dieses Paars und fährt so fort mit den ersten 3, ..., n-1 Phonemen. An den Maxima der Häufigkeitsverteilung werden Morphgrenzen angenommen. Dieses Grundverfahren wird durch Hinzunahme weiterer Häufigkeiten, z.B. der von direkten Vorgängern, erweitert und modifiziert. Fraglich bleibt, inwieweit Harris' Verfahren, das an einigen englischen Beispielen mit Erfolg durchgeführt wurde, generell auf das Englische sowie auf andere Sprachen übertragbar ist. Dies ließe sich nur an Hand von umfangreichen Untersuchungen beantworten, wobei sämtliche möglichen Phonemfolgen bis zu einer gegebenen, nicht geringen Länge aufgebaut werden müßten. Ein erster Versuch einer teilweisen Operatio-nalisierung und Implementierung stammt von Hafer/ Weiss (1974).

Ein anderer quantitativer Ansatz geht von der Vorkommenshäufigkeit von Elementen der untersten Ebene oder von der von Folgen solcher Elemente in bestimmten Wortbereichen aus. So benutzt Andreev (1965) positionsabhängige Häufigkeiten von Graphemen als Indikatoren für Morphgrenzen. Langer (1989) entwickelt ein Segmentierungsverfahren für das Deutsche, das im wesentlichen auf einer quantitativen Graphempaaranalyse basiert. Ausgangspunkt ist eine Stichprobe von ca. 3000 vorsegmentierten deutschen Wörtern (Typen), die aus Lexika und Texten ermittelt wurde. Die Segmentierung erfolgt hinsichtlich Flexion, Derivation und Komposition. Für jedes Graphempaar g_1g_2 werden über der Stichprobe folgende Werte errechnet: $A(g_1g_2)$ als Prozentsatz der Vorkommen von g_1g_2 mit $/g_1g_2$ ("/" markiert eine Morphgrenze), $M(g_1g_2)$ als Prozentsatz der Vorkommen mit g_1/g_2, $E(g_1g_2)$ als Prozentsatz der Vorkommen mit $g_1g_2/$ und $N(g_1g_2)$ als Prozentsatz der übrigen Vorkommen. Die Summe der Prozentsätze kann dabei wegen Mehrfachsegmentierungen (eine Morphgrenze kann z.B. in einem g_1g_2 sowohl vor g_2 als auch danach liegen) 100% überschreiten. Diese Daten werden auf ein vorgelegtes Wort $a_1 ... a_n$ angewendet, indem man für jedes Graphempaar a_ia_{i+1} ($1 <= i < n$) den A-, M- und E-Wert in einem treppenförmigen Diagramm, wie folgt, anordnet.

Fig. 1

a_3a_4			$A(a_3a_4)$	$M(a_3a_4)$	$E(a_3a_4)$
a_2a_3		$A(a_2a_3)$	$M(a_2a_3)$	$E(a_2a_3)$	
a_1a_2	$A(a_1a_2)$	$M(a_1a_2)$	$E(a_1a_2)$		

a_1 a_2 a_3 a_4 ...usw.

In jeder Zeile stehen der A-, M- und E-Wert eines Paars nebeneinander, und in jeder Spalte zwischen den Eckpunkten a_i und a_{i+1} stehen $A(a_{i+1}a_{i+2})$, $M(a_ia_{i+1})$ und $E(a_{i-1}a_i)$ untereinander. Die Werte in einer Spalte zusammengenommen sagen etwas aus über die Wahrscheinlichkeit, mit der die Spalte eine Morphgrenze markiert. Langer geht vom Durchschnitt der Wertesumme in den Spalten aus und setzt in einem ersten Schritt an den Maxima Segmentgrenzen an. Dieses Grundverfahren wird durch weitere Operationen sowie Hinzunahme spezieller Regeln für das Deutsche verfeinert (vgl. auch Klenk/Langer im Druck). Das Ganze wurde als Computerprogramm implementiert und an verschiedenen Texten getestet, wobei die Quote richtiger Segmentierungen (gemäß der angenommenen Segmentgrenzen), Fremdwörter nicht mitgerechnet, ca 90% ergab. Dies ist ein bemerkenswertes Ergebnis über die Struktur deutscher Wörter. Zu untersuchen bleibt indes, inwieweit das Verfahren auch in anderen Sprachen gute Ergebnisse liefert.

Neben den quantitativen Verfahren gibt es auch rein qualitative, die nur Regeln über das Vorkommen von Elementfolgen der untersten Ebene in bestimmten Wortbereichen, aber keine Häufigkeiten betrachten. Das System von Brodda / Karlsson (1981) segmentiert finnische Wörter mittels kontextsensitiver Regeln, die charakteristische Phonemverteilungen in Stämmen und Affixen erfassen, wobei der Segmentierungs-Algorithmus als Turingmaschine konstruiert ist. Mein eigenes Verfahren MORSPAN, das für das Spanische entwickelt wurde, geht insofern ähnlich wie das von Brodda / Karlsson vor, als ebenfalls kontextsensitive Regeln, hier über Graphemverteilungen, verwendet werden (vgl. Klenk 1985, 1986 und Klenk/Langer im Druck). Zu diesen Regeln gelangt man über eine besondere Regelfindungsmethode, die teilautomatisiert und zu einem heuristischen Regelfindungsprogramm ausgebaut werden kann. Sie wird in den beiden folgenden Kapiteln beschrieben.

3. Untersuchungen zur graphemischen Struktur spanischer Endungen

MORSPAN wurde für die Segmentierung spanischer Wörter in Stamm und Endung entwickelt. Dabei wird von den orthographischen Formen ausgegangen. Als *Stamm* bezeichne ich hier denjenigen Wortteil, der aus dem Stamm im traditionellen Sinn und möglichen Derivationsaffixen besteht, als *Endung* den ganzen auf einen Stamm folgenden Wortteil. Endungen bestehen aus ein- oder mehrgliedrigen Morphketten. Unter die Endungsmorphe fallen, so gesehen, im Spanischen auch enklitische Personal- und Reflexivpronomen, da diese mit einem Verb, wenn diesem als Argument nachgestellt, ein einziges orthographisches Wort bilden. Im folgenden soll es nur um die Haupteinteilung Stamm-Endung gehen.

Durch die enklitischen Pronomen gibt es eine große Menge verbaler Endungen, die bereits ohne die Formen mit Klitika 114 Elemente umfaßt. Dazu kommen noch 6 nominale und adjektivische Endungen. Diese werden mit den verbalen zu einer einzigen Menge vereinigt. Als Elemente treten darin nur die Typen ohne Angabe von Wortartzugehörigkeit und anderen grammatischen Merkmalen auf, so daß mehrdeutige Formen (z.B. o als Nomen-, Adjektiv- und als Verbendung) jeweils nur einmal erscheinen. Endungen können bis zu 11 Graphemvorkommen enthalten.

Trotz dieses reichen Formeninventars sieht man schon mit bloßem Auge eine Reihe von Vorkommensrestriktionen für kurze Graphemfolgen. So findet man in Endungen nur die Grapheme *r, l, n, s, t, d, b, m, a, á, e, é, i, í, o, ó*, wohingegen in Stämmen alle Grapheme des spanischen Alphabets vorkommen. Von den aus Endungsgraphemen zusammengesetzten Paaren kommen wiederum viele nicht in Endungen vor, so daß höchstens das zweite Graphem eines solchen Paars in einer Endung liegt. Entsprechendes gilt für Tripel, 4-Tupel usw. von Endungsgraphemen. Auf dieser Grundlage kommt man zu einer Menge von generalisierenden Aussagen über Graphemfolgen (kurz *Regeln* genannt) der Art:

Das Anfangsstück u der Graphemfolge f = uv gehört immer zum Stamm.

Über v ist damit nichts ausgesagt, es kann ganz oder teilweise zum Stamm oder zur Endung gehören. MORSPAN besteht im wesentlichen aus solchen Regeln, vermehrt um einige Zusätze (z.B. für die Akzentsetzung, vgl. Klenk 1985)), es findet also Anfangsstücke von Stämmen und wurde dahin optimiert, in möglichst vielen Fällen den gesamten Stamm zu finden (dies wurde für ca. 95% aller Wortvorkommen ab einer Länge von 4 Graphemen in laufendem Text erreicht).

Die Frage stellt sich, wie die Graphemfolgen, die zu für die Seg-mentierung relevanten Regeln führen, methodisch gefunden werden können. Ich gehe ganz allgemein von einer Sprache L aus, deren Wörter w die Struktur $w = t_1$ oder $w = t_1t_2$ mit t_1 einem Stamm und t_2 einer dazu passenden Endung haben. Ferner nehme ich an, daß in Stämmen beträchtlich mehr Typen von Graphemfolgen vorkommen als in Endungen, wie es für viele natürliche Sprachen auch gilt. Daher erscheint folgendes allgemeine Vorgehen sinnvoll:

> Für in Wörtern auftretende Graphemfolgen $g_1...g_n$ wird festgestellt, ob $g_1...g_n$ in irgendeiner Endung vorkommt, und, falls dies nicht zutrifft, wird das längste Anfangsstück $g_1...g_k$ von $g_1...g_n$, das in jedem Fall zu einem Stamm gehört, gesucht und direkt nach g_k eine mögliche Stamm-Endungs-Grenze gesetzt.

Um dieses "Programm" methodisch durchzuführen, werden rekursiv folgende Mengen von Graphemfolgen gebildet:

G_1: die Menge aller in L verwendeten Grapheme;
E_1: die Menge der Endungsgrapheme von L;
N_1: die Menge der in Endungen nicht vorkommenden Grapheme (Nicht-Endungsgrapheme) von L;

Für $i > 1$:

G_i: die Menge aller Graphemfolgen der Länge i, deren Teilfolgen der Länge i-1 Element von E_{i-1} sind;
E_i: die Graphemfolgen aus G_i, die Teil einer Endung sind;
N_i: die Graphemfolgen aus G_i, die in Wörtern von L möglich, aber nicht Teil einer Endung sind.

D.h., eine Graphemfolge $g_1...g_i$ mit $i > 1$ ist Element von G_i genau dann, wenn $g_1...g_{i-1}$ und $g_2...g_i$ Elemente von E_i sind. Da in na-türlichen Sprachen eine Maximallänge der Endungen anzunehmen ist, gibt es ein E_m, aus dem kein G_{m+1} mehr bildbar ist. Für das Spani-sche gilt $m = 11$.

Beispiel für das Spanische:

Es sind	*a, o, r* aus E_1,
folglich	*ar, or, ro, ra, oa, ao, aa, oo, rr* aus G_2;
dabei gilt	*ar, ro, ra, ao, oo* aus E_2,
	or, oa, rr aus N_2;
weiter folgt	*ara, aro, rao, aoo, ooo, roo, rar* aus G_3;
dabei gilt	*ara, aro* aus E_3,
	rao, roo, rar aus N_3.

Für das Auffinden von Stamm-Endungsgrenzen sind vornehmlich die Mengen N_i maßgebend: Ein nicht-leeres Anfangsstück jedes Elements dieser Mengen, evtl. die ganze Graphemfolge, muß zu einem Stamm gehören. Das jeweils längste dieser Anfangsstücke in einer Folge wird durch einen Trennstrich vom Rest abgeteilt, in unserem Beispiel *or/, o/a, rr/, r/ao, ro/o, r/ar*. In den Elementen der Mengen E_i ist anzugeben, ob sie Anfangs- oder Endstücke von Endungen oder keins von beiden sind. Da viele dieser Elemente an allen drei Positionen auftreten können, ist es einfacher, diejenigen auszuzeichnen, die niemals Anfangs- oder niemals Endstück sind. Dies geschieht durch einen Punkt vor bzw. nach der betreffenden Folge: Punkt davor bedeutet, daß sie kein Anfangsstück, Punkt danach, daß sie kein Endstück ist, kein Punkt, daß sie mögliches Anfangs- bzw. Endstück ist, im Spanischen z.B. *.ron, aro., o, .ro.* . Elemente eines E_i ($i < m$), die nur am Anfang bzw. nur am Ende von Endungen auftreten, brauchen nicht gekennzeichnet zu werden, da sie durch N_{i+1} als ein solches Anfangs- bzw. Endstück ersichtlich werden. So ist z.B. *ar* aus E_2, aber alle im Spanischen zulässigen Folgen x*ar* mit x einem Graphem und x*a* aus E_2 liegen in N_3, d.h. *ar* ist in Endungen immer Anfangsstück (z.B. die Infinitivendung).

Für das Spanische zeigt sich, vergleicht man jeweils E_i und N_i miteinander, daß ab $i = 2$ mit wachsendem i prozentual immer weniger Elemente in N_i liegen, d.h. E_i wird mit wachsendem i immer stärker durch E_{i-1} determiniert. Eine genaue Untersuchung dieser Entwicklung mit Hilfe eines Computerprogramms ergibt folgendes Resultat (abs: Elementanzahl, rel: relative Häufigkeit bzgl. der Elementanzahl von G_i):

Tab. 1

	abs		abs	rel		abs	rel
G_2	222	E_2	91	41%	N_2	131	59%
G_3	452	E_3	224	50%	N_3	228	50%
G_4	490	E_4	339	69%	N_4	151	31%
G_5	544	E_5	430	79%	N_5	114	21%
G_6	482	E_6	462	96%	N_6	20	4%
G_7	379	E_7	379	100%	N_7	0	0%
G_8	228	E_8	228	100%	N_8	0	0%
G_9	117	E_9	117	100%	N_9	0	0%
G_{10}	35	E_{10}	35	100%	N_{10}	0	0%
G_{11}	3	E_{11}	3	100%	N_{11}	0	0%

Für $i > 6$ ist E_{i+1} durch E_i vollständig gegeben, da alle nach dem Bildungsverfahren möglichen neuen Graphemfolgen in E_{i+1} liegen (z.B. *iéndol.*, *éndolo* aus E_6, *iéndolo* aus E_7). Da für die Segmentierungsregeln die N_i hauptausschlaggebend sind, sieht man auch, daß nur Folgen von bis zu 6 Graphemen betrachtet werden müssen. Die in MORSPAN tatsächlich verwendeten Regeln benutzen sogar nur N_1 bis N_5, durch N_6 würde keine wesentliche Verbesserung der Segmentierungsresultate mehr erzielt.

Die Elemente von E_i und N_i neigen zu Clusterbildung innerhalb von G_i, so daß ein Ansatzpunkt für Regeln gegeben ist. Die Clusterbildung kann an Hand von Matrizen, die mit Hilfe des Computerprogramms für die G_i mit $i >= 2$ aufgestellt sind, näher untersucht werden. So stellt die folgende Matrix für G_2 alle theoretisch möglichen Graphempaare g_1g_2 dar, wobei für jedes g_1 eine Zeile und jedes g_2 eine Spalte eingerichtet ist. Ist g_1g_2 aus E_2, dann steht in dem g_1g_2 zugeordneten Feld eine 2, ist g_1g_2 aus N_2, dann steht dort eine 1, sonst eine 0 (0 für unzulässige oder ungebräuchliche Paare). Rechts und unterhalb der Matrix stehen die Zeilen- bzw. die Spaltensummen für die Werte 0, 1 und 2.

Tab.2

	a	á	e	é	i	í	o	ó	b	d	l	m	n	r	s	t	0	1	2
a	0	0	1	1	2	1	2	1	2	2	2	2	2	2	2	2	2	4	10
á	0	0	1	0	2	0	2	0	2	2	1	2	2	2	2	1	5	3	8
e	1	1	1	1	2	1	2	1	1	2	2	2	2	2	2	2	0	7	9
é	1	0	1	0	2	0	2	0	1	2	1	2	2	2	2	1	4	5	7
i	1	1	2	2	0	0	1	2	1	2	1	2	1	2	2	1	2	7	7
í	2	0	1	0	0	0	2	0	1	2	1	1	1	2	2	1	5	6	5
o	1	1	1	1	1	1	2	1	1	1	2	2	2	1	2	2	0	10	6
ó	1	0	1	0	1	0	1	0	1	1	2	2	2	1	2	1	4	8	4
b	2	1	1	1	1	1	1	1	0	1	1	1	1	1	1	1	1	14	1
d	2	1	1	1	1	1	2	1	0	0	2	2	2	1	2	0	3	7	6
l	2	1	2	1	1	1	2	1	1	1	1	1	1	1	1	1	0	13	3
m	1	1	2	1	1	1	2	1	1	0	1	1	1	1	1	1	1	13	2
n	1	1	1	1	1	1	2	1	0	2	2	2	1	1	2	2	1	9	6
r	2	2	2	2	1	2	2	1	1	1	2	2	2	1	2	2	0	5	11
s	1	1	2	1	1	1	1	1	1	1	2	2	2	1	0	2	1	10	5
t	1	1	2	1	1	1	1	1	0	0	1	1	0	1	0	0	5	10	1
0	2	5	0	4	2	5	0	4	4	3	0	0	1	0	2	2			
1	9	10	10	10	10	10	5	11	10	6	8	5	6	10	3	8			
2	5	1	6	2	4	1	11	1	2	7	8	11	9	6	11	6			

Total: 0: 34; 1: 131; 2: 91; insgesamt 256

So sieht man z.B. eine Häufung von Zweien im Bereich der g_1g_2 mit g_1 einem Konsonanten- und g_2 einem Vokalbuchstaben, eine Häufung von Einsen und Nullen bei den Vokal-Vokal-Paaren. Für Regeln benutzt wird die Clusterbildung in einzelnen Zeilen und Spalten, z.B daß *b, l, m* und *t* jeweils nur vor und *r* nur direkt nach bestimmten Vokalbuchstaben erscheint usw. In gleicher Weise werden Matrizen für G_i mit i >= 3 untersucht, die in der Weise aufgebaut sind, daß für jedes Element aus E_{i-1} eine Zeile und jedes Graphem eine Spalte eingerichtet ist und deren Felder analog der Paar-Matrix mit 0, 1 und 2 belegt sind. Bei den *Links-rechts-Matrizen* repräsentieren die Zeilen $g_1...g_{i-1}$ und die Spalten g_i, bei den *Rechts-links-Matrizen* die Zeilen $g_2...g_i$ und die Spalten g_1. Tab. 3 zeigt die Teilmatrix der Vokal-Vokal-Konsonant-Tripel der zu G_3 aufgestellten Links-rechts-Matrix (die mit 0 belegten Tripel sind bereits aus G_3 ausgefallen, sie erscheinen hier nur zur Vervollständigung der Matrix).

Tab. 3

	b	d	l	m	n	r	s	t	0	1	2
ai	0	1	0	1	0	1	2	0	4	3	1
ao	0	0	1	1	1	0	2	1	3	4	1
ái	0	1	0	1	0	1	2	0	4	3	1
áo	0	0	1	1	1	0	2	1	3	4	1
ei	0	1	0	1	0	1	2	0	4	3	1
eo	0	0	1	1	1	0	2	1	3	4	1
éi	0	1	0	1	0	1	2	0	4	3	1
éo	0	0	1	1	1	0	2	1	3	4	1
ie	0	1	1	1	2	2	2	1	1	4	3
ié	0	1	0	1	2	2	2	0	3	2	3
ió	0	0	2	2	2	0	2	0	4	0	4
ía	1	1	2	2	2	1	2	1	0	4	4
ío	0	0	1	1	1	0	2	1	3	4	1
oo	0	0	1	1	1	0	2	1	3	4	1
0	13	7	5	0	4	7	0	6			
1	1	7	7	12	6	5	0	8			
2	0	0	2	2	4	2	14	0			

Total: 0: 42, 1: 46, 2: 24, insgesamt: 112

4. Maschinelles Regelfinden

Die Segmentierungsregeln, die MORSPAN benutzt, wurden aus den vorhandenen Daten ohne Computerunterstützung gefunden. Doch bietet es sich an, den Prozeß des Regelfindens wenigstens teilweise zu automatisieren, um zu einem exhaustiveren Ergebnis zu kommen. Dies kann an Hand der Matrizen durch folgendem Verfahren erreicht werden. In einer zu einem G_i aufgestellten Matrix oder Teilmatrix werden solche Zeilen und Spalten gesucht, die keine 2 und wenigstens eine 1 enthalten (sog. Nullstellen), da sie für die ihnen zugeordnete Graphemfolge bzw. das zugeordnete Graphem eine Vorkommensrestriktion in N_i bzgl. einer Klasse von umgebenden Graphemen oder Graphemfolgen anzeigen. So hat die zu G_3 aufgestellte Links-rechts-Matrix eine Nullstelle bei der ís zugeordneten Zeile (vgl. Tab. 4) und bei den ó und b zugeordneten Spalten (vgl. zu b auch Tab. 3), d.h., keine Folge ísx, x_1x_2ó und x_1x_2b mit x, x_1 und x_2 Graphemen ist Teil einer Endung.

Tab. 4

	a	á	e	é	i	í	o	ó	b	d	l	m	n	r	s	t	0	1	2
ís	0	0	1	0	0	0	0	0	0	0	1	1	1	0	0	1	11	5	0

Durch Finden von Nullstellen gelangen wir zu Regeln, wobei die Gesamtmatrizen der einzelnen G_i, aber auch Teilmatrizen zu betrachten sind. Jede solche Regel wird durch ein Schema dargestellt, das Klassenbezeichnungen benutzt, wie G für die Endungsgrapheme,

V für die Vokal-, K für die Konsonantengrapheme und weitere Bezeichnungen. So wird z.B. die Nullstelle bei ísx durch "ísG liegt in keiner Endung", die bei x_1x_2b durch "G^2b liegt in keiner Endung" erfaßt.

Für die Extraktion von Teilmatrizen wurde ein Programm geschrieben. Die gewünschte Teilmatrix wird durch ein Schema angegeben, das eine Folge von Graphemmengen repräsentiert. Das Programm sammelt aus der Gesamtmatrix alle Elemente, die dieses Schema erfüllen, d.h. die Element des Verkettungsprodukts der Graphemmengen sind. Schemata werden aus den Buchstaben V, K, G mit obiger Bedeutung gebildet, da sich die Einteilung in Vokal- und Konsonantenbuchstaben als grundlegend für die Clusterbildung erweist, sowie auch durch explizite Angabe der Elemente, z.B. VVK, KKV, K{a,e,i}V, {a}K{á,é,í,ó}. In den Teilmatrizen werden Regeln wieder an Hand der Nullstellen gefunden.

Um zu Aussagen über mögliche Stamm-Endungsgrenzen zu gelangen, sind in den Elementen der N_i noch die gesetzten Trennstriche und in denen von E_i die durch Punkt/keinen Punkt bezeichneten Positionen abzugleichen. Diese Informationen sind in den Matrizen schlecht unterzubringen, sondern sie erscheinen in gesonderten Listen (welche für die maschinelle Aufstellung der Matrizen ohnehin angelegt werden).

5. Fazit und Perspektiven

Systeme wie MORSPAN und die quantitativen Verfahren werden niemals alle geforderten "richtigen" Segmentierungen finden, schon allein da es immer Ausnahmefälle gibt, die sie nicht erfassen. Eine Trefferquote von 90-95% über laufendem Text zeigt aber, daß wir es mit einer spezifischen Struktur zu tun haben, und kann - um auf unser Ausgangsproblem zurückzukommen - als Bestätigung dafür gewertet werden, daß die anfangs getroffenen Annahmen über Segmentgrenzen gut sind, denn diese Grenzen lassen sich in ihrer überwältigenden Mehrzahl durch ein durchschaubares operationalisiertes Verfahren wiederfinden.

Wir wissen allerdings nicht, ob man mit anders gesetzten Grenzen noch bessere Resultate erhielte. Durch die Automatisierung nicht nur des Segmentierungsprozesses auf Grund vorhandener Daten und daraus gewonnener Regeln sondern auch, so weit möglich, der Datengewinnung und des Findens der Regeln erhalten wir ein Werkzeug, mit dem diese Problematik leichter behandelbar wird. Mit ihm könnte dann in relativ kurzer Zeit ein neues System, wo die Segmentgrenzen in bestimmter Weise verschobenen sind, aufgestellt und getestet werden (z.B. könnte man im Spanischen die thematischen Vokale zum Stamm hinzunehmen, z.B. pensa/mos statt pens/amos ansetzen, was manche Grammatiker auch als Haupteinteilung vorschla-gen).

Literatur:

Andreev, N. D. (1965): "Opyt statistiko-kombinatorgono vydelenija perbogo morfologiceskogo tipa v vengerskom jazyke." - In: N. D. Andreev, Statistiko-kombinatornoe modelrovanie jazykov, 205-211. Moskau / Leningrad.

Brodda, Benny, Fred Karlsson (1981): An experiment with automatic morphological analysis of Finnish. Department of General Linguistics, University of Helsinki, Publications 7.

Greenberg, Joseph H. (1957): Essays in Linguistics. The University of Chicago Press.

Hafer, A. M., S. F. Weiss (1974): Word segmentation by letter successor varieties. In: Information Storage and Retrieval 10: 371-385.
Harris, Zellig (1955): "From phoneme to morpheme." - In: Language 31 (2): 190-222.
Klenk, Ursula (1985): "Ein nicht-lexikalisches Verfahren zur Erkennung spanischer Wortstämme." - In: U. Klenk (Hg.), Strukturen Verfahren in der maschinellen Sprachverarbeitung, 47-65. Dudweiler: AQ-Verlag.
- (1986): "Recognition of Spanish inflectional endings based on the distribution of characters." - In: J. Hamesse, A. Zampolli (eds.), Computers in Literary and Linguistic Computing. Proceedings of the XIth International Conference of the ALLC (Lovain-La-Neuve 1984). Geneva: Slatkine.
Klenk, Urusla, Hagen Langer (im Druck): "Morphological Segmentation Without a Lexicon." - In: Literary and Linguistic Computing.
Langer, Hagen (erscheint): Ein automatisches Morphsegmentierungsverfahren für deutsche Wortformen. Dissertation, Göttingen 1989.

COMPUTERPHILOLOGIE

Hans Geisler

Erstellung und Auswertung von Dialektkarten mit Personal Computern

Die Zielsetzung der automatischen Kartenerstellung besteht nach Putschke (1982:749) darin, manuelle Herstellungsverfahren zu simulieren, um den Dialektologen von der zeitaufwendigen, manuellen Kartierung zu befreien und zudem möglichst objektive Kriterien für die gewählte Darstellungsform angeben zu können. Voraussetzung dafür ist die Erfassung des Dialektmaterials in maschinenlesbarer Form, die aufgrund der häufigen Verwendung von Sonderzeichen große Anforderungen an die Ein- und Ausgabemedien stellt. Erschwerend kommt hinzu, daß in vielen Fällen inhomogenes Datenmaterial vorliegt (angefangen von historischen Dokumenten bis hin zur weiträumigen Datenerfassung in Sprachatlanten), so daß eine formale Vereinheitlichung der Daten notwendig wird. Dialektdaten stellen somit eine besonders schwierig zu handhabende Datenform dar (s. Händler 1982:794). Probleme der Dateneingabe, der Datenaufbereitung und der topographischen Datenausgabe lassen sich jedoch durch Nutzung der bereits auf PC-Ebene vorhandenen technischen Möglichkeiten in vielen Teilbereichen bewältigen. Dazu wurde ein Programm entwickelt, mit dessen Hilfe heterogene Ausgangsdaten in transkribierter Form erfaßt und gespeichert, auf flexible Weise selektiert und auf Sprachkarten ausgeben werden können (zur Programmstruk-tur s. Anh.1). Das Programm ist so ausgelegt, daß ein breiter Einsatz mit einer normalen PC-Ausstattung möglich ist[1]. Erforderlich sind lediglich eine Graphikkarte (EGA, VGA) und ein Laserdrucker (HP Laserjet). In einer Version, die nicht den vollen Funktionsumfang besitzt, wird auch eine Herculeskarte sowie ein graphikfähiger Matrixdrucker (NEC P6) unterstützt.

Die Möglichkeiten des Programms sollen im folgenden an einigen typischen Anwendungsbeispielen aus der Romanistik demonstriert werden. Für die ausgewählten Gebiete ist eine große Menge von Dialektdaten in vielfältigen Ausprägungen vorhanden, sei es in Form von Sprachatlanten, Lexika, Wortlisten oder Dialektmonographien. Die Ausgangssituation dürfte somit der vieler Dialektuntersuchungen in anderen Sprachräumen entsprechen.

1. Voraussetzungen

1.1. Bildschirm- und Druckerfont

Eine benutzerfreundliche und fehlervermeidende Verarbeitung von Dialektmaterial setzt voraus, daß der volle Zeichensatz des verwendeten Schrift- bzw. Transkriptionssystems sowohl für den Bildschirm als auch für den Drucker zur Verfügung steht. Da die Zeichen

[1] Zu einer älteren Fassung s. Geisler 1987. Das hier vorgestellte Programm wurde von Dieter Strehle vollständig neu in Turbo Pascal und Assembler geschrieben. Ich möchte an dieser Stelle Dieter Strehle für die Zeit und Mühe danken, die er in dieses Projekt investiert hat. Ohne seine Kenntnisse wäre das Programm nicht in dieser Form realisierbar gewesen.

für Transkriptionssysteme oder Dialektorthographien nur selten vollständig im normalen Zeichensatz eines PC enthalten sind, müssen die fehlenden Zeichen mit Hilfe eines Fonteditors kreiert und zu einem entsprechenden benutzerdefinierten Font zusammengestellt werden. Für die Anwendungen in der Romanistik wurde ein spezieller Bildschirmfont für eine VGA- und Hercules-Karte entworfen und in das Programm eingebunden[2]. Da auf diese Weise die verwendeten Sonderzeichen bei Dateneingabe und -edition ständig sichtbar sind, lassen sich fehleranfällige und schwer lesbare Ersatzkodierungen vermeiden[3]. Zusätzlich zum Bildschirmfont wurde ein download-fähiger Druckerfont für den HP-Laserjet entwickelt, dem eine Antiqua-Schrift zugrundeliegt (Times Roman 10pt halbfett). Der ganze Komplex der Fonterstellung selbst ist nicht in das Programm integriert, da hier teilweise bereits auf kommerzielle Software zurückgegriffen werden kann. Ein entsprechender Font für einen Matrixdrucker (NEC P6) liegt ebenfalls vor und ist bei einer vertikalen Auflösung von 24 Pixel für eine nicht enge Transkription in IPA ausreichend. Komplexere Transkriptionssysteme und Schriften mit Verwendung übereinandergelagerter Diakritika sind jedoch mit befriedigenden Ergebnissen erst auf Laserdruckern realisierbar[4]. Sowohl der Bildschirmfont als auch die Druckerfonts enthalten jeweils eine Untermenge der IPA-Zeichen, die für die meisten Anwendungen im romanischen Bereich genügen dürfte.

1.2. Hintergrundkarte und Ortskoordinaten

Für die Erstellung einer Hintergrundkarte und die Festlegung der Ortskoordinaten, an denen die Daten ausgedruckt werden sollen, ist im Graphikteil des Programms ein Zeichenmodul implementiert, das die grundlegenden Funktionen zum Entwerfen einfacher Hintergrundkarten bereitstellt. Falls qualitativ bessere Hintergrundkarten erforderlich sind, können diese mit Hilfe von Digitizern erstellt werden. Unproblematisch bei Laserdruckern ist auch eine Montagetechnik, bei der Daten und Legenden über beliebig feine geographische Hintergrundkarten gedruckt werden[5]. Die Koordinaten der Aufnahmepunkte können in absoluten Abständen zum Nullpunkt der Karte festgelegt werden. Korreliert mit den Aufnahmepunkten lassen sich Koordinaten für die Ausgabe der Punktkennung (Ortsnummer oder voller Ortsname) und der Daten selbst festlegen (s. Programmteil *Graphik bearbeiten* mit den Funktionen *Linie zeichnen, Linie löschen, Bild verschieben, Punktkoordinaten/Ortskennung/Datenwert setzen*). Alle Koordinatenwerte können nachträglich im Editorteil

---

[2] Bei Verwendung einer normalen Herculeskarte muß die Dateneingabe im Grafikmodus erfolgen, da diese Karte im Gegensatz zu Hercules+ und VGA die Einbindung benutzerdefinierter Zeichensätze nicht erlaubt.

[3] Vergl. dazu Neuhaus 1986 mit Verweis auf ältere Systeme. Allgemein zu dieser Problematik auch Händler 1989:794ff.

[4] So vor allem die im romanischen Bereich bis heute häufigsten Systeme von RousselotGilliéron oder Böhmer-Ascoli mit maximal vier Ebenen (s. Beispiel in Anhang 2). Ein HP-Font für diese Transkriptionssysteme ist in Vorbereitung.

[5] Mit Zusatzprogrammen kann der HP Laserjet auch als Plotter verwendet werden, so daß außer der Beschränkung in der Größe (maximal DIN A 4) nichts gegen die Ablösung der bisher in diesem Bereich verwendeten, teuren und schwierig zu handhabenden Plotter durch Laserdrucker spricht.

verändert werden. Dies ist nötig, um bei Daten- bzw. Textausgabe mit variabler Länge jeweils ein optimales Kartenbild ohne Überschreibungen zu erhalten.

1.3. Kartenbeschriftung

Unabhängig von Hintergrundkarte und Ortspunkten ist eine beliebige Beschriftung der Einzelkarte möglich, so daß Überschriften, Legenden und sonstige Karteninformation (z.B. Zweitbelege oder Varianten zu einzelnen Aufnahmepunkten) einfach positioniert werden können. Der Editionsteil erlaubt auch eine Anpassung dieser Kartenkomponente (Veränderungen der Lage des Textes, des Schriftgrads, etc.).

2. Datenverwaltung

Die Datenkomponente des Programms enthält eine Datenverwaltung, die eine korrelierte Bearbeitung der Positionsdaten, Kartenbeschriftungsdaten und der eigentlichen Sprachdaten erlaubt (*Daten eingeben, editieren, speichern, einladen, suchen* und *einfügen in den Graphikbildschirm*). Die Bearbeitung der Daten erfolgt mittels einer Bildschirmmaske, wodurch Eingabefehler weiter reduziert werden können. Die Aufnahmepunkte einer Dialektkarte sind jeweils mit ihren Ortskoordinaten, der Ortskennung und den Koordinaten für die Datenausgabe in einer gesonderten Datei gespeichert. Die Daten einer Karte werden ebenfalls in einer eigenen Datei abgelegt und beim Einlesen über die Ortskennung automatisch den entsprechenden Koordinaten zugeordnet. Da zwei Datenbereiche gleichzeitig am Bildschirm verwaltet und bearbeitet werden können, ist ein direkter Kartenvergleich bzw. die Edition von zwei Karten am Bildschirm möglich (s. *Datenwerte Bereich 1 und 2*).

3. Datenauswertung

Die Bearbeitungsphase (z.B. Selektions-, Klassifikations- und Symbolisationsverfahren) ist deutlich von der Speicherung der Ausgangsdaten und der nachgeordneten Kartenerstellung zu trennen und wurde deshalb in eine eigene Programmkomponente ausgelagert (s. Programmteil *Daten auswerten*). Mittels einer Art "Abfragesprache", bei der die Werte logischer Ausdrücke mit Ausgabefunktionen verknüpft werden, lassen sich eine Reihe von Kriterien formulieren, die es ermöglichen, über die Simulation manueller Kartierungsformen hinaus, automatische Auswertungsmethoden zu erproben. Bisher sind implementiert:

a) Vergleich von Datenwerten untereinander

Die Daten aller Punkte eines Datenbereichs können mit den Daten der jeweiligen Nachbarpunkte verglichen werden. Der für Dialektuntersuchungen zentrale Begriff des Nachbarpunktes definiert sich automatisch für die jeweiligen Datenbereiche aus einer vollständigen Zerlegung des durch die Ortspunkte konstituierten Raumes in Thiessenpolygone (zur automatischen Isoglossenbildung allgemein s. Pudlatz 1977 und Goebl 1984; das hier verwendete Verfahren basiert auf dem in Brassel/Reif 1979 vorgestellten Algorithmus). Nach erfolgter Berechnung der Thiessenpolygone für einen Datenraum (s. *Daten auswerten: Polygone erzeugen*) sind Abfragen folgender Art möglich:

[Punkt(Bereich1) =! Nachbar(Bereich1)] > Isoglosse

"Wenn der Datenwert in einem Punkt aus Datenbereich 1 ungleich dem Datenwert eines Nachbarpunktes ist, dann zeichne die als Abgrenzung zwischen den Punkten dienende Polygonkante aus." (mit <=!> als Operator für 'ungleich' und <Isoglosse> als Bezeichner der Ausgabefunktion)

b) Vergleich der Datenwerte von Ortspunkten mit Mustern

Die Daten aller Punkte eines Datenbereichs können mit vorgegebenen Mustern verglichen werden, wobei sich die Vergleichsmuster umgebungssensitiv formulieren lassen. Ein Muster ist definiert durch eine bzw. mehrere Gruppen linguistischer Objekte, die jeweils vom Benutzer für eine bestimmte Abfrage zusammengestellt werden. Die einzelnen Gruppen können für wiederholte Abfragen gespeichert werden (s. *Daten auswerten : Abfrageparameter erstellen*)[6]. Als Beispiel dient eine Abfrage der A-Entwicklung bei lat. PRATU für die Aufnahmegebiete des *Atlas linguistique et ethnographique du Jura et des Alpes du Nord (ALJA)*, des *Atlas linguistique de la France (ALF)*, des *Sprach- und Sachatlas Italiens und der Südschweiz (AIS)* und der *Tableaux phonétiques des patois suisses romands (TPPSR)*. Dazu werden die zu untersuchenden Fortsetzer des lat. [a] in einer Gruppe zusammengefaßt:

Gruppe 1:[a]1, [a:]2, [a˖]3, [a˖:]4, [ɛ]5,..., [ɔ:]14, [o]15,..

Zur eindeutigen Identifizierung ist zusätzlich eine Umgebungsangabe notwendig, die in einer zweiten Gruppe festgelegt wird:

Gruppe 2: [pr]1, [pʀ]2, [pr]3, [prᵊ]4

Ohne dieses zusätzliche Kriterium wäre z.B. eine Differenzierung des Vokals [o] in italienischen Dialektformen wie [pra:do] und [pro] nicht möglich, da sowohl [a:] wie [o] in Gruppe 1 enthalten sind (falls erforderlich, könnte zusätzlich die rechte Umgebung zur Differenzierung herangezogen werden). Der Gruppenindex x1...xn dient als Kennung für die Symbolzuordnung. In einer Zuordnungstabelle können entsprechende Beziehungen zwischen Indizes und Kartensymbolen bestimmt werden:

Symbolzuordnung zu Gruppe 1:
1,2 = ⊖, 3,4 = ◐, ... 13,14 = ⬒, 15,16 = ■, ... (s. Karte 2)

Aufgrund dieser Parametrisierungen sind mehrere Abfragen und Ausgabemöglichkeiten denkbar:

---

[6] Bis zu welchem Grad die Muster für den vorgegebenen Datenbereich bekannt sein müssen, d.h. eine vollständige Inventarisierung des Datenraumes vorauszugehen hat, wäre in größerem Maßstab zu erproben (s. auch Putschke 1989:556).

1) Es erfolgt lediglich eine einfache Umsetzung der Transkriptionszeichen (die ja ebenfalls bereits Typisierungen darstellen) in Symbole. Eine derartige 1:1-Zuordnung kann im Einzelfall die Lesbarkeit der Karte stark erhöhen (s. dazu Karte 1 mit den Ausgangsdaten des *ALJA* und die Karte 2 mit direkter Umsetzung der A-Realisationen in Symbole). Die entsprechende Abfrage hat die Form:

Punkt(Bereich1) = Muster(Gruppe2,Gruppe1#,?)] >
Ersetze(Bereich2,Symbol#,PunktPos)

Der in den Datenbereich 1 geladene Datenwert für jeden Aufnahmepunkt wird auf Gleichheit zu einem Muster geprüft, das sich aus den in Gruppe 2 und Gruppe 1 abgelegten Realisationen konstituiert (die rechte Umgebung von Gruppe 1 kann beliebig sein; <?> fungiert als Platzhalter). Falls diese Bedingung wahr ist, wird im Datenbereich 2 an diesem Aufnahmepunkt ein dem Index # in Gruppe 1 zugeordnetes Symbol ausgegeben. Der dritte Parameter <PunktPos> der Ausgabefunktion <Ersetze> steuert die Positionierung des Symbols auf der Karte relativ zur Lage des Ortspunktes.

2) Wichtiger ist jedoch die Möglichkeit, für eine bestimmte Untersuchung irrelevante Merkmale oder Realisationen durch Filterung eliminieren zu können (s. Karte 3 mit den Ausgangsdaten der *TPPSR* und die Typenkarte 4 mit Eliminierung der Längen, indem jeweils Kurz- und Langvokal einem Symbol zugeordnet werden). Soll nur eine Untermenge der Realisationen eines Typs ausgewählt werden, so können diese als Muster in einer eigenen Gruppe zusammengefaßt und in Symbolform ausgegeben werden (s. Karte 5 zu PRATU im *ALF* mit Selektion aller velaren A-Realisationen; analog dazu Karte 6 für den *AIS*). Ein Vergleich mit den kleinräumigen *ALJA* und *TPPSR* zeigt deutlich deren Präzisierung gegenüber den großräumigen Atlanten, die ihrerseits einen sehr schönen Überblick über die Ausdehnung der A-Velarisierung in Frankreich und Italien geben.

3) Falls ein dichotomes Merkmal vorliegt, kann als Ausgabe auch die Isoglossenform gewählt werden. So wurde für die *ALF*-Karte PRATU eine Abfrage zusammengestellt, welche die obengenannten Gruppen 1 und 2 und zusätzlich eine Gruppe 3 mit den verschiedenen T-Realisationen enthält. Damit läßt sich die in Karte 7 dargestellte Isoglosse zum [t]-Erhalt erzeugen[7]:

[Punkt(Bereich1) = Muster(Gruppe2,Gruppe1,Gruppe3)] &
[Nachbar(Bereich1) =! Muster(Gruppe2,Gruppe1,Gruppe3)] >
Isoglosse

4) Möglich ist auch die Kumulierung von Abfrageergebnissen aus mehreren Datenreihen, die sowohl als Isoglossen als auch in Symbolform ausgegeben werden können. Bei Ausgabe in Isoglossenform werden die berechneten Linien aus beliebig vielen Datenreihen übereinander gedruckt, was jedoch bei starker Divergenz der einzelnen Isoglossen sehr schnell zu unübersichtlichen Karten führt. Hier sind dialektometrische Verfahren vorzuziehen (s. Goebl 1984, Geisler 1987). In manchen Fällen kann auch eine kumulativ erstellte Symbolkarte aussagekräftiger sein, bei der Divergenzen in den Datenreihen durch Symbole

[7] Bei Grenzpunkten gilt ein fiktiver Punkt als Nachbar. Diese linguistisch nicht motivierten Linien außerhalb des Datenraums könnten abgeschnitten werden.

gekennzeichnet werden. Die einzelnen Datenreihen werden zuerst typisiert und anschließend die typisierten Datenreihen auf Unterschiede geprüft (s. Karte 8).

4. Datenpräsentierung

Die mit der Hintergrundkarte gemischten Ortskoordinaten und Kartendaten können am Bildschirm angezeigt oder mit entsprechender Anpassung (s. Druckerkomponente) auf einem Laserdrucker ausgegeben werden. Aufgrund des höheren Auflösungsvermögens ist die Druckausgabe qualitativ hochwertiger als die Bildschirmausgabe, die nur die Funktion einer Vorschau zur optimalen Gestaltung des Ausdrucks hat. Unabhängig von der Kartenausgabe ist auch eine Übernahme der Daten in ein Textverarbeitungsprogramm möglich, falls eine Ausgabe in Listenform gewünscht wird oder die Daten in Texten verwendet werden sollen (s. z.B. Anhang 2 mit Daten aus den *TPPSR*, die in WORD PERFECT übernommen wurden).

5. Druckerverwaltung

Wegen der großen Variabilität der verschiedenen Dialektkarten hinsichtlich Gebietsgröße und Datendichte und der Wahlmöglichkeit zwischen verschiedenen Darstellungsformen ist es wünschenswert, eine möglichst weitgehende Kontrolle über Druckerparameter wie Schrifttyp, Schriftattribute, Graphikauflösung, Randbreiten, etc. zu haben, um jeweils ein optimales Kartenbild zu erhalten. Die wichtigsten dieser druckerbezogenen Parameter können programmseitig eingestellt werden, was z.B. die Auswahl unterschiedlicher Schrifttypen für Kartendaten, Kartenbeschriftung und Punktkennungen erlaubt[8]. Zudem besteht die Möglichkeit, die Kartendaten ohne Änderung der einzelnen Koordinaten global für den Ausdruck zu verschieben um bei sehr langen Datenwerten eine eindeutige Zuordnung zu den Ortspunkten zu gewährleisten. Ferner kann zwischen drei Graphikauflösungen gewählt werden (einfach: 75 Punkte/Zoll, mittel: 100 Punkte/Zoll und hoch: 150 Punkte/ Zoll; die beigefügten Karten sind in einer mittleren Auflösung gedruckt).

6. Zeichenverwaltung

6.1. Tastaturbelegung

Die Eingabe von transkribierten Daten wird wesentlich erleichtert, indem die verwendeten Sonderzeichen direkt über die Normaltastatur eingegeben werden können. Die Tastaturposi-

---

[8] Alle in einer Karte zur Verwendung kommenden Schriften müssen in einer Datei gespeichert sein (s. *Druckerverwaltung : Download-Fonts* zuordnen) und vor Ausdruck der Karte permanent in den Drucker geladen werden.

tion der verwendeten Sonderzeichen kann mittels einer Zuordnungstabelle frei gewählt werden und wird sich im Normalfall (wie auch bei Standardzeichen) nach Frequenzüberlegungen richten. Insgesamt lassen sich aus den 256 Zeichen des benutzerspezifischen Fonts vier Tastaturebenen beliebig mit Zeichen belegen, die mit Hilfe von Funktionstasten ansprechbar sind (*Taste*, *Shift+Taste*, *Alt+Taste*, *Control+Taste*, z.B. ergibt *Shift-e*= [ɛ]).

6.2. Sortierreihenfolge und Konvertierung

Bei Verwendung nicht-standardisierter Zeichensätze entsteht das Problem, daß die festgelegte Zuordnung der einzelnen Zeichen zu bestimmten ASCII-Werten oft nicht der gewünschten Sortierreihenfolge entspricht. Im Programmteil *Zeichenverwaltung : Codewerte zuordnen* ist deshalb eine Zuordnungstabelle vorhanden, mit der von den jeweiligen ASCII-Werten unabhängige Sortierfolgen aufgebaut werden können (z.B. lassen sich phonetisch sinnvolle Sortierfolgen wie [d]-[ð]-[d']-[ɖ] oder [a]-[æ]-[ɐ]-[ɑ]-[ɒ] erzeugen).

Ähnlich kann der Wert eines Zeichens mittels Zuordnungstabelle verändert werden, falls aufgrund unterschiedlicher Codezuordnungen in den verschiedenen verwendeten Fonts eine derartige Konvertierung notwendig wird.

7. Einsatzmöglichkeiten

7.1. Weiterverarbeitung bestehender Atlanten

Das Material bestehender Atlanten ist für eine Weiterverarbeitung nur sehr schwer zugänglich und macht eine Neueingabe in maschinenlesbarer Form sinnvoll. Es ist aufschlußreich, daß für große Atlanten wie den *ALF* und *AIS*, trotz zahlreicher Einzelauswertungen, noch keine Gesamtuntersuchung des Materials vorliegt (s. Berschin 1977: 42; eine Ausnahme für den dialektometrischen Bereich bildet Goebl 1984 mit lexikalischen Gesamtauswertungen des *ALF* und *AIS*). Das Gebiet des *ALF* ist zudem im Laufe der Jahrzehnte durch kleinräumige Atlanten (s. *ALF par régions*) sowie durch zahlreiche Monographien in vielfältiger Weise ergänzt worden (s. Ausschnitt des *ALJA* zur *ALF*-Karte) und bedürfte auch aus dieser Sicht einer Überarbeitung.

7.2. Neuerstellung von Sprachatlanten

Die *TPPSR* gehen auf eine Datenerhebung zwischen 1904 und 1907 zurück und waren als Atlaskomplement zum *Glossaire des patois de la Suisse Romande (GPSR)* gedacht. Sie konnten jedoch aus Kostengründen nicht als Atlas erscheinen und wurden lediglich in Listenform veröffentlicht. Das Material ist wegen der Art des Tanskriptionssystems und der Darstellungsmethode vor allem für vergleichende phonetische Untersuchungen nur sehr schwer zu gebrauchen. Da die Daten aber vielfach einen Sprachzustand wiedergeben, der kurz nach der Erhebung verschwunden ist, stellen sie einen wichtigen Beitrag zur Kenntnis der wenig erforschten Dialekte der romanischen Schweiz dar. Eine Aufbereitung in maschinenlesbarer Form mit gleichzeitiger Überführung in IPA-Transkription und Ausgabe in Kartenform wäre für weiterführende Untersuchungen wünschenswert (s. Anhang 2 und Karten 3,4,8)[9].

7.3. Topographische Umsetzung lexikalischer Information

Ein besonderes Desiderat wäre es, die in Monographien oder Lexika verstreute Information zu Dialektgebieten sammeln und in anschaulicher Form topographisch aufbereiten zu können. Zum Beispiel wäre an eine Verarbeitung des im *Französischen Etymologischen Wörterbuch (FEW)* enthaltenenen Datenmaterials in Kartenform zu denken (wie sie bereits von W.v.Wartburg selbst geplant war, s. *FEW Beiheft*, p. IV). Als Grundlage dazu kann die im *FEW Supplement* enthaltene Karte dienen, in der die Aufnahmepunkte des *ALF* mit den Ortsangaben des *FEW* kombiniert sind. Die daraus entstehende Grundkarte mit ungefähr 1500 Aufnahmepunkten zeigt die Karte 9 (ausführlicher zu diesem Aspekt s. Geisler 1990). Die Daten des *ALF* können mit den Angaben des *FEW* (oder beliebigen anderen Daten) ergänzt und einheitlich dargestellt werden. Ähnliches gilt für das Material anderer großräumiger Dialektwörterbücher wie des *Lessico Etimologico Italiano (LEI)* zu den italienischen Dialekten oder des *Dicziunari Rumantsch Grischun (DRG)* zu den rätoromanischen Dialekten Graubündens (s. Karte 10 mit Ausdruck der Dialektgebiete).

Die hier vorgelegten Karten und Auswertungsmethoden deuten an, daß durch Schaffung geeigneter Software viele Bereiche der dialektologischen Arbeit der maschinellen Bearbeitung zugänglich werden. Daraus eröffnen sich über die rein reproduzierende Behandlung des Ausgangsmaterials hinaus neue Perspektiven für die computergestützte Dialektologie.

Bibliographie:

AIS = Jaberg, K., Jud, J. (1928-1940): Sprach- und Sachatlas Italiens und der Südschweiz, 8 Bde., Zofingen.

ALF = Gilliéron, J., Edmont, E. (1902-1904): Atlas linguistique de la France, 10 Bde., Paris.

ALJA = Atlas linguistique et ethnographique du Jura et des Alpes du Nord, (eds. J.-B. Martin, G. Tuaillon), 3 t., Paris 1971-1979.

Berschin, H. (1977): "Was leistet die elektronische Datenverarbeitung in der Dialektologie." - In Germanistische Linguistik 3/4, 42-53.

Brassel, K., D. Reif (1979): "A procedure to generate Thiessenpolygons." - In: Geographical Analysis 11, 289-303.

DRG = Dicziunari Rumantsch Grischun, publichà da la Società Retorumantscha, Cuoira 1938-1965, Winterthur 1966-.

FEW = Wartburg, W.v. (1922-): Französisches Etymologisches Wörterbuch. Eine Darstellung des galloromanischen Sprachschatzes, Bonn - Leipzig - Tübingen - Kassel.

FEW Beiheft = Wartburg, W.v. (1950 [1929]): Französisches Etymologisches Wörterbuch. Eine Darstellung des galloromanischen Sprachschatzes, Beiheft(Ortsnamenregister - Literaturverzeichnis Übersichtskarte), Tübingen.

[9] Zu einer dialektometrischen Erfassung dieses Gebiets s. Goebl 1985 und 1987.

FEW Supplement = Wartburg, W.v. (1957): Französisches Etymologisches Wörterbuch. Eine Darstellung des galloromanischen Sprachschatzes, Supplement (zur 2. Auflage des Bibliographischen Beiheftes), Basel.

Geisler, H. (1987): "Der Einsatz von Mikrocomputern in der Dialektologie (aufgezeigt am Beispiel des Teilartikels im ALF)." - In: Zeitschrift für französische Sprache und Literatur 97, 20-42.

- (1990): Aufbereitung lexikalischer Information und deren Umsetzung in Sprachkarten", Lexikon und Lexikographie (eds. B. Schaeder, B. Rieger), Reihe: Linguistische Datenverarbeitung, Olms, ersch.

Goebl, H. (1984): Dialektometrische Studien. Anhand italoromanischer, rätoromanischer und galloromanischer Sprachmaterialien aus AIS und ALF, 3 Bde, Tübingen.

- (1985): "Coup d'oeil dialectométrique sur les *Tableaux phonétiques des patois suisses romands (TPPSR)*." - In: Vox Romanica 44, 189-233.

- (1987): "Encore un coup d'oeil dialectométrique sur les *Tableaux phonétiques des patois suisses romands (TPPSR)*." - In: Vox Romanica 47, 91-125.

GPSR = Glossaire des patois de la Suisse Romande, (fondé par L. Gauchat, J. Jeanjaquet, E. Tappolet; publié par E. Schüle, M. Burger et al.), Bd. 1-6, Genf 1971-.

Händler, H. (1982): "Entwürfe zu dialektalen Informationssystemen." - In: Dialektologie. Ein Handbuch zur deutschen und allgemeinen Dialektforschung (eds. W. Putschke et al.), Bd. 1, Berlin, 792-806.

- (1989): "Graphikumgebung als arbeitspraktisches Ausstattungsbeispiel." - In: Computational Linguistics (eds. S. Bátori, W. Lenders, W. Putschke), Berlin, 790-797.

Händler, H., L. Hummel, W. Putschke (1989): "Computergestützte Dialektologie." - In: Computational Linguistics (eds. S. Bátori, W. Lenders, W. Putschke), Berlin, 553-576.

Neuhaus, H.J. (1986): "Phonetic Character Sets: Printing, Sorting and Computing." - In: Literary and Linguistic Computing 1/3, 163-167.

Pudlatz, H. (1977): "Automatische Erzeugung von Isoglossen auf dem Plotter mit Hilfe von Thiessen-Polygonen." - In: Germanistische Linguistik 3/4, 245-258.

Putschke, W. (1982): "Automatische Sprachkartographie." - In: Dialektologie. Ein Handbuch zur deutschen und allgemeinen Dialektforschung (eds. W. Putschke et al.), Bd. 1, Berlin, 749-778.

Rolshoven, J. (1984): "Qualitative und quantitative Dialektologie: Zum Projekt einer automatischen Edition und Auswertung von Sprachatlanten." - In: Dialectology (ed. H. Goebl), 297-313.

TPPSR = Tableaux phonétiques des patois suisses romands, relevés comparatifs d'environ 500 mots dans 62 patois-types, (eds. L. Gauchat, J. Jeanjaquet, E. Tappolet), Neuchâtel 1925.

Anhang 1: Programmstruktur

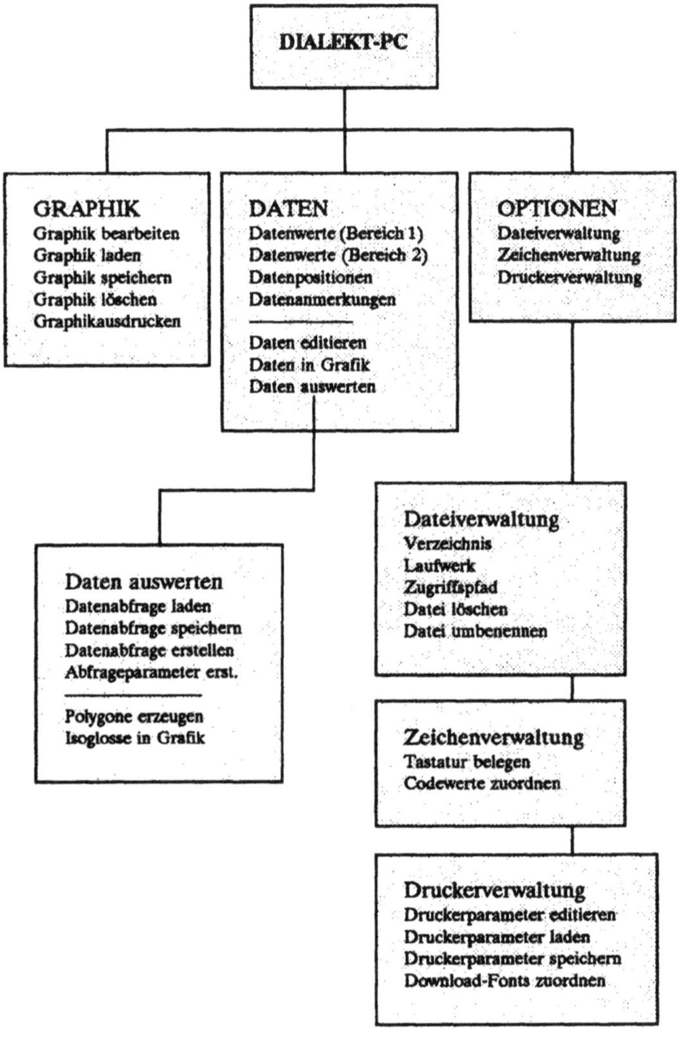

Anhang 2: *TPPSR*, tabl. X, col. 57: lat. PRATU, fr. *pré*
(Auszug in Datenbankdarstellung)

Ortsname	Nr.	TPPSR-Beleg	TPPSR-Variant.	IPA-Notation
Chevroux	1	*prắ*	*prå*	prɑ:
Vaugondry	2	*prā*		pra:
L'Auberson	3	*prå̄*	*prŏ*	prɒ:
Vallorbe	4	*prå̄*		prɒ:
Le Sentier	5	*prá*		prɑ
Longirod	6	*prå*		prɒ
Commugny	7	*prắ*	*prå̄*	prɑ:
....				
Lourtier	22	*pṙő*		pʀo˖
Fully	23	*prŏ́*	*pro*	pro
Conthey	24	*prŏ́*	*prő*	pro
Nendaz	25	*pra*		pra
Savièse	26	*prǎ*		pra
Ayent	27	*prŏ́*	*prŏ*	pro
Miège	28	*prǎ*		pra
...				
Vermes	59	*prȅ*		prɛ:
Develier	60	*prā̊*		præ:
...				

Karte 1

- ALJA -

Carte I,151

un pré, deux prés

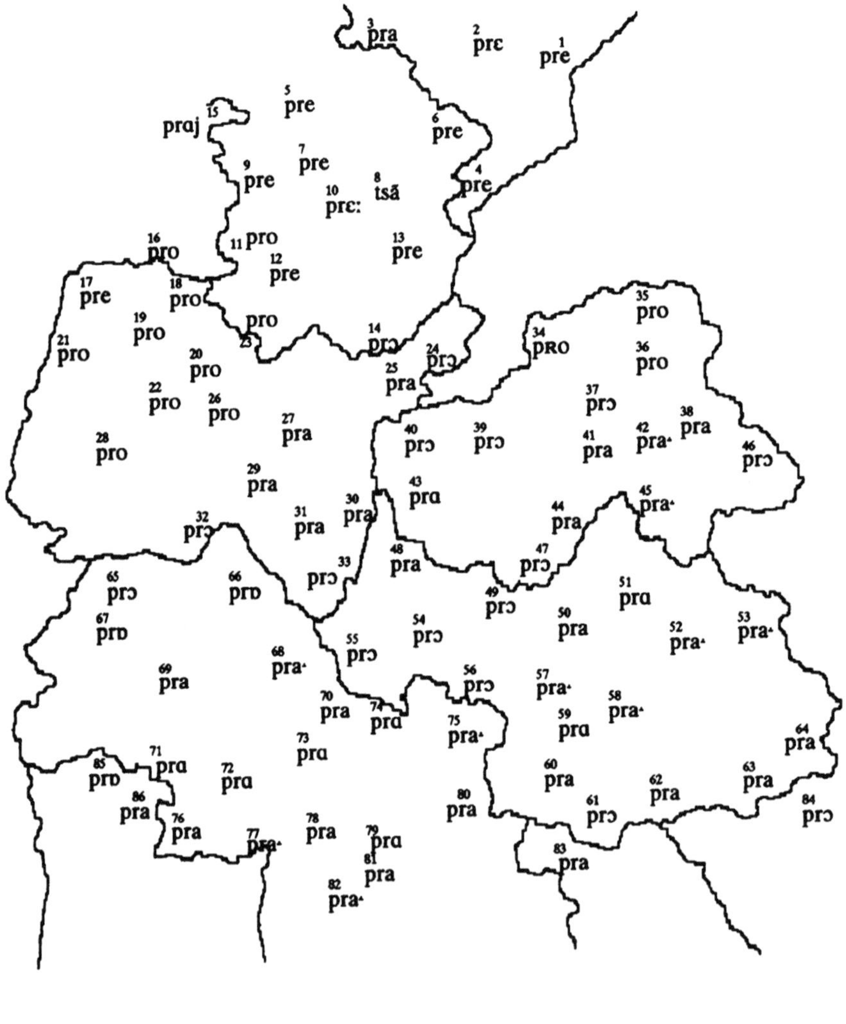

Karte 2

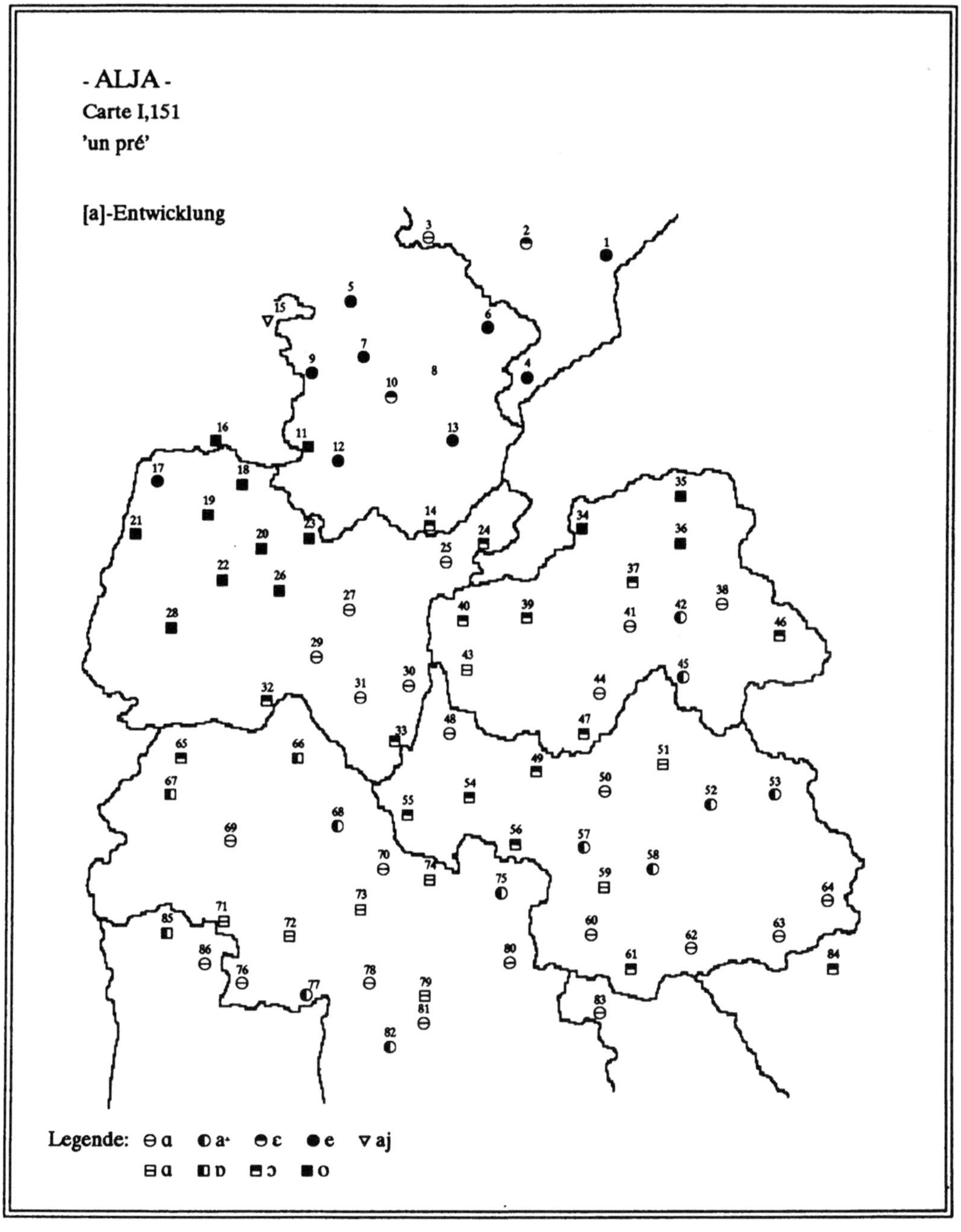

Karte 3

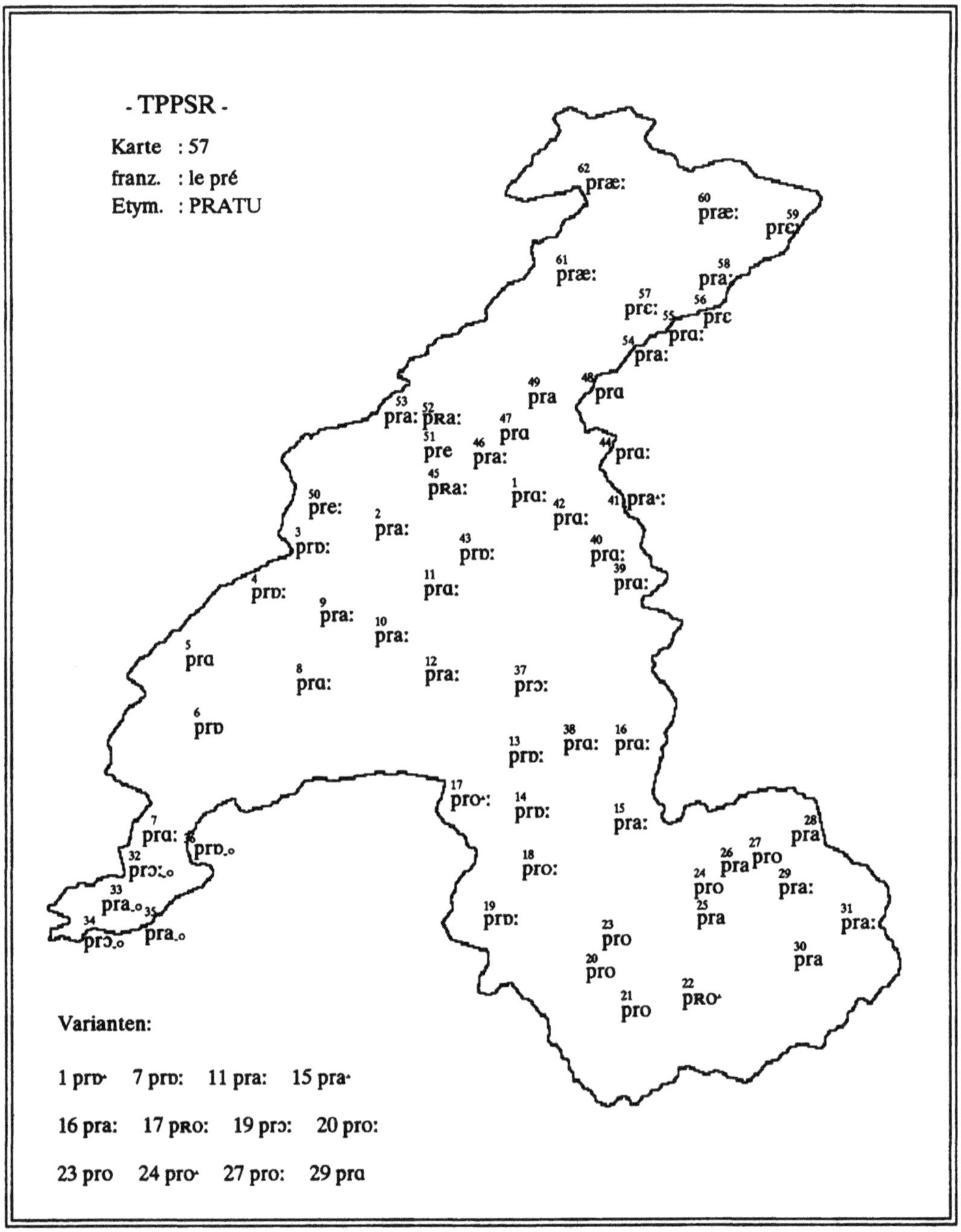
- TPPSR -
Karte : 57
franz. : le pré
Etym. : PRATU
62 præ:
60 præ:
59 prɛ:
61 præ:
58 pra:
57 prɛ:
56 prɛ
55 prɑ:
54 pra:
49 pra
48 prɑ
53 pra:
52 pʀa:
47 prɑ
51 pre
46 pra:
45 pʀa:
44 prɑ:
50 pre:
1 prɑ:
42 prɑ:
41 pra·:
2 pra:
3 prɒ:
43 prɒ:
40 prɑ:
39 prɑ:
4 prɒ:
11 prɑ:
9 pra:
10 pra:
5 prɑ
8 prɑ:
12 pra:
37 prɔ:
6 prɒ
13 prɒ:
38 prɑ:
16 prɑ:
17 pro·:
14 prɒ:
15 pra:
7 prɑ:
36 prɒ.ₒ
32 prɔ:.ₒ
33 pra.ₒ
35 pra.ₒ
34 prɔ.ₒ
18 pro:
28 pra
26 pra
27 pro
24 pro
29 pra:
25 pra
19 prɒ:
31 pra:
23 pro
30 pra
20 pro
21 pro
22 pʀo·
Varianten:
1 prɒ· 7 prɒ: 11 pra: 15 pra·
16 pra: 17 pʀo: 19 prɔ: 20 pro:
23 pro 24 pro· 27 pro: 29 prɑ

Karte 4

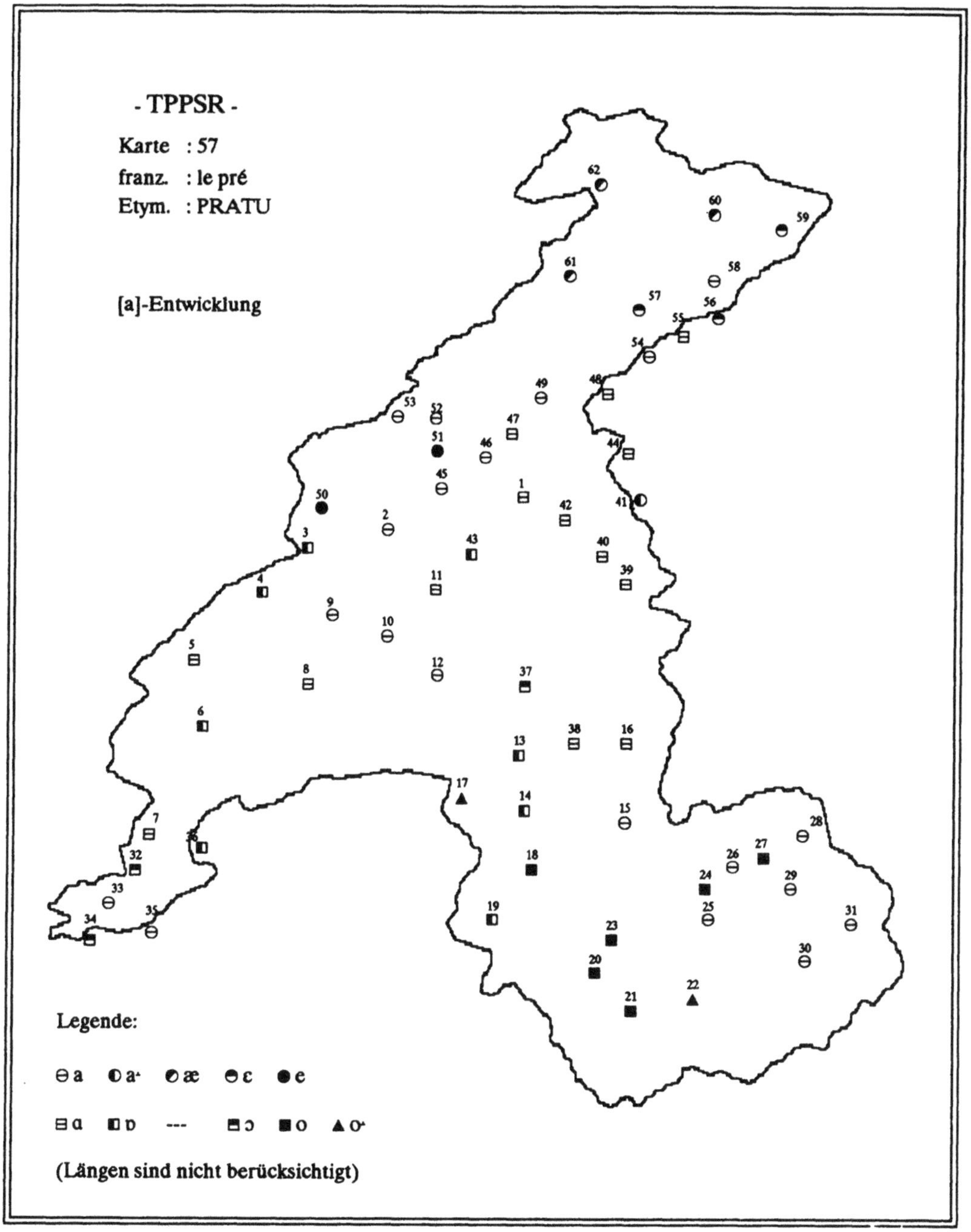
- TPPSR -
Karte : 57
franz. : le pré
Etym. : PRATU
[a]-Entwicklung
Legende:
a a˖ æ ɛ e
ɑ ɒ --- ɔ o o˖
(Längen sind nicht berücksichtigt)

Karte 5

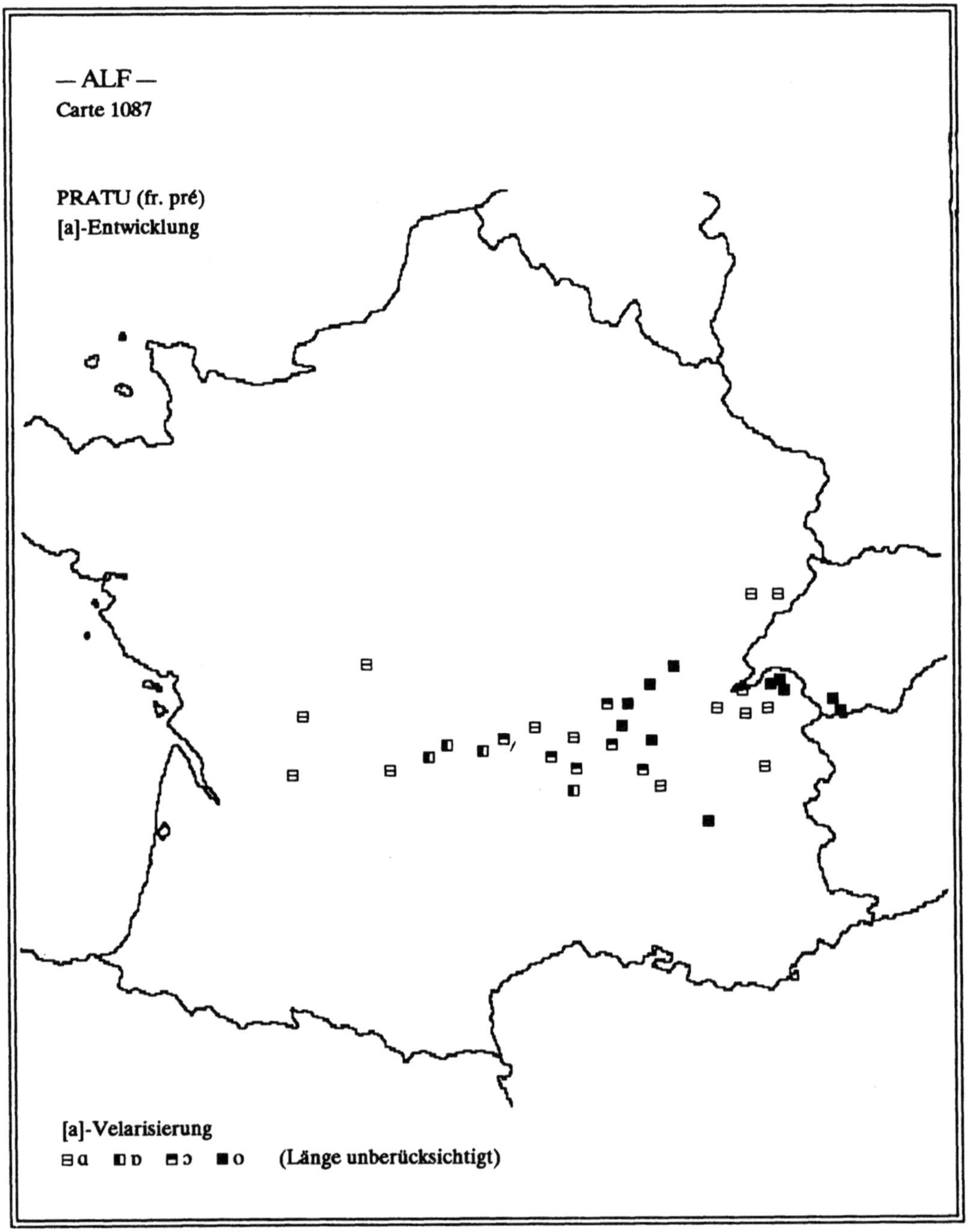
— ALF —
Carte 1087
PRATU (fr. pré)
[a]-Entwicklung
[a]-Velarisierung
ɑ ɒ ɔ o (Länge unberücksichtigt)

Karte 6

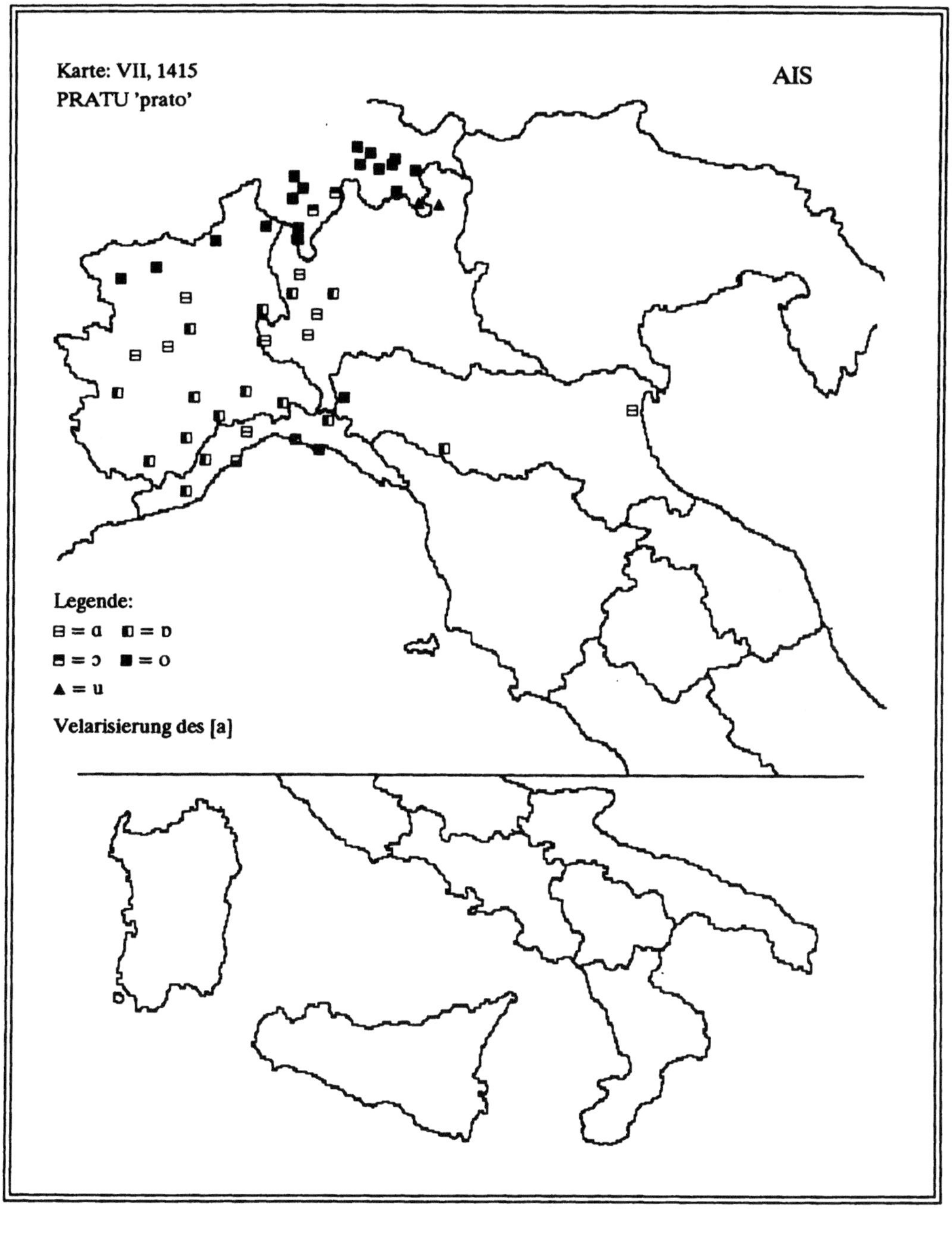
Karte: VII, 1415
PRATU 'prato'
AIS
Legende:
= ɑ = ɒ
= ɔ = o
▲ = u
Velarisierung des [a]

Karte 7

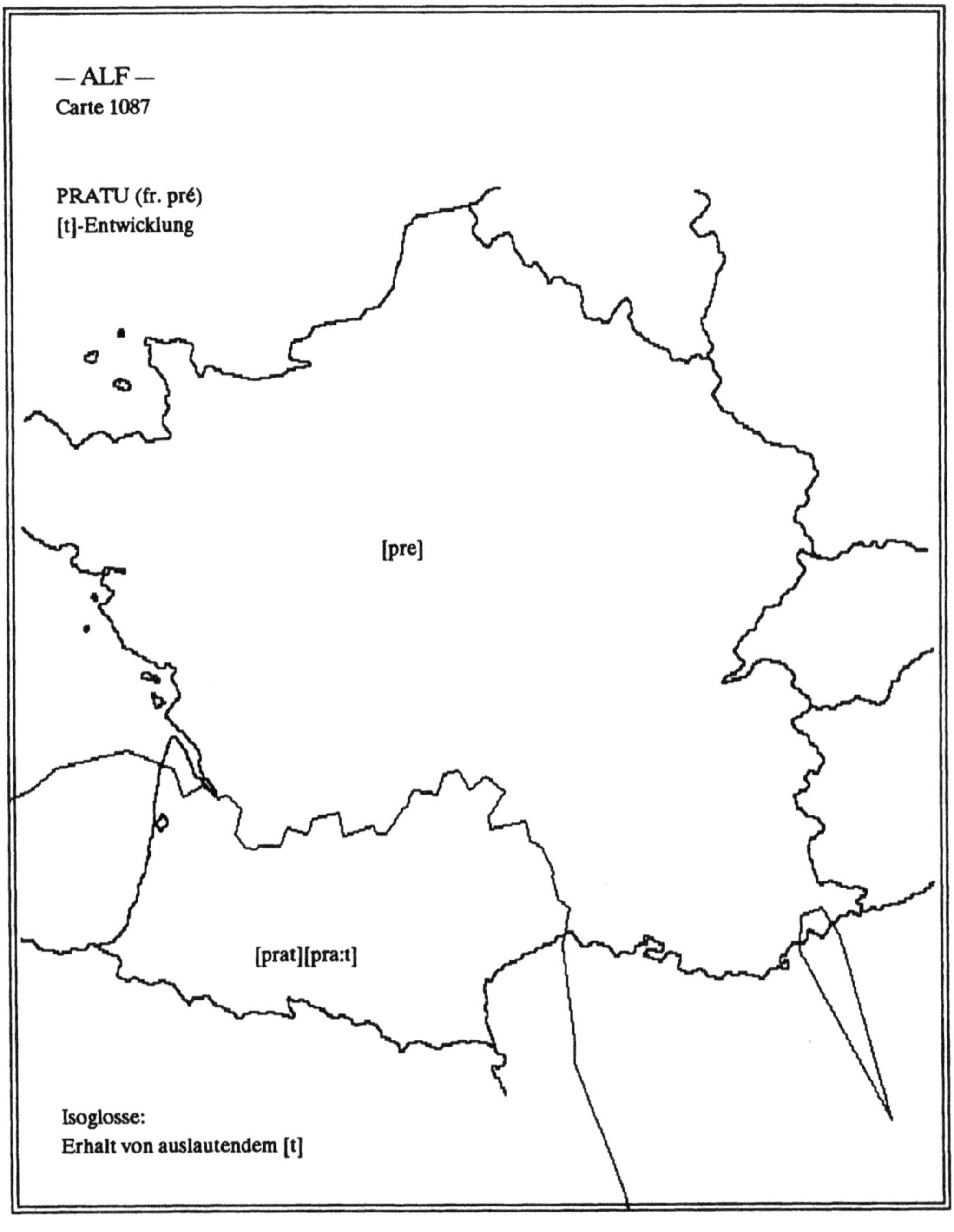
— ALF —
Carte 1087
PRATU (fr. pré)
[t]-Entwicklung
[pre]
[prat][pra:t]
Isoglosse:
Erhalt von auslautendem [t]

Karte 8

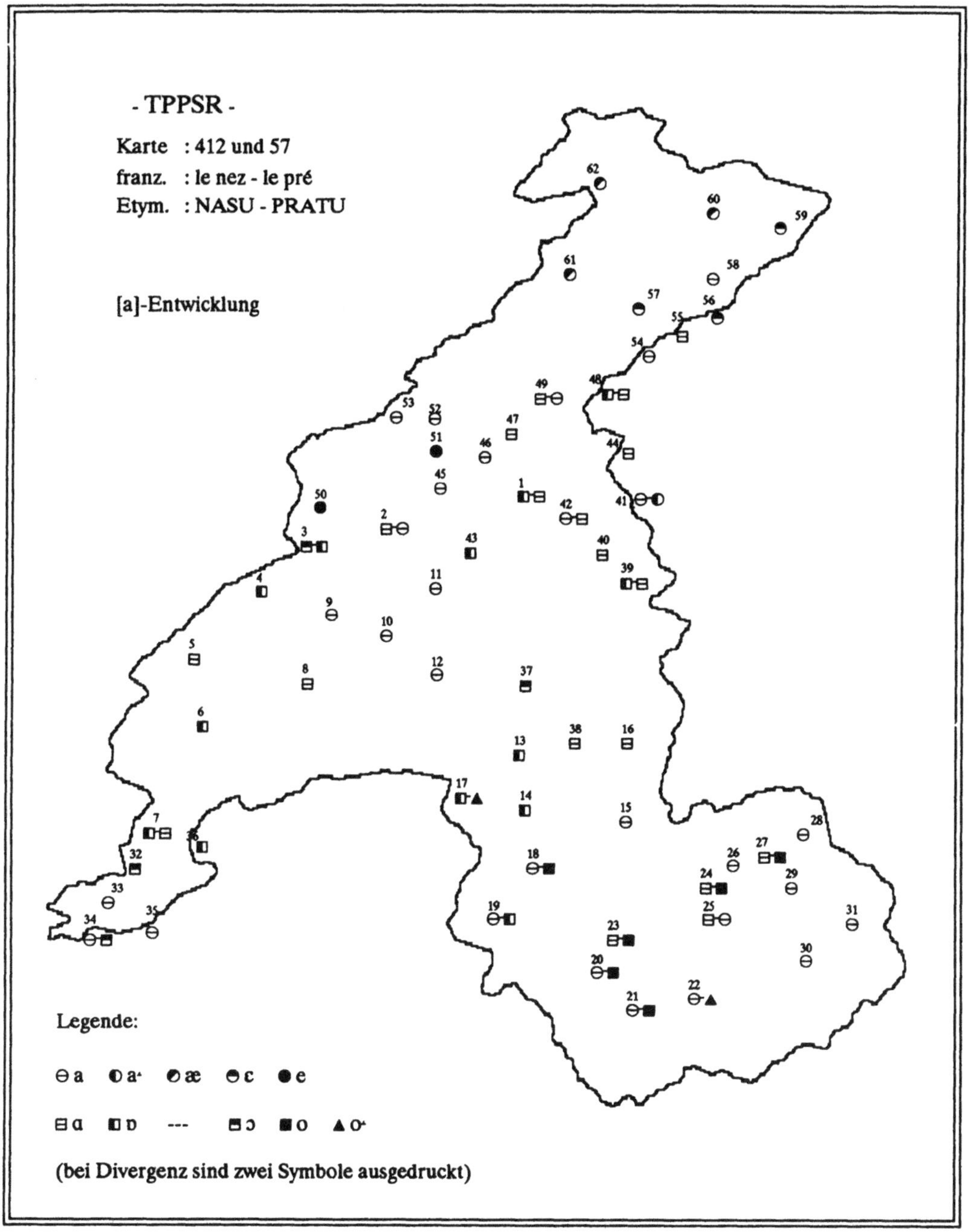
- TPPSR -
Karte : 412 und 57
franz. : le nez - le pré
Etym. : NASU - PRATU
[a]-Entwicklung
Legende:
a a· æ ɛ e
ɑ ɒ --- ɔ o o·
(bei Divergenz sind zwei Symbole ausgedruckt)

Karte 9

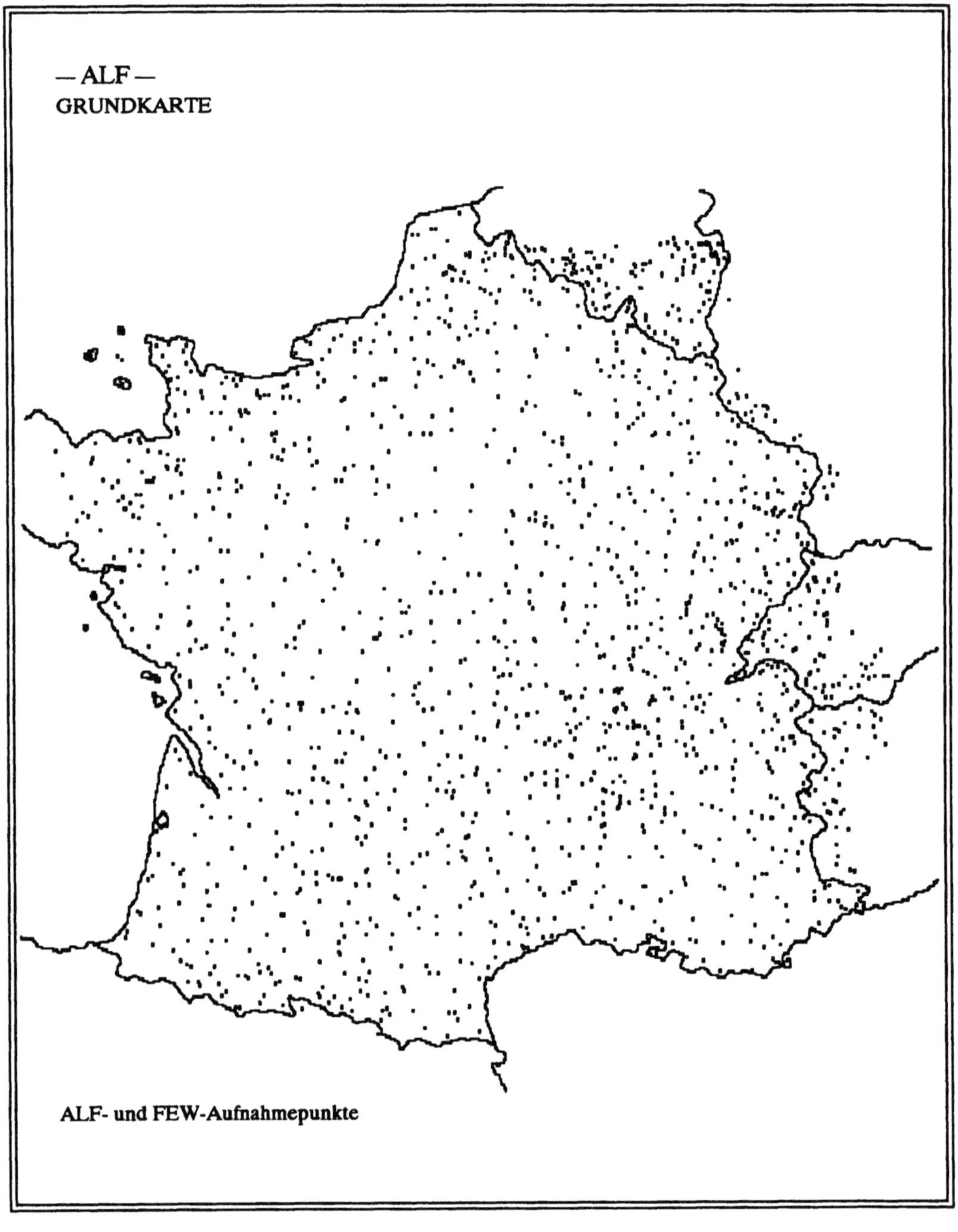

Karte 10

- GRAUBÜNDEN -

Dialektzonen

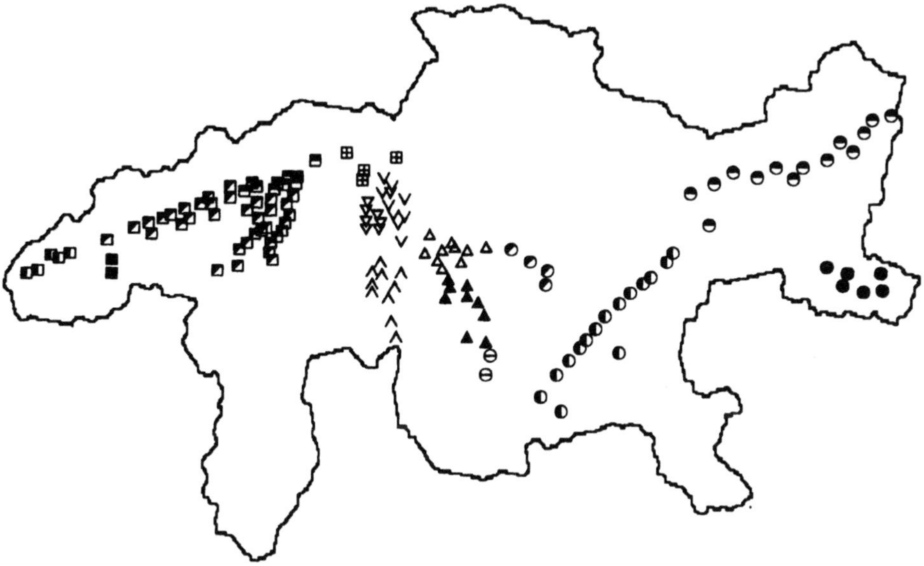

ueng. münst. oeng. berg. Stalla

sursés sutsés Schons Tumliasca Muntogna

surs. Foppa Plaun Val Medel Tujetsch

Aufnahmepunkte des DRG mit Dialektzuordnung

Bei Fragen zur Produktsicherheit wenden Sie sich bitte an:
If you have any questions regarding product safety,
please contact:

Walter de Gruyter GmbH
Genthiner Straße 13
10785 Berlin
productsafety@degruyterbrill.com